世界学术名著·经济学系列

演化还是革命？

危机大反思

EVOLUTION OR REVOLUTION?

奥利维尔·布兰查德
（Olivier Blanchard）
劳伦斯·萨默斯
（Lawrence Summers）

编著

陈　静　高淑兰

译

中国人民大学出版社
·北京·

当代世界学术名著·经济学系列

主 编

何 帆 杨瑞龙 周业安

编委会

陈利平 陈彦斌 陈 钊 董志强 何 帆 贺京同 贾毓玲
柯荣柱 寇宗来 李辉文 李军林 刘守英 陆 铭 王永钦
王忠玉 谢富胜 杨其静 叶 航 张晓晶 郑江淮 周业安

"当代世界学术名著"
出版说明

　　中华民族历来有海纳百川的宽阔胸怀，她在创造灿烂文明的同时，不断吸纳整个人类文明的精华，滋养、壮大和发展自己。当前，全球化使得人类文明之间的相互交流和影响进一步加强，互动效应更为明显。以世界眼光和开放的视野，引介世界各国的优秀哲学社会科学的前沿成果，服务于我国的社会主义现代化建设，服务于我国的科教兴国战略，是新中国出版的优良传统，也是中国当代出版工作者的重要使命。

　　我社历来注重对国外哲学社会科学成果的译介工作，所出版的"经济科学译丛""工商管理经典译丛"等系列译丛受到社会广泛欢迎。这些译丛多侧重于西方经典性教材，本套丛书则旨在迻译国外当代学术名著。所谓"当代"，我们一般指近几十年发表的著作；所谓"名著"，是指这些著作在该领域产生巨大影响并被各类文献反复引用，成为研究者的必读著作。这套丛书拟按学科划分为若干个子系列，经过不断的筛选和积累，将成为当代的"汉译世界学术名著丛书"，成为读书人的精神殿堂。

　　由于所选著作距今时日较短，未经历史的充分洗练，加之判断标准的见仁见智，以及我们选择眼光的局限，这项工作肯定难以尽如人意。我们期待着海内外学界积极参与，并对我们的工作提出宝贵的意见和建议。我们深信，经过学界同仁和出版者的共同努力，这套丛书必将日臻完善。

中国人民大学出版社

策划人语

经济学到了 20 世纪才真正进入一个群星璀璨的时代。在 20 世纪，经济学第一次有了一个相对完整的体系。这个体系包含了微观经济学和宏观经济学这两个主要的领域。经济学家们在这两个主要的领域不断地深耕密植，使得经济学的分析方法日益精细完美。经济学家们还在微观和宏观这两个主干之上发展出了许多经济学的分支，比如国际经济学、财政学、劳动经济学等等。体系的确立奠定了经济学的范式，细致的分工带来了专业化的收益，而这正是经济学能够迅猛发展的原因。

走进经济学的神殿，人们不禁生出高山仰止的感慨。年轻的学子顿时会感到，在这个美轮美奂的殿堂里做一名工匠，付出自己一生的辛勤努力，哪怕只是为了完成窗棂上的雕花都是值得的。

然而，新时期已经到来。经济学工匠向窗外望去，发现在更高的山冈上，已经矗立起一座更加富丽堂皇的神殿的脚手架。我们的选择在于：是继续在旧有的经济学殿堂里雕梁画栋，还是到革新的经济学的工地上添砖加瓦。

斯蒂格利茨教授，这位诺贝尔经济学奖得主曾经发表过一篇文章，题为《经济学的又一个世纪》。在这篇文章中他谈到，20世纪的经济学患了"精神分裂症"，即微观经济学和宏观经济学的脱节，这种脱节既表现为研究方法上的难以沟通，又反映出二者在意识形态上的分歧和对立。21世纪是经济学分久必合的时代。一方面，宏观经济学正在寻找微观基础；另一方面，微观经济学也正在试图从微观个体的行为推演出总量上的含义。这背后的意识形态的风气转变也值得我们注意。斯蒂格利茨教授曾经讲到，以下两种主张都无法正确估计市场经济的长期活力：一种是凯恩斯式的认为资本主义正在没落的悲观思想；另一种是里根经济学的社会达尔文主义，表达了对资本主义的盲目乐观。我们已经接近一种处于两者之间的哲学，它将为我们的时代指引方向。

当代经济学从纸上谈兵转变为研究真实世界中的现象。炉火纯青的分析方法和对现实世界的敏锐感觉将成为经济学研究的核心所在。

"当代世界学术名著·经济学系列"所翻译的这些著作在学术的演进过程中起到的更多是传承的作用，它们是当代经济学的开路先锋。这些著作的作者大多有一个共同的特征。他们不仅是当代最优秀的经济学家，而且是最好的导师。他们善于传授知识，善于开拓新的前沿，更善于指引遥远的旷野中的方向。如果不惮"以偏概全"的指责，我们可以大致举出新时代经济学的若干演进方向：博弈论将几乎全面地改写经济学；宏观经济学将日益动态化；政治经济分析尝试用经济学的逻辑对复杂的政策决策过程有一个清晰的把握；

经济学的各个分支将"枝枝相覆盖，叶叶相交通"；平等、道德等伦理学的讨论也将重新进入经济学。

介绍这些著作并不仅仅是为了追踪国外经济学的前沿。追赶者易于蜕变成追随者，盲目的追随易于失去自己的方向。经济学是济世之学，它必将回归现实。对重大现实问题的研究更有可能做出突破性的创新，坚持终极关怀的学者更有可能成长为一代宗师。中国正在全方位地融入世界经济，中国的国内经济发展也到了关键的阶段。我们推出这套丛书，并不是出于赶超的豪言或是追星的时髦。我们的立足点是，经济学的发展正处于一个新的阶段，这个阶段的思想最为活跃，最为开放。这恰恰契合了中国的当前境况。我们借鉴的不仅仅是别人已经成型的理论，我们想要从中体会的正是这种思想的活跃和开放。

这套丛书的出版是一项长期的工作，中国社会科学院、中国人民大学、北京大学、南京大学、南开大学、复旦大学、中山大学以及留学海外的许多专家、学者参与了这套译丛的推荐、翻译工作。这套译丛的选题是开放式的，我们真诚地欢迎经济学界的专家、学者在关注这套丛书的同时，能给予它更多的支持，把优秀的经济学学术著作推荐给我们。

前　言

从政策挑战的角度看，2008 年国际金融危机和"大衰退"（Great Recession）已不再是最严峻、最核心的问题。和设法扩大需求相比，在当前，如何以及何时进行约束这一问题显得更为重要。对金融市场过度繁荣的担忧已经超过对信心不足的担忧。在金融监管问题持续发酵了一段时间后，注意力已被转移到如何执行以及对"钟摆"摆得太远的一些问题的担忧上。

以上种种，给人一种全球经济以及对经济政策的争论已经恢复常态的感觉。虽然这种变化是讨喜的，但是只要想到曾经志得意满的状态被不利的事态粗暴地打断，人们依然会感到些许不安。

因此，我们认为有必要继续召开题为"反思宏观经济政策"的系列研讨会。这个每两年一次的研讨会始于 2011 年，当时奥利维尔·布兰查德是国际货币基金组织（IMF）的首席经济学家。我们也非常高兴彼得森国际经济研究所（Peterson Institute for International Economics）愿意支持并主办该会议。

此前的三次会议都致力于带来前沿的思想和见解，以应对金融危机带来的新挑战。我们希望拉近政策制定者和学术研究人员之间的距离。让政策制定者可以从学术研究的新思路中获益，同时鼓励学术研究人员为解决政策制定者面临的最紧迫的问题贡献智慧。

鉴于环境已经恢复正常状态，我们认为是时候总结危机的教训并探讨其中的关键问题了。这次危机会如何改变宏观经济思想与宏观经济政策？政策制定者为下一次危机做好准备了吗？是否可以做更多工作以阻止下一次危机的发生？这次危机后，是否应该改变正常状态下的政策执行方式？

我们还认为，这次危机突出了政治经济学问题，特别是与不平等以及当前的国际货币与金融体系运行有关的政治经济学问题，对宏观经济的重要性。

本书是第四次"反思宏观经济政策"研讨会的论文集。本书导论首先提出了次贷危机后的宏观经济学究竟是发生了演化还是革命这个问题。接下来的五个部分，每个部分都以一个背景介绍开始，而后则是背景截然不同的学术研究人员和主要政策制定者从方方面面围绕主题展开讨论。这五个部分的主题依次是货币政策、财政政策、金融政策、不平等与政治经济学以及国际经济问题。

这些研讨会的成效如何留待读者自己判断。我们在会上得出了一些或许具有一定预见性的结论，其中很多已经为人们所熟悉，但是还有很多有待我们更好地理解。显然，这次危机之前那种自满情绪至少在很多年内不可能重演了。此外，对经济本身具备的自我修复特质的盲目信任——这种信任在危机初期有表现——现在也普遍是不被认可的。但在一个传统货币政策很可能不具备操作空间的世界里，当低迷来临时最好的应对办法是什么，诸如此类的问题基本上仍悬而未决。

　　也许我们唯一能确定的事是，由于全球经济结构的快速变化，反思宏观经济学将是今后几年的一个持续的当务之急。我们希望本书能对此有所帮助。

目　录

导　论　反思稳定政策：演化还是革命？ ·············· 001

　一、过去的危机与宏观经济政策的变化 ·············· 004

　二、三个主要教训 ·············· 008

　三、货币政策概述 ·············· 019

　四、财政政策概述 ·············· 025

　五、金融政策概述 ·············· 028

　六、结　论 ·············· 032

第一部分　货币政策

第一章　新时代的货币政策 ·············· 041

　一、打败零利率下限约束：非常规政策工具 ·············· 045

　二、打败零利率下限约束：政策框架 ·············· 064

　三、中央银行的独立性与制度性改革 ·············· 075

　四、结　论 ·············· 083

第二章　反思新常态下的货币政策 ……………………… 093

　　一、新常态 ………………………………………… 093

　　二、补偿原则 ……………………………………… 095

　　三、正常化偏差 …………………………………… 096

　　四、整合政策利率与资产负债表 ………………… 099

　　五、更大的跨境溢出效应 ………………………… 100

　　六、金融失衡 ……………………………………… 102

第三章　基于小型开放经济体视角的后危机时期货币政策 …… 105

　　一、小型开放经济体的量化宽松政策与价格水平

　　　　目标制 ……………………………………… 106

　　二、央行独立性 …………………………………… 108

第四章　紧随危机而来的货币政策 …………………… 110

第五章　欧元区危机给货币政策带来的历史教训 ……… 117

　　一、欧元区危机的演化过程及其对货币政策的影响 … 118

　　二、在欧元区的制度与金融结构下克服利率下限 …… 121

　　三、经验教训 ……………………………………… 124

第二部分　财政政策

第六章　财政政策概述 ………………………………… 129

　　一、财政规则的角色 ……………………………… 130

　　二、稳定政策 ……………………………………… 139

　　三、低利率环境下的财政政策 …………………… 145

　　四、财政政策与货币政策：协调与区别 ………… 148

　　五、结　论 ………………………………………… 150

第七章　财政政策不健全的负面效应：以美国为例 ⋯⋯⋯⋯ 155

第八章　欧洲经济货币联盟的财政政策：一个不断演化的

　　　　观点 ⋯⋯⋯⋯⋯⋯⋯⋯⋯⋯⋯⋯⋯⋯⋯⋯⋯⋯⋯⋯ 160

　　一、欧洲经济货币联盟财政治理框架的演变 ⋯⋯⋯⋯ 161

　　二、欧洲经济货币联盟的财政框架仍缺失什么？⋯⋯ 166

　　三、结　论 ⋯⋯⋯⋯⋯⋯⋯⋯⋯⋯⋯⋯⋯⋯⋯⋯⋯⋯ 170

第九章　财政政策：美国的税收与支出乘数 ⋯⋯⋯⋯⋯⋯ 173

第十章　反思财政政策 ⋯⋯⋯⋯⋯⋯⋯⋯⋯⋯⋯⋯⋯⋯⋯⋯ 184

第三部分　金融政策

第十一章　反思金融稳定 ⋯⋯⋯⋯⋯⋯⋯⋯⋯⋯⋯⋯⋯ 197

　　一、国际监管改革 ⋯⋯⋯⋯⋯⋯⋯⋯⋯⋯⋯⋯⋯ 198

　　二、校准监管标准 ⋯⋯⋯⋯⋯⋯⋯⋯⋯⋯⋯⋯⋯ 208

　　三、金融监管体系 ⋯⋯⋯⋯⋯⋯⋯⋯⋯⋯⋯⋯⋯ 220

　　四、未来的研究与政策 ⋯⋯⋯⋯⋯⋯⋯⋯⋯⋯⋯ 234

第十二章　货币政策在保证金融稳定方面所发挥的作用 ⋯⋯ 252

第十三章　关于金融监管已知的未知 ⋯⋯⋯⋯⋯⋯⋯⋯ 260

　　一、看待金融监管权衡的历史视角 ⋯⋯⋯⋯⋯⋯ 261

　　二、金融监管对金融结构的影响 ⋯⋯⋯⋯⋯⋯⋯ 264

　　三、结　论 ⋯⋯⋯⋯⋯⋯⋯⋯⋯⋯⋯⋯⋯⋯⋯⋯ 268

第十四章　金融稳定与宏观审慎政策 ⋯⋯⋯⋯⋯⋯⋯⋯ 271

　　一、估计金融部门风险下的增长 ⋯⋯⋯⋯⋯⋯⋯ 272

　　二、宏观审慎政策的治理结构 ⋯⋯⋯⋯⋯⋯⋯⋯ 274

　　三、结　论 ⋯⋯⋯⋯⋯⋯⋯⋯⋯⋯⋯⋯⋯⋯⋯⋯ 278

第十五章　关于多极监管优势的一些思考 ·················· 280

第四部分　不平等与政治经济学

第十六章　政策制定者应该关心不平等究竟对增长有利

　　　　　还是有害吗？ ······························ 287

　　　一、不平等对经济增长影响的总量分析 ·············· 289

　　　二、评估影响不平等与增长的特殊政策 ·············· 297

　　　三、结　论 ······································ 307

第十七章　政策、不平等与增长 ·························· 314

第十八章　降低不平等以实现包容性增长 ·················· 319

第五部分　国际经济问题

第十九章　反思国际宏观经济政策 ························ 331

　　　一、汇率政策 ···································· 333

　　　二、资本流动管理 ································ 340

　　　三、保护主义与货币战争 ·························· 348

　　　四、全球协作 ···································· 354

第二十章　分离的难点 ································ 361

第二十一章　塑造国际金融未来图景的几个因素 ············ 367

　　　一、进退两难与三元悖论 ·························· 367

　　　二、我们要在美元世界里生活多久？ ················ 370

　　　三、缺少安全资产与停滞 ·························· 374

第二十二章　国际贸易与金融中的美元计价 ················ 378

第二十三章　特里芬难题、不透明与资本流动：关于国际宏观经济

　　　　　　政策的总结 ······························ 382

导　论　反思稳定政策：演化还是革命？*

在次贷危机爆发十年后，学术研究人员和政策制定者仍在评估这次危机及其后果的政策含义。此前的重大经济危机，从大萧条到20世纪70年代的滞胀，都深深地改变了宏观经济思想和宏观经济政策。这次危机是否应该并且确实会产生类似的影响呢？

我们认为应该会是这样，尽管我们不敢确定地说它会。很明显，危机迫使宏观经济学家（重新）认识到金融部门的作用和复杂性，认识到包括金融危机在内的金融发展对经济活动所能产生的重要影响。但我们从危机中得到的教训应该远不仅是这些观察，危机的教训迫使我们开始质疑一些曾经珍视的信念。另外，过去十年发生的

---

*　本章作者为奥利维尔·布兰查德和劳伦斯·萨默斯。作者感谢 Vivek Arora、Ben Bernanke、Bill Cline、Giovanni dell'Ariccia、Stanley Fischer、Morris Goldstein、Greg Ip、Colombe Ladreit、Thomas Pellet、Lukasz Rachel、Martin Sandbu、Andrei Shleifer、Robert Solow、Anna Stansbury、Nicolas Veron 和 David Vines 的评论，以及 Andrew Sacher 的研究协助。

事情使人们对经济是自我稳定的这一假设产生了怀疑，并再次提出了一时的冲击能否产生永久影响这个问题。

这些问题要求重新评估宏观经济思想和宏观经济政策。因为接下来的章节会针对不同政策的含义做更细致的讨论，我们在这里不打算做百科全书式的介绍，而是选择我们认为最突出的问题加以讨论。①

在本章的第一节中，我们将回顾人类是如何应对此前的两大危机的，其中一个是发生在 20 世纪 30 年代的大萧条，另一个是发生在 20 世纪 70 年代的滞胀。前者导致了凯恩斯革命、对不稳定状态的担忧、对总需求和稳定政策的重要性的关注，以及对金融系统更严格的约束。相反，后者导致了对凯恩斯模型的部分否定、对经济波动及经济具备的自我稳定特质的更温和观点、对单一政策规则的关注，以及对金融系统更加宽松的态度。那么，我们刚刚逃离的这次危机应该、将会带来什么样的结果呢？

在第二节中，我们将重点讨论我们认为从过去十年中得到的三个主要教训。毫不奇怪，第一个教训是关于金融部门的关键作用和金融危机的代价。第二个教训是波动的复杂性，从非线性在导致潜在爆炸或内爆过程中的作用，到政策的局限性，再到冲击的持续影响。第三个教训是我们目前以及可能在可预见的将来都处在一个低名义利率和实际利率的环境下，这一大环境与前两个因素相互作用，不仅迫使人们重新思考货币政策而且重新思考财政政策和金融政策。

接下来我们会探讨货币政策、财政政策和金融政策的这些变化综合在一起意味着什么。

---

① 我们把焦点放在稳定问题上，特别提请读者参阅在开放经济问题会议上的发言（见第十九章）和关于宏观经济政策与不平等之间关系的发言（见第十六章）。

在第三节中，我们考虑货币政策。在中性利率较低、可感知风险较高的大环境下，我们认为货币政策面临的主要挑战是如何应对流动性陷阱，包括事前和事后的流动性陷阱。通胀目标是否应该提高？中央银行应该钉住价格水平或名义 GDP 目标吗？负名义利率的范围可以扩大吗？我们认为这个问题现在必须得到解决，即使是那些尚未感受到这一问题的制约的国家也不例外。

我们还讨论了另外两个问题。第一，我们探讨了货币政策是否要和如何关注金融稳定。我们得出这样的结论：货币政策对金融稳定几乎没有帮助，应该把这个问题留给金融政策来决定，尽管金融政策可能无法做到尽善尽美。第二，我们分析了中央银行应该如何处理庞大的资产负债表——它们是因危机而积累起来的；我们的结论是：没有令人信服的理由认为，中央银行应该保有如此庞大的资产负债表。考虑到可能会对利差产生影响，中央银行的缩表最好通过债务管理和财政政策完成。

在第四节中，我们集中讨论财政政策。在货币政策存在局限以及中性利率低于增长率的条件下，我们认为，财政政策应在稳定方面发挥更积极的作用。应改善自动稳定器的功能，应对不利冲击的相机抉择反应的范围应该重新加以考虑。在利率很有可能在未来一段时间内保持在低于增长率的水平的大背景下，也有必要重新审视关于债务可持续性的常规讨论。至少，债务整合应该放慢速度，而且有充分的理由支持通过债务融资扩大公共投资。

在第五节中，我们主要讨论金融政策，主题从金融监管到宏观审慎和微观审慎政策。尽管已经采取了很多措施，但如何做可以更好地解决金融危机，不管是事前还是事后，仍不确定。我们讨论了两个问题。第一个问题是，能否依赖资本充足率和压力测试等简单工具完成大部分工作。现实使我们怀疑它们能做到这一点。第二个问题是金融监管与宏观审慎政策的正确组合可能是怎样的。我们认为，主要依靠金融监管可能是更好的选择。例如，规定较高且恒定的资本比率，好过较低和可变的资本比率。

我们在第六节中陈述我们的结论。十年前，几乎没有人预测到将要发生的事情，从全球最大金融机构的运行，到持续近十年的在流动性陷阱水平上的利率，到仍低于目标的通货膨胀率，再到很多发达经济体依然规模巨大的负向的产出缺口。我们注意到一种试图让事情回到危机之前状态的诱惑，对通胀目标制以及类似于泰勒规则的做法的回归，在追求稳定的过程中拒绝采用财政政策，以及金融监管与宏观审慎措施的倒退。这一诱惑应该被抵制。在我们现在所理解的这个世界中，金融不稳定、利率下限的约束以及周期性衰退的长期影响是永远存在的威胁，强有力的稳定政策是关键。至少，货币政策必须重新找到回旋余地。必须重新将财政政策作为稳定经济的主要工具。金融政策必须继续调整和加强。我们称这些变化为演化。然而，如果中性利率一直维持在极低水平，甚至是负值水平，或者如果金融监管缺失，那么可能需要进行更强烈的调整和变化，从依赖财政赤字，到努力扩大私人支出的政策努力，再到提高通胀水平以实现更低的实际利率，再到对金融业实施更严格的约束。我们称这些变化为革命。究竟如何，时间会告诉我们答案。

一、过去的危机与宏观经济政策的变化

大萧条之后，宏观经济学家——至少英美国家的宏观经济学家是这样的——围绕凯恩斯通论中提出的一套观点达成了共识。商业周期和衰退被视为总需求不足这一严重问题的表现，而不再被看作是像季节性波动那样，是不可避免的、自然的、大部分没有问题的。通过财政政策和货币政策工具维持足够的需求成为宏观经济政策的首要关注点。另外，鉴于大萧条起源于金融危机，各国政府在管理金融体系、监管银行负债利率和银行资产构成，以及在某些情况下限制金融中介之间的竞争方面，采取了更为严厉的措施。

第二次世界大战期间，美国和英国经济的强劲表现被视为财政政策效力的证明。发达经济体随后的强劲经济表现使人们对稳定政策充满信心。我们中的一位还记得，20 世纪 60 年代，当我们还是个孩子的时候，有人告诉我们，美国商务部出版的《商业周期摘要》（*Business Cycle Digest*）更名为《商情摘要》（*Business Conditions Digest*），是为了在保留首字母 BCD 的同时反映以下事实，即商业周期不再是不可避免的。对政策的信心是建立在这样一种信念之上的，即在大型计量经济学模型中反映的深刻洞见已经实现。诚然，人们担心正如菲利普斯曲线所反映的那样，经济活动的繁荣会导致通货膨胀的加剧。但当时的想法是，谨慎的政策制定者会在曲线上选择一个最佳点，以平衡更高产出和更低失业率带来的收益以及更高通货膨胀带来的成本。

在 20 世纪 60 年代末至 80 年代初，智力上的发展进步和现实情况共同作用，导致宏观经济学戏剧性地被重新概念化。Phelps（1968）和 Friedman（1968）指出，从理论上讲，人们不能期望看到如简单的菲利普斯曲线所假设的，通胀与失业之间实现稳定平衡。与此同时，到 20 世纪 70 年代末，与凯恩斯主义观点明显相反的是，滞胀成为发达经济体面临的一个主要问题，通货膨胀率和失业率同步上升。

其结果是宏观经济思想再次发生巨大变化。到 20 世纪 80 年代中期，主流观点是通胀和失业之间不存在长期的权衡关系。淡水派观点认为，产出波动与名义需求变化有关是一种错觉，或者用咸水派的观点来说，是工资和价格黏性的暂时后果。需求管理政策可以力求控制通货膨胀和减少经济波动的波动性，但并不能在长期内提高产出的平均水平。通过对央行的政治隔离以及采用明确的目标和政策规则来减少货币政策的相机抉择权，将有助于改善经济表现，减少通货膨胀，消除长期内的产出损失，并抑制经济波动。同时，金融监管被放松，针对商业银行的限制也逐渐放开。①

由于宏观经济思想的以上改变，所有主要的中央银行都获得了很大的独立性，并设定某个通货膨胀目标作为政策的主要指示器。人们逐渐接受一个主要的稳定政策工具就够了这样的看法，对财政政策的兴趣大大减弱。1993 年美国的赤字削减计划等事件——削减赤字会带来更低的所有到期期限的利率以及更高的经济增长率——鼓励了这样一种观点，即财政政策应基于长期，无须太关注需求管理问题。

从大约 20 世纪 80 年代中期到 2005 年，通货膨胀、失业和产出的波动稳步下降。这个阶段也被称为"大缓和"（Great Moderation）时期，被广泛视为新政策（尤其是货币政策）取得成功的证据。当然，在这段时间内，金融市场出现了戏剧性的发展，尤其是 1987 年的股市崩盘、20 世纪 90 年代初的日本泡沫破裂、20 世纪 90 年代拉美和亚洲新兴市场遭遇的经济危机，以及 2000 年的科技泡沫破裂。

---

① 这一段没有公正地说明政策变化背后的原因。许多力量在起作用。凯恩斯主义方法的失败与其说是真实的，不如说是显而易见的，这更多的是由于未能预见到供应冲击，这种失败可以而且做了事后补救。然而，人们用这种显而易见的失败推动宏观经济学发展出另一种方法，这种方法的微观基础更加坚实，更信任市场结果，而不是那么信任积极的政策。

但这些事件被视为一系列副产品，可以在特定基础上加以处理，而且除了日本泡沫的破裂外，这些现象并没有导致发达经济体宏观经济表现发生重大变化。就连日本的"失去的十年"也被解读为一系列政策失败的结果，而不是对当时范式的挑战。

事实上，人们对商业周期已经被抑制以及各国央行已经认识到它们需要对金融危机做出迅速反应这二者的信心结合在一起，使得时任美联储理事的本·伯南克（Ben Bernanke，2002）能够代表美联储为大萧条道歉，并表明这样的事情不会再发生。尽管伯南克在2008年的激进行动使他早先的声明显得很有预见性，因为大萧条的重演确实被避免了，但如果假设伯南克在2003年的听众并没有预料到会发生像次贷危机这样的事情，或许也是公平的。然而，正如20世纪70年代人们对当时的模式和政策方法的信心不断增强带来的是紧随其后的灾难一样，同样的事情在次贷危机中再次发生。如图 0-1 所示，在美国，劳动年龄人口的人均产出在自 2007 年以来的 12 年里实现的增长并不比在 1929 年之后的 12 年里实现的增长多。[①] 其他发达国家的表现甚至更糟糕。

在危机最严重的时候，人们采取了很多措施，不管这些措施是属于货币政策的、财政政策的还是属于金融政策的。然而，在危机爆发 10 年后，目前尚不清楚这些非常规的措施将在多大程度上被视为一次性的危机应对举措，它们又将在多大程度上引起对宏观经济学和宏观经济政策的反思，就像我们在 20 世纪 30 年代或 70 年代所看到的那样。如果是这样，政策应该以何种方式演变？这是我们在本章将要讨论的内容。

---

① 这在一定程度上反映了 1940 年和 1941 年因战争动员而出现的非常强劲的增长。

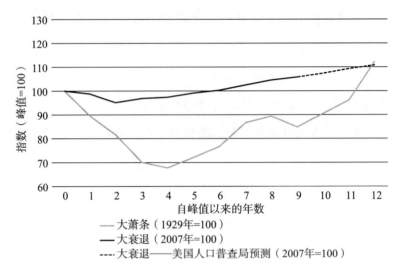

图 0-1 劳动年龄（18~64 岁）人口的人均实际 GDP：大衰退与大萧条

资料来源：Department of Commerce，Bureau of Economic Analysis，National Income and Product Accounts.

二、三个主要教训

这一节我们重点讨论从过去十年中得到的三个主要教训，即金融的中心性、波动的本质、低利率。

1. 金融的中心性

海曼·明斯基（Hyman Minsky，1992）生前几十年如一日地警告人们金融风险累积的后果。国家经济研究局（Hubbard，1991）和其他机构曾就金融危机的风险举行专门会议。金融危机在新兴市场国家很普遍。在发达国家，经济泡沫破裂后日本的糟糕表现是有目共睹的。然而，主流的宏观经济范式在很大程度上忽视了金融发展作为经济绩效驱动因素的可能性。金融繁荣不是经济繁荣的源泉，金融危机也不是泡沫破裂的原因这一看法在学者或政策制定者的宏观经济思维中占据主导位置。在宏观经济模型中，金融体系的作用常常被简化为主要基于固定期限溢价的预期假设来确定收益率曲线和股价。

最近的危机显著改变了这一点。它引发了大量对金融系统内部机理及金融系统行为的的研究。[①] 但是仍然有很多问题尚未解决，截至目前也没能得出一个关于金融危机的规范模型。我们可以举两个对政策制定至关重要但尚未得到解决的问题的例子。

第一个例子是，假设资产价格或信贷激增及其与过度加杠杆的相互作用对理解金融危机至关重要，那么不同作用机制的相对重要性如何？其中一种机制是，金融中介机构会损失资本，并通过减少放贷来应对，从而扼杀经济活动。在 Paulson（2010）、Bernanke（2015）和 Geithner（2014）对 2008 年金融危机的解释中，这一机制的作用占主导地位。另一种机制是，过度负债加上资产价值下降导致消费者和企业紧缩开支，减少消费和投资，这是 Koo（2011）、Mian 和 Sufi（2014）强调的机制。

哪一种机制占主导地位是政策的中心问题。如果第二种机制是最重要的，那么冲销现有债务的措施对解决金融危机至关重要。这是 Geanakoplos（2010）等持有的观点，他们认为未能大规模核减抵押债务是美国在应对金融危机时犯的一个严重的错误。另外，如果关键问题是中介机构的减损，那么这种债务减记可能会产生严重的反作用，因为它会大幅消耗中介机构的资本——这些资本是面临监管要求的——从而导致它们缩减放贷。事实上，对一家贷款受到 8%

---

① 例如，任何对经济专家应对危机的能力提出质疑的人，都应该看看 2008 年以来国家经济研究局为处理金融系统的问题而形成的长长的工作报告清单及其内容。

资本充足率要求限制的机构来说，每损失 1 美元资本，就可能减少至多 12 美元的贷款。还有一种可能是，也许这两个方面都很关键，但作用于危机的不同阶段：解决第一个方面的问题可能在早期至关重要，以避免经济陷入自由落体状态，而减少债务负担可能在后期至关重要，以使快速复苏成为可能。在哪些方面进行干预以及什么时候进行干预仍是有待明确的问题。[①]

第二个例子是，偿付能力与流动性在诱发危机方面的相对作用这一由来已久的问题仍未得到解决。美国官方对危机的解释是，主要金融机构的问题主要是流动性问题，而不是偿付能力问题。2009年 4 月的压力测试结果——大型金融机构的资本需求非常少——支持这一判断；另外，不良资产救助计划（TARP）所提供的资金中的绝大多数很快就得到了偿还，这一现实观察同样支持美国官方的说法。另外，Bulow 和 Klemperer（2013）等注意到，早在 2008 年夏天就已经有实质性的理由怀疑一些大银行的偿付能力，他们指出，压力测试对银行来说代表着某种隐性债务担保，这就像政府免费为银行提供资本一样。按照这种观点，不良资产救助计划的成功偿还可能是偶然的，是一场最终被证明正确的复苏赌博的结果。尽管Diamond 和 Dybvig（1983）关于银行运营的著名论文为思考流动性危机提供了一个框架，但当处于危机中时，如何处理突然被发现深陷麻烦之中但尚在营业的金融机构仍是一个尚未解决的问题。

简而言之，我们对金融体系的理解有所改善，但仍然有限。再加上金融体系比过去要复杂得多，抵触监管，而且非常擅长监管套

---

① 问这个问题的另一种方式是问，在危机期间和之后，为了实现最强劲的经济复苏，债务应该转移给哪一方：是借款人、贷款人还是政府？Ganong 和 Noel（2017）的研究表明，减免债务可能比彻底注销债务成本更低。

利，因此金融政策面临的挑战似乎相当大。这背后的含义非常直观：金融危机很可能会再次发生。

2. 波动的本质

在次贷危机爆发前的 30 年里，宏观经济学在发达经济体经济波动这个问题上已经趋同于"冲击与传导机制"观点。经济不断受到各种冲击，有些冲击的是需求部分，有些冲击的是供给部分，大多数冲击很小，每种冲击都有自己的传导机制。人们可以认为这些传导机制基本上是线性的，在任何给定的冲击之后，经济最终会恢复潜在增长。

现代宏观经济学的技术机制在很大程度上就是基于这种观点。在一个充满冲击和线性机制的世界里，可以把向量自回归（vector autoregressions，VARs）看作是捕捉这些动态的简化形式。可以通过建立动态随机一般均衡（dynamic stochastic general equilibrium，DSGE）模型来拟合和解释这种简化形式，并对观测到的动力学现象进行更深层次的结构解释。

这一观点不仅成为许多宏观经济研究的基本范式，而且塑造了宏观经济政策的设计。在一个有规律波动的世界中，最优政策会采取稳定的反馈规则这种形式。在次贷危机爆发前的几年里，人们关注的焦点几乎完全是关于货币政策的，很多教义式的讨论都是关于"利率规则"的精确形式的，即利率对通货膨胀和产出缺口的最优反应形式。财政政策作为一种稳定工具被忽视了，尽管并未达成一致，但政策制定者仍乐于让现有的自动稳定器发挥作用，不管它们是多么次要、原始。宏观审慎政策则根本不是主流讨论的主题。

金融危机在很多方面都与此前关于波动的"画像"不符。

首先，金融危机给我们应该如何看待冲击带来了挑战。随机冲击的概念总是提出一些形而上的问题：在消费或工资受到冲击的背后，大概有某种更深层次的解释，某种潜在的冲击，这种冲击本身就应该得到解释，诸如此类。但对宏观经济学家来说，有理由把一些无法解释的运动视为给定的，称之为冲击，而不试图进一步解释它们。Romer（2016）曾取笑这种方法，将这种冲击称为燃素（phlogiston）。确实可以想到会影响总需求的组成部分的冲击在一段时间内会影响产出，随着时间的推移，这种影响逐渐增大，然后逐渐消失。但这似乎非常不适合对金融危机的描述。这些危机似乎以资产价格泡沫或信贷增长的形式缓慢积累，直到人们的看法发生改变，价格崩溃，金融系统受损。这个过程更符合板块构造论并最终引发地震，而与常规的随机冲击不符。

其次，金融危机的特点是本质上的非线性和正反馈，即冲击在传播过程中被强烈放大，而不是减弱。最典型的例子是银行挤兑，一个小小的冲击，甚至根本没有冲击，就会导致债权人或储户挤兑，让他们的担忧自我实现。这就是前面关于流动性与偿付能力的讨论的重要之处：流动性本质上与多重均衡相关，或者至少与小冲击的大效应相关。

最后，金融危机后产出长期低迷，次贷危机也不例外。图 0 - 2 显示了危机中最引人注目的事实之一，它描绘了 2000 年以来美国和欧盟的对数 GDP 的演变。对这两个经济体来说，与危机前的趋势（在 2000—2008 年）估计相比，危机导致产出大幅下降。另外，两大经济体的产出似乎都没有回到原来的趋势。这种低增长在很大程度上令人意外。例如，美联储对 GDP 的预测在过去六年里一直过于乐观。

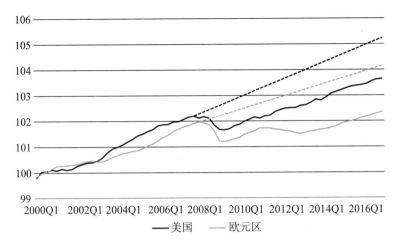

图 0-2　发达经济体，对数实际 GDP 与估计趋势（2000 年＝100）

资料来源：Blanchard（2018）.

这些演变导致了滞后性观点的复苏，即暂时的冲击是否会对潜在产出产生持续甚至永久的影响。图 0-2 的证据本身并不是决定性的。

这可能是因为这些经济体与潜在产出还有一段距离。严格限制可用于维持总需求的政策的范围，可能导致即使在今天，产出仍低于潜在水平。事实上，在欧盟的大部分地区，情况可能就是如此。然而，在美国，低失业率表明，目前的产出已接近潜在水平，我们所看到的是，与危机前的趋势相比，潜在产出确实有所下降。

这可能是两个独立的演化同时发生的结果——一方面是危机导致的初始产出急剧下降，另一方面是趋势生产率增速的潜在下降，从而导致潜在产出的趋势增速下降，这与危机基本无关。确实有一些证据表明，至少在美国，经测量的生产率增速的下降始于危机之前，因此可能部分归因于其他因素（见 Fernald et al.，2017）。根据这一解释，图 0-2 所示的演化过程，可能反映了产出回归到增长更缓慢的潜在产出趋势。

相反，金融危机可能就像永久性的供给冲击，导致潜在产出相对于趋势出现长期甚至永久性的下降。它们可能会导致一个效率较低的金融中介体系，这不仅会影响需求方面，还会影响供给方面。然而，在美国，私人债务水平已经下降，金融体系似乎不再受损。或者可能是更严格的监管导致金融体系为低风险（但也隐含着低回报）的项目提供融资，从而导致一个更低但更稳定的潜在产出路径。

最后，也可能是衰退，尤其是深度衰退，或者通过高失业率、低劳动力参与率，或者通过低生产率（Blanchard，2018）影响潜在产出，且这个过程存在滞后性（Phelps，1972；Blanchard and Summers，1986）。事实上，有证据表明，在美国，金融危机带来的高失业率导致了劳动力参与率的下降。

对政策的影响取决于上述哪个机制作用更突出。第一个机制强调以更积极的方式使用需求政策的必要性。第二和第三个机制指出了评估潜在产出的困难。我们着重加以论述的第四个机制的政策含义则更加引人关注，因为该机制表明，与潜在产出不受周期性波动影响的世界相比，负面冲击的影响以及政策的作用可能要大得多。

我们刚才讨论的一些问题是金融危机特有的。有些则适用于所有的波动。次贷危机已经引起了人们对一阶非线性的关注，这种非线性关系相对更加普遍，在当前低增长、低通胀、低利率的环境下更是这样。第一个也是最明显的一个非线性关系是名义利率的下限，当它具有约束力时，会导致经济对冲击和政策的反应截然不同。第二个是名义工资变动的下限为零，南欧一些国家已经开始感受到这一点的制约。至于名义利率，这个零利率下限不是绝对的，有些国家名义工资已经下降，但工资和价格的正常调整过程被局限在高失业率之上。第三个来自公共债务与银行系统的相互作用，这两者的相互作用机制被称为"厄运循环"，这一点在欧债危机的发展中起了重要的推波助澜的作用：高公共债务导致市场对公共债务重组的担忧（金融机构持有的债券的价值下降，这反过来导致金融机构的资本减少）以及对金融机构稳健性的担忧（认为国家可能不得不出手救助金融机构，结果让自身陷入困境）。

与危机前的标准观点不同，这些非线性关系有可能放大最初的冲击，可能导致内爆路径，并再次引发强力的政策挑战。

3. 低利率

低利率是当前宏观经济环境的一个主要特征。图 0-3 描绘了根据 Rachel 和 Smith（2015）的数据，七国集团指数债券十年期实际利率的变化趋势。该图表明，在次贷危机爆发之前很长时间里，实际利率已经开始下降，但危机确实进一步拉低了利率。截至本书写作时，利率仍处于负利率区间。[①] 借鉴 Hansen（1939）的说法，我们的作者之一称这种情况为"长期停滞"（secular stagnation）。

什么原因导致利率水平稳定下降目前还没有完全搞清楚。对这一问题的解释可以分为两类：第一，资本收益率下降，导致所有利率均下降，不管是风险利率还是无风险利率；第二，安全溢价上涨，导致既定条件下资本收益率的无风险利率更低。

第一类解释，其实是在寻找导致储蓄增加或投资减少的因素。鉴于金融一体化程度如此之高，并且各国的利率降幅也大体相当，我们要找的是可能具有全球重要性的因素。现有研究已经确定了大

---

① 自次贷危机以来，长期利率在一定程度上反映了量化宽松政策的影响，从而反映了长期溢价的下降。然而，短期实际利率表现出相同的演变趋势。

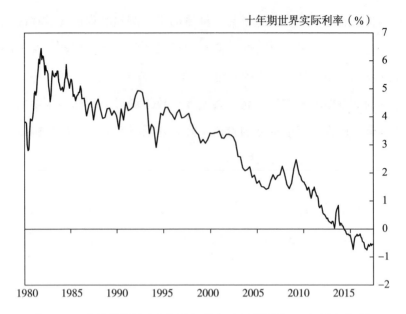

图 0-3　指数债券的十年期实际利率（七国集团，不包括意大利）

资料来源：Rachel and Smith（2015）.

量可能的罪魁祸首，从 Bernanke（2005）强调的"全球储蓄过剩"到税收和通货膨胀之间的相互作用，到资本品相对价格的下降，到较低的增长对投资的影响，到日益加剧的不平等和不断提高的储蓄中利润所占的份额的影响，再到人口统计学特征的影响（见 Rachel and Smith，2015）。

　　第二类解释，则是希望找到导致安全资产的需求增加或供给减少的因素。同样，现有研究也发现了一些可能的罪魁祸首，从新兴市场的中央银行以安全资产的形式积累外汇储备到对银行的金融监管和更高的流动性要求，到次贷危机前被认为是安全的资产的减少，再到对金融危机本身带来的更高风险的认识（Caballero，Fahri，and Gourinchas，2017）。

　　可能引发当前低利率状态的因素有很多，并且我们尚不完全清楚它们的相对重要性，这使得很难预测无风险利率会朝着怎样的方向发生变化。例如，中国经常账户盈余的大幅下降，以及产油国经常账户盈余的更大幅度下降，可能会导致利率上升。又或者，随着对次贷危机的记忆逐渐淡去，股权溢价可能会下降，就像大萧条后那样，进而导致均衡无风险利率上升。然而，市场定价表明，投资者预计低实际利率将在很长一段时间内占上风。截至本书写作时，美国、德国和日本的十年期指数债券的收益率分别为0.4%、−1.1%和−0.4%。

低利率，尤其是低于增长率的低利率，不管是对货币政策还是对财政政策和金融政策来说，都具有重要含义。

到目前为止，人们的注意力主要集中在低利率对货币政策和有效的利率下限的影响上。尽管各国央行已经探索并采用了其他工具，但毫无疑问，短期名义利率存在下限（零或略负）这一约束限制了经济复苏期间可用来维持总需求的货币政策的选择。

事实上，这提出了一个古老但基本的问题，即市场经济是否能自然回归到潜在水平（正如我们前面所看到的，潜在水平本身可能在变化，但这是另外一个问题）。Patinkin（1948）最先对这个问题做了正式的讨论：面对低产出，价格水平会下降，导致货币的实际价值和需求都增加。教科书中的总供给/总需求模型描述的标准故事如下：更低的产出会导致更低的价格水平，这将导致更高的实际货币存量，后者反过来导致更低的利率水平，更低的利率最终带来总需求和总产出的增加。这个稳定机制的说服力似乎从来都不够强，尤其是在一个各国央行越来越忽视货币供应，转而更加关注利率的世界里。当中央银行采用通胀目标制和利率规则时，事实已经证明稳定不会自动实现，而是依赖于从产出和通货膨胀到政策利率之间是否有足够有效的反馈规则。有效利率下限会限制这种反馈机制作用的发挥，这让人怀疑，在一次糟糕的冲击之后，经济是否真的能够恢复潜力。即使不考虑利率下限，利率约束确实存在这一可能也会引起同样的基本问题。在美国、德国和日本，由指数债券收益率得出的十年期盈亏平衡通胀率是 1.8%、1.2% 和 0.5%——均低于 2% 的目标通胀率。这一事实表明，投资者并不信任中央银行未来让经济恢复并保持在潜在增长水平的能力。

货币政策的局限性意味着，在其他条件相同的情况下，其他政策尤其是财政政策应发挥更大作用。在这种背景下，低利率对财政政策的设计提出了许多问题。如果利率低于增长率，这是否可以看作经济是动态无效率的信号？如果是这样，扩大公共债务规模不仅可行，而且可取。如果经济是动态有效的，但无风险利率低于增长率，政府还能在不偿还债务的情况下发行债券吗？如果可以，政府应该这样做吗？

最后，低利率对金融监管和宏观审慎政策也有影响，尽管这些影响不那么明显。主要问题是低利率与风险承担之间的关系。有人认为，在利率较低时，对收益率的追逐这一人类本性和委托代理问题加在一起，会导致更强的风险承担。同样，通过抬高资产价值和降低偿债成本，低利率也可能导致高杠杆率。一些渠道暗示了低实际利率的重要性，另一些渠道则暗示了低名义利率的重要性，比如被货币市场基金视为具有约束力的"跌破净值"约束。无论哪种情况，金融监管和宏观审慎政策都有再次发挥重要作用的空间。

接下来，我们讨论这对货币政策、财政政策、金融政策来说意味着什么。

三、货币政策概述

次贷危机迫使各国央行大幅改变货币政策的执行方式。大多数改革和新工具都是在次贷危机最严重的时候推出的。问题是，展望未来，这些工具中有多少应该保留，货币政策应该如何重建？我们聚焦于三个问题：如何应对利率下限，货币政策是否以及如何应对金融稳定问题，以及各国央行是否应该缩小资产负债表规模。[①]

美国在过去50年中经历了6次经济衰退。在政策制定者应对这些衰退的过程中，政策利率平均下降了5个百分点，从2.1个百分点到10.5个百分点不等。迄今为止，因为美联储认为长期正常的联邦基金利率仅为2.75％，并且市场预期利率在十年或更长时间里无法升高到这一水平，那么很明显，和过去相比，未来通过降低利率来应对经济下行的空间要更小。这会带来一种风险，即如果未来经济下行的情况比较严重，同时市场预期到这一点，那么投资甚至有可能在经济下行之前就开始下滑。

我们可以做些什么来降低这种风险？正如我们所了解到的，并且正如最近Yellen（2016）所强调的，即使利率处于较低水平，央行也有一系列工具可供使用。这些措施包括广受讨论的各种形式的量化宽松政策、前瞻性指引，以及在恢复充分就业时致力于推高通胀的更雄心勃勃的战略。我们怀疑这些工具是否足够。如果美国、欧洲或日本经济开始衰退，我们可以预期长期利率将降至非常低的

[①]　在本节和后面几节中，我们还请读者参阅货币、财政和金融政策会议上的具体报告。参见伯南克在本书第一章关于货币政策的讨论。

水平，前瞻性指引或量化宽松政策的帮助几乎很有限。这将使将来通过量化宽松政策进一步降低利率的空间更小。

如Rogoff（2017）所言，一个自然的解决方案是消除现金，从而完全消除利率下限的约束。如果人们只能使用电子活期存款，这些存款可以支付负的名义利率，而不存在人们转向现金的风险。从概念上讲，这确实是最吸引人的解决方案。与下面讨论的其他解决方案一样，负利率也有潜在的缺点：因为银行不愿将负利率转嫁给储户，负利率可能会降低银行利润，进而使得放贷减少。对于足够大的负利率，贷款减少的影响可能会占主导地位，导致需求下降，而不是上升（Brunnermeier and Koby，2017）[①]。另外，尽管许多经济体正越来越多地从现金转向电子货币，但距离现金不再是电子货币的替代物，还需要等上一些时间。在利率下限约束仍然存在、名义利率不能偏离零水平太多的情况下，必须找到其他解决办法。

另一个解决方案是，在必要时，即当政策利率触及有效下限时，让市场形成更高通胀的预期。如果价格水平目标是可信的，那么它确实可以解决低利率问题。如果经济衰退，通货膨胀率低，承诺回到某个价格水平意味着央行承诺在未来制造更高的通胀。然而，价格水平目标有一个主要缺点。它是对称的：如果经济在潜在水平运行，但通货膨胀在不久之前过高，中央银行必须愿意回到某个价格水平，这意味着它们必须愿意收紧货币政策，并且在除了履行此前承诺外没有其他合理理由的情况下承担经济衰退风险。这从政治角度看很难做到，从而意味着价格水平目标不完全可信。还有其他解决方案，例如伯南克的提议（见第一章），即在货币政策受到有效利

---

① Brunnermeier和Koby（2017）将对需求的影响发生转向时的利率称为"反转利率"。

率下限约束时，通过承诺之后会容忍更高的通货膨胀率来消除通胀水平不足。另一个可供选择的方案是 Summers（2018）提出的，转而钉住某个名义 GDP 目标，并对其进行校准以确保正常时期名义利率水平在 4％的区间内。

以上所有建议是否有效都取决于未来实现更高通胀的承诺的可信度，以及央行在必要时调整通胀预期的能力。尽管日本财政当局和央行都做出了强有力的承诺，但过去 4 年，日本在调整通胀预期和实现通胀目标方面仍存在困难，这增强了我们对以这种方式调整预期的难度的认识。如果这些承诺实际上令人难以置信，那么只能考虑永久性地提高目标通胀率，比如，从 2％提高到 4％（Blanchard，Dell'Ariccia，and Mauro，2010）。

无论选择哪一种方法，我们认为，加强应对经济衰退的能力都是当前货币政策面临的一个关键问题。

谈到货币政策对金融稳定的作用，很明显，金融监管和宏观审慎政策应该是第一道防线。然而，我们不能期望它们会完全成功。接下来的问题是，货币政策（即政策利率的使用）是否应该成为第二道防线。这种讨论被称为"倾向而不是清除"（leaning against cleaning），即当出现信贷繁荣或资产泡沫时就选择提高利率，而不是采取措施应对后来的下跌。出于三方面原因，我们怀疑货币政策——以政策利率的防御性变动的形式——能否发挥非常有益的作用。

第一，在货币政策和时变监管政策中很普遍的一个现象是，难以对资产泡沫或不健康的信贷繁荣进行实时评估是由这些问题的本性决定的。1996 年 12 月，艾伦·格林斯潘（Alan Greenspan）发表了著名的"非理性繁荣"言论，当时道琼斯工业平均指数为 6 300

点。从后来的经历来看，很明显当时的股市并没有被高估。更一般地，Goetzmann（2015）的研究表明，即使市场在短时间内已经翻倍，也有可能再次翻倍，而不是下跌一半，这一点突出了在不回应事实上反映了基本面的资产价格上涨的情况下刺破泡沫的困难所在。同样，不健康的信贷繁荣往往只有在回顾往事时才是不健康的。

第二，货币政策效果的滞后性使得以一种稳定的方式采取行动变得更难。货币政策的作用明显存在滞后性。在泡沫破裂前收紧政策，可能会加剧随后的收缩。因此，要想利用货币政策促进金融稳定，不仅取决于是否有判别泡沫的能力，还取决于是否有足够信心恰好在泡沫自行破裂之前采取行动。

第三，利率工具在降低风险方面表现得很糟糕。更高的利率可能会减缓信贷增长，降低风险承担。然而，与此同时，高利率会直接及通过其对经济活动的负面影响使现有债务人的头寸恶化，增加了债务人破产的风险。高利率还削弱了借入短期资金、借出长期资金的金融中介机构的头寸。

考虑到以上所有原因，我们赞同 Svensson（2017）并反对 Borio 和 Lowe（2002）以及 Kashyap、Gourio 和 Sim（2016）的观点，认为利率不应该被用来消除资产泡沫或信贷繁荣，而且，虽然存在局限性，金融监管政策和宏观审慎政策仍然应该在事前承担起金融稳定的责任。

然而，如果危机真的发生，我们毫不怀疑，各国央行应该慷慨地为优质抵押品提供流动性，并以此降低将来的清理成本。由于后面我们在讨论金融政策时介绍的原因，我们对这种情况下可能存在道德风险的观点持怀疑态度。提供流动性不同于纾困，不太可能产生强大的激励效应，但确实会带来萧条和衰退的差别。

最后是央行是否要收缩资产负债表这个问题：2007—2016 年，日本央行负债总额占日本 GDP 的比例从 21％升至 89％，美联储负债总额占美国 GDP 的比例从 6％升至 24％，欧洲央行负债总额占欧盟 GDP 的比例从 16％升至 34％。负债的增加主要表现为付息货币的形式，即商业银行存在央行的准备金。央行的资产则既有政府债券也有私人证券，各国央行的具体构成各不相同。

未来，随着各国央行提高利率，它们是应该保持如此庞大规模的资产负债表，还是应该回到危机前的水平？

首先必须认识到，在目前所有主要经济体主流的制度环境即央行对银行的准备金支付利息的背景下，"货币"相当于浮动利率的政府债务。弗里德曼和托宾（Friedman and Tobin）所强调的货币传导机制已经不再符合现代经济，该机制有效的前提是不对货币支付利息，从而货币数量的变化可以改变所有其他利率和价格。相反，我们所谓的货币政策实际上就是利率政策，因为中央银行直接制定政策利率，而"货币"的变化代表了到期时间的变化，可能还代表了公众必须消化的债务的信贷结构的变化。在现实中，央行资产负债表的规模本身并不能衡量通胀压力，即使从长期来看也是如此。[①]

正如 Greenwood 和他的合作者（2014）所强调的，对央行资产负债表的任何判断都必须反映以下两个截然不同的考虑。第一个考虑是评估联合政府——财政部和央行——给公众造成的债务的最优期限结构。对这一问题做出判断后，第二个考虑则是财政部和央行之间的最佳分工。

Greenwood 和他的合作者（2016）提出了支持大规模资产负债

[①] 更明确地说，当需要向货币支付利息时，货币总量与价格水平的决定无关，货币流通速度指标也是一样。

表的最佳论据，该论据集中在资产负债表的负债方面。他们强调，一些投资者偏好期限非常短、流动性非常强的资产，政府在提供此类资产方面处于独特地位。公共部门提供流动性强的资产，可以降低私人部门通过证券化、分期付款和其他方式制造这类资产的风险。事实证明，在次贷危机期间私人部门的这些做法是非常危险的，代价也很高昂。这些资产也可以由财政部提供，例如以长期浮动利率债券的形式提供，或者像现在这样由中央银行以付息准备金的形式提供。有人可能会认为，央行在评估对这些强流动性资产的需求的波动方面处于更有利的位置，财政部可以专注于更传统的债务管理。然而，如果确实由央行来提供这类资产，它应该采取这样一种方式，即不仅允许银行，而且允许那些最需要这种流动性资产的机构参与进来。

另一种观点认为，由于与资本市场约束或会影响投资者的行为因素有关的一些原因，期限更长的债权和包括股票在内的私人部门融资工具的风险溢价过高。在这种情况下，公共部门可以通过借入短期资产和持有长期资产来降低融资成本。用交易员的话来说就是，它可以有利地进行套利交易，甚至赚取风险溢价。至少，公共部门可以避免成为套利交易的另一方。即使没有这种扭曲，降低期限溢价也会放松零利率下限的限制：在其他条件相同的情况下，当短期名义利率达到零利率时，期限较长的利率将会降低，从而有助于扩大总需求。

但是，我们认为，无论采用哪种方式缩短公众必须消化的政府债务的期限结构，几乎没人支持当前美国和其他大多数国家的做法，这些国家的财政部和中央银行在很大程度上是独立采取行动来影响债务期限结构的，并且正如量化宽松时期的美国那样，财政部和央行甚至南辕北辙。我们认为，在很大程度上，债务管理决策应由财政部做出，或者是中央银行和财政部之间协调合作的结果。这使得大型央行的资产负债表在零利率下限没有约束力的时候几乎没有作用。总的来说，我们发现，在正常时期维持大规模资产负债表的理由很薄弱。[①]

简言之，我们怀疑货币政策能否被用来降低金融危机的风险。我们也不认为央行在正常情况下需要保持庞大的资产负债表。如果需要，央行可以迅速扩张自己的资产负债表。我们认为，货币政策的当务之急是重新获得足够的回旋余地，以抗击下一场衰退，无论衰退来自何处。

四、财政政策概述

财政政策在次贷危机期间重新被发现可以充当稳定工具，尽管面对赤字、债务大量增加以及对债务可持续性的担忧，财政扩张很快转向了财政紧缩和债务稳定。当前，财政政策面临着一个极不寻常的环境。一方面，主要是受次贷危机影响，债务水平相对于 GDP 处于历史高位；另一方面，政府债务的利率很低，在许多国家，预计在未来一段时间内，利率仍将低于增长率。两个因素共同作用的结果是，以历史标准衡量，政府偿债水平和 GDP 之比处于低位。

这些变化带来了两个问题。[②]

---

①　这提出了另外一系列问题，涉及从当前资产负债表向较小资产负债表的最优过渡，以及如何通过利率和资产负债表的共同调整来做到这一点。一般来说，由于和政策利率变动带来的影响相比，资产负债表变动造成的影响的不确定性更大，只要产出不处于潜在水平而且通货膨胀率低于目标水平，利率就仍应是主要调整工具。我们不在这里进一步讨论这个问题。

②　关于财政政策的更多讨论，我们建议读者参考阿兰·奥尔巴赫（Alan J. Auerbach）在本书第六章的论述。

第一个问题是如何将财政政策作为稳定工具。鉴于政府在2008—2009年应对需求下跌时对策严重不足，人们可能会预期在相机抉择的政策范围方面做更多学术研究和实际尝试，例如研究公共投资是否可以有一些真正"蓄势待发"的项目，或者研究如何改进或设计新的自动稳定器。令人惊讶的是，据我们所知，在这方面几乎没有学术研究［McKay and Reis（2016）是一个例外］或政策尝试。研究将财政政策作为稳定工具必须超越财政政策只是稳定器这一范畴。我们从次贷危机和人们对财政政策重燃兴趣中学到的另一个教训是"乘数"的复杂性，即财政政策对需求和产出的影响，以及这种影响对特定类型的财政调整和经济环境的依赖。尽管自次贷危机以来进行了大量研究，但我们对削减支出与增税的效果以及替代性财政政策的供给效应仍知之甚少。

第二个问题是，在高初始债务水平但低政府债券利率——事实上，低于经济增长率——的环境下，应该如何实施财政政策。

如果无风险利率永远保持在低于增长率的水平，这将产生相当重要的影响。政府可以发行债券，以减税或增加支出的形式分配所得收入，永远不需要增税或偿还债务：无论赤字规模多大，债务与GDP的比率都不会激增，而是会收敛到一个有限值。未来将不会有与债务相关的税收负担。

但是，由于我们对导致低无风险利率的各因素的相对作用了解有限，我们无法确定这种不平等在未来的某个时候不会逆转。如果会逆转，那么当逆转发生时，政府需要提高税收或减少支出，以稳定债务。从政府的视角来看，这可能仍然是一场诱人的债务赌博［Ball，Elmendorf 和 Mankiw（1998）首创的说法］：不平等逆转的可能性越低，与任何初始债券发行相关的预期税收负担就越小。此

外，如果各国政府能够通过发行长期指数债券，在很长一段时间内
实际锁定这一低利率，那么，有关无风险利率最终可能超过增长率
的担忧就会大大减轻。目前，美国 30 年期通胀指数债券的实际利率
为 0.9％，德国、日本和英国的这一数值为负，即便是和对长期增长
率的悲观预期相比，这些利率水平似乎也太低了。

如果政府真的能够以极低或零成本（从未来税收角度而言）发
行债券，这是否意味着它们应该这么做？即使债务增加可能带来的
税收负担很小，下面的情况依然成立：至少如果经济在潜在水平运
行，债务增加将导致资本积累减少，从而导致产出减少。[①] 然而，
这会导致更低的消费从而更低的福利吗？我们所接受的训练是从动
态效率或无效率的角度来考虑问题，因此会比较资本收益率和增长
率的高低。有证据表明，至少在美国，平均资本收益率远远高于平
均增长率，这表明公共债务不仅对产出，而且对消费，进而对福利
产生不利影响。[②]

但是，从资本收益率的角度来考虑这个问题可能并不正确。消
费者关心的不是平均资本收益率，而是风险调整后的收益率。如果
金融市场不存在扭曲，并且政府债券确实被认为是安全的，那么这
个经风险调整的利率就是政府债券的利率。如果这一利率低于增长
率，很可能债务对福利的不利影响是有限的，其至根本不存在。[③]

如何将这些理论思考转化为实际的政策建议？

---

① 不失合理性，我们假设李嘉图等价不成立，公共债务在一定程度上被消费者视为
净财富。

② 这里需要注意的是：资本收益率可能部分反映了边际成本的加价，因此可能包括
租金部分。De Loecker 和 Eeckout（2017）最近的研究表明，在过去的 40 年中，加价显著
增加，这意味着在给定的资本收益率下，资本的边际产品更低。

③ 这一段试探性的语气反映出作者目前正在对这个问题进行研究，还没有一套确定
的结论。

　　先看稳定政策。如果低无风险利率意味着对货币政策的限制更大，这就意味着需要更多地依赖财政政策来实现稳定。与此同时，低无风险利率同样意味着有更多的空间将财政政策用于稳定目的。两者都指向同一个方向，即相对于货币政策，应增加财政政策的使用。

　　具体到债务政策来说，这最起码意味着，我们可以用更放松的心态来看待债务以及债务削减问题。庞大债务不会给未来带来过多的额外税收负担，也不会对未来消费产生太大的负面影响。正如低无风险名义利率表明有必要重新审视通胀目标一样，低无风险实际利率意味着有必要重新考虑我们可接受的债务水平。

　　如果政府发行债券是为了给公共投资项目融资，那么重新审视可接受的债务水平的理由就更加充分。如果公共投资的风险调整社会收益率等于或超过私人投资的风险调整收益率，那么公共投资是值得的，而私人投资的风险调整收益率又可能与政府债券收益率密切相关。我们认为，部分由于财政紧缩带来的支出减少，部分由于次贷危机前公共投资不足，公共资本的社会收益率很高。我们前面讨论过的滞后现象，在这里也直接产生影响。即使利率超过了增长率，并且在某种程度上，更高的实际产出导致更高的潜在产出，这也可能是公共支出为自己买单，导致债务占 GDP 的比例甚至在长期内下降（DeLong and Summers，2012）。当利率低于增长率时，就更是如此。

五、金融政策概述

　　根据最近的经验，无论发达经济体在未来几十年发生什么样的不稳定，很大一部分都可能与金融不稳定有关。注意，除了大衰退外，美国最近几次经济衰退都部分起源于金融因素——不管是与房地产相关的信贷问题以及随之而来的 20 世纪 80 年代末的信贷危机，还是 2000 年股市泡沫和崩溃。

这就提出了危机防范和危机化解的问题。①

我们先看危机化解这个问题。一些人认为，次贷危机带来的一个教训是，决策者需要更强大的工具来应对金融压力，这样，下一次就会有明确的法律机构去救助类似于 2008 年的雷曼兄弟（Lehman Brothers）这样的机构。另一些人则认为，与纾困资金过度可用相关的道德风险，是导致次贷危机的过度冒险行为的一个重要诱因。

我们对已在许多领域站稳脚跟的道德风险激进主义持怀疑态度，并担心过去这次次贷危机所带来的法律变化和惨痛政治教训，可能会使下次发生危机时，提供紧急流动性变得更加困难。Geithner（2017）等人表达了严重关切，认为《多德-弗兰克法案》中有关向单个机构提供支持的法律限制，可能会加大应对下一次危机的难度。在很大程度上，危机的根源不在于金融机构有意识地承担风险，而在于它们没有预料到的"黑天鹅"事件——这是无法通过改变激励机制来改变的。此外，有争议的是，提供包含挤兑的流动性并不意味着道德风险成本，因为这种做法不需要社会成本。事实上，正如我们前面提到的，美国政府反而从旨在为金融机构提供支持的不良资产救助计划中获取了利润。由于重大危机大约每半个世纪才发生一次，我们怀疑在一次危机中采取的行动是否重要到可以作为供下一次危机参考的判例。

---

① 关于金融政策的更多讨论，我们建议读者参阅本书第十一章艾克曼及其合作者的分析。

自 2008 年金融危机爆发以来，危机防范一直是人们关注的主要问题，导致美国通过了《多德-弗兰克法案》，并在金融稳定委员会（Financial Stability Board）的主持下开展了大量国际协调活动。资本比率也大幅提高。系统性银行受到更严格的约束。压力测试得到稳步改善。美国金融监管当局引入流动性比率指标以降低风险和挤兑造成的后果。

然而，监管实践不可避免地会在一定程度上超前于理论。尚有许多未解决的问题，从资本充足率和希望使用多个资本比率指标的意愿相比重要性如何，到监管应该如何随周期性条件和金融状况的变化而变化，再到是否以及如何最好地调节"影子金融体系"，以及如何避免资产市场流动性故障和重大破坏。[①] 这里我们只关注两个方面——资本监管和压力测试的有效性，以及旨在促进稳定的时变监管政策的合意性。

人们很容易认为，在资本金要求足够高的情况下，可以确保主要机构从而整个金融体系的稳定。高水平的资本要求可以通过直接的资本管制来保证（在静态意义上），也可以通过如压力测试这样的动态资本管制来保证，压力测试可以确保即使在不利的情况下也保有足够的资本金（这里不考虑流动性问题，这确实需要额外的工具）。

Bulow 和 Klemperer（2013）以及 Sarin 和 Summers（2016）讨论了目前采用的资本监管方法存在的一些问题。据监管机构报告，2008 年和 2009 年倒闭的大多数金融机构，直至倒闭前一刻，它们的资本比率都很高。一个特别令人震惊的例子是，贝尔斯登（Bear Stearns）倒闭前一周，其监管机构报告称其一级资本比率为 11.6%。

---

① 关于对银行监管的评估，参见 Goldstein（2017）。

贝尔斯登不是唯一的特例：美联银行（Wachovia）、华盛顿互惠银行（Washington Mutual）和雷曼兄弟在破产前夕都被判定拥有较高的资本比率。Haldane 和 Madouros（2012）研究了全球大型银行的情况，他们认为，这些银行在次贷危机前的资本比率与它们度过次贷危机的概率之间没有相关性。Bulow 和 Klemperer（2013）指出，由联邦存款保险公司（FDIC）负责解决了麻烦的银行的负债通常超过资产的 15% 或更多，这表明作为经济资本衡量标准的监管资本存在巨大缺陷。

Sarin 和 Summers（2016）指出，尽管官方的说法是，银行业的资本状况比次贷危机前要好得多，但股权与银行资产的市场价值比率、股权波动的衡量标准以及优先股的回报都表明情况并非如此。压力测试表明至少目前美国银行系统具有非凡的稳健性，但我们怀疑，有关银行系统将在没有任何大型机构需要筹资的情况下经受住一场比 2008 年严重得多的风暴的说法，更多地源于压力测试方法，而非银行系统的稳健性。

这与政策直接相关。在应对 2008 年这次危机的过程中犯下的一个重大政策错误是，美国的监管部门未能在 2008 年春夏迫使各机构提高资本或至少减少股息支付和股票回购，尽管当时有各种信号显示市场严重担忧金融系统的健康状况。这究竟是反映了监管部门没有认识到危险的严重性，还是反映了它们没有足够的法律地位，依然有待讨论。但是对我们来说当务之急是如何避免今后出现类似的延误，以及如何设计一种可以让监管政策对市场信息做出反应的机制或方法。

虽然我们认为，对企业经济资本变化更敏感的监管政策是可取的，但我们对时变资本要求或杠杆限制持怀疑态度。这在一定程度上是由于前面所讨论的使用货币政策促进金融稳定的原因。在泡沫或过度信贷繁荣爆发之前很难识别它们，更难以在泡沫破裂前自信地识别它们，从而使反周期政策变得有价值。我们只需对比一下2008年发现和应对银行资本损耗的难度——当时，尽管市场发出了清晰的信号，但政府未能及时采取行动——与判断早期泡沫并采取行动的难度。一系列政治经济问题使任务进一步复杂化：面对可能主要影响年轻购房者的房价上涨，提高住房抵押贷款的首付比率的政策可能非常不受欢迎，因此这一政策往往采用得过少或过晚。事实上，有一种清晰的风险，那就是时变的宏观审慎措施会对近期的经历做出反应，并最终走向顺周期而非逆周期。

这意味着，和较低且周期敏感的资本比率相比，更高且不变的资本比率要求更可取。这样做的成本可能很小。事实上，次贷危机以来的研究得出的一个最有趣的发现是，抛开一些活动转移到影子银行部门带来的风险（因此需要监管）不谈，更高的资本比率对银行资金成本或银行贷款成本的影响有限，由此可推出结论：比当前的监管要求更高的资本比率可能是非常恰当的（Goldstein, 2017）。

简言之，尽管我们在金融监管和宏观审慎政策领域投入了很多精力，但任务远未完成。金融体系的复杂性，我们对其运作机制的有限理解，以及金融参与者适应性调整和从事监管套利的能力，都是巨大的障碍。未来我们可能会面临更多的金融危机。

六、结 论

随着次贷危机渐渐消退，我们察觉到风险，即宏观经济政策恢复以往状态，央行回到过去的通胀目标制，在财政政策的采用方面取得的进步微不足道，金融机构成功地抵制了它们所称的过度资本和流动性要求。

这显然是错误的。十年前，很少有人预测到后来事态的发展，从全球最大的金融机构被挤兑，到利率维持在流动性陷阱水平近十年的时间，到通货膨胀率至今仍低于目标水平，再到很多发达经济体依然存在较大的负产出缺口。我们认为，大金融危机的基本教训在很大程度上类似于从应对大萧条的凯恩斯主义革命中得出的教训：经济可能受到强烈冲击的影响，不能指望经济自动实现自我稳定。我们毫不怀疑，如果没有我们所观察到的强有力的货币政策和财政政策措施，次贷危机将导致与大萧条同样糟糕甚至比其更糟糕的结果。因此，强有力的稳定政策是必不可少的。

我们应该把由此带来的一些变化看作经济学的演化还是经济学的一场革命？[1]

认为这是一场演化的理由如下。的确，从研究层面看，我们的模型更多的是常规潮汐模型，而不是潜在海啸模型。但是我们可以在我们的模型中加入次贷危机揭示的许多非线性关系（Gertler，Kiyotaki，and Prestipino，2017）。从政策层面看，宏观经济政策必须依靠货币、财政和金融这三条腿。货币政策必须重新创造足够的回旋余地，以应对需求的不利冲击，这可以通过多种方式实现。财政政策必须通过构建更好的稳定器在实现稳定方面发挥更大的作用，债务巩固的工作可以稍微放慢速度。更好的金融监管已经大大降低了金融危机的风险和后果，但还需要进一步调整。如果做到了以上

---

[1]　本文的两位作者对这个问题有不同的看法。布兰查德更倾向于看到演化的需要，萨默斯更倾向于看到革命的需要。

种种，我们应该能够更好地应对未来的冲击。

认为这是一场革命的理由如下。假设长期停滞最终要求较高的负利率或不可持续的资产价格上涨和信贷扩张来维持需求并保证实现潜在产出。为了找回其发挥作用的空间，必须考虑采取更激进的货币政策措施，比如大幅提高通胀目标，或者大规模购买私人资产。在不产生私人部门过度杠杆和风险承担的前提下，为维持需求，可能需要巨额持续的财政赤字。鉴于金融监管的局限性和负无风险利率可能引发的风险承担行为增加，可能需要采取更有力的措施来重新定义金融体系的范围和规模。

认为危机会引发一场革命的理由似乎有些牵强，但必须把日本过去 20 年的经验看作一种警示。众所周知，日本的潜在增长率很低，约为 1％，这反映了日本有限的生产力增长率和不利的人口结构。回想一下过去 20 年，为了维持总需求以及让经济保持 1％的年增长率，日本采取了哪些宏观经济政策：短期和长期利率均接近零，大规模财政赤字导致公共债务大幅增加，央行大规模买入各种资产，以积累经常账户盈余形式求助于外部需求。换句话说，面对非常疲弱的国内私人需求，日本不得不依赖极端的宏观经济政策，包括求助于外国需求。如果同样的疲弱影响到所有国家，其他国家将无法享有日本的这种选择。如果日本成为其他发达经济体未来发展的模板，那么我们确实需要一场宏观经济政策革命。

现实情况可能是这样吗？截至本文写作时，美国和欧洲的周期性前景看起来不错，增长强劲。从需求角度看，这种增长是由资产价格，特别是公司股票价格的强劲增长支撑的，我们不能期望这种增长在未来能继续保持同样的速度。历史告诉我们，我们甚至无法提前哪怕是一年预测到衰退的到来。如果美国或欧洲在未来几年陷入衰退，它们的情况很可能与日本相似：零利率，规模庞大的财政赤字，通胀率低于目标，增长不足。我们可能需要通过一场周期性的经济衰退，方能摆脱对革命的需要。时间会证明它是否会到来。

参考文献

Ball, Laurence, Douglas Elmendorf, and N. Gregory Mankiw. 1998. "The Deficit Gamble." *Journal of Money, Credit and Banking* 30 (4): 699 - 720.

Bernanke, Ben. 2002. "On Milton Friedman's Ninetieth Birthday." Remarks at the Conference to Honor Milton Friedman, University of Chicago, 2002.

Bernanke, Ben. 2005. "The Global Saving Glut and the U. S. Current Account Deficit." Sandridge Lecture, Virginia Association of Economics, Richmond. March.

Bernanke, Ben. 2015. *The Courage to Act: A Memoir of a Crisis and Its Aftermath*. New York: Norton.

Blanchard, Olivier. 2018. "Should We Reject the Natural Rate Hypothesis?" *Journal of Economic Perspectives* 32 (1): 97 - 120.

Blanchard, Olivier, Giovanni Dell'Ariccia, and Paolo Mauro. 2010. "Rethinking Macroeconomic Policy." IMF Staff Position Note 10/03. Washington, DC: International Monetary Fund.

Blanchard, Olivier, and Lawrence Summers. 1986. "Hysteresis and the European Unemployment Problem." *NBER Macroeconomics Annual 1986*, vol. 1, 15 - 90. Cambridge, MA: National Bureau of Economic Research.

Borio, Claudio, and Phillip Lowe. 2002. "Asset Prices, Financial and Monetary Stability: Exploring the Nexus." BIS Working Paper 114. Basel: Bank for International Settlements.

Brunnermeier, Markus, and Yann Koby. 2017. "The 'Reversal Interest Rate': An Effective Lower Bound on Monetary Policy." Working paper, Department of Economics, Princeton University, May.

Bulow, Jeremy, and Paul Klemperer. 2013. "Market-Based Bank Capital Regulation." Economics Working Paper 2013 - W12, Nuffield College, Oxford University.

Caballero, Ricardo, Emmanuel Farhi, and Pierre Olivier Gourinchas. 2017. "The Safe Assets Shortage Conundrum." *Journal of Economic Perspectives* 31 (3): 29 - 46.

De Loecker, Jan, and Jan Eeckhout. 2017. "The Rise of Market Power and the Macroeconomic Implications." NBER Working Paper 23687. Cambridge, MA: National Bureau of Economic Research, August.

DeLong, J. Bradford, and Lawrence H. Summers. 2012. "Fiscal Policy in a Depressed Economy." *Brookings Papers on Economic Activity* 2.

Diamond, Douglas, and Philip Dybvig. 1983. "Bank Runs, Deposit Insurance, and Liquidity." *Journal of Political Economy* 91 (3): 401 – 419.

Fernald, John, Robert Hall, James Stock, and Mark Watson. 2017. "The Disappointing Recovery of Output after 2009." *Brookings Papers on Economic Activity*, BPEA Conference Draft, March 23 – 24.

Friedman, Milton. 1968. "The Role of Monetary Policy." *American Economic Review* 1968: 1 – 17.

Ganong, Peter, and Pascal Noel. 2017. "The Effect of Debt on Default and Consumption: Evidence from Housing Policy in the Great Recession." Working paper, Harvard University, January.

Geanakoplos, John. 2010. "Solving the Present Crisis and Managing the Leverage Cycle." *Economic Policy Review* 16: 101.

Geithner, Timothy. 2014. *Stress Test: Reflections on Financial Crises*. New York: Crown.

Geithner, Timothy. 2017. "Are We Safe Yet? How to Manage Financial Crises." *Foreign Affairs* (January/February).

Gertler, Mark, Nobuhiro Kiyotaki, and Andrea Prestipino. 2017. "A Macroeconomic Model with Financial Panics." NBER Working Paper 24126. Cambridge, MA: National Bureau of Economic Research.

Goetzmann, William. 2015. "Bubble Investing: Learning from History." NBER Working Paper 21693. Cambridge, MA: National Bureau of Economic Research.

Goldstein, Morris. 2017. *Banking's Final Exam: Stress Testing and Bank-Capital Reform*. Washington, DC: Peterson Institute for International Economics.

Greenwood, Robin, Samuel Hanson, Joshua Rudolph, and Lawrence Summers. 2014. "Government Debt Management at the Zero Lower Bound." Hutchins Center Working Paper 5. Washington, DC: Hutchins Center on Fiscal and Monetary Policy at the Brookings Institution.

Greenwood, Robin, Samuel Hanson, and Jeremy Stein. 2016. "The Federal Reserve's Balance Sheet as a Financial-Stability Tool." Paper presented at Federal Reserve Board of Kansas City Economic Policy Symposium.

Haldane, Andrew, and Vasileios Madouros. 2012. "The Dog and the Frisbee." In *Proceedings: Economic Policy Symposium, Jackson Hole*, 109 – 159. Kansas City: Federal Reserve Bank.

Hansen, Alvin. 1939. "Economic Progress and Declining Population Growth." *American Economic Review* 29 (1): 1–13.

Hubbard, Glenn. 1991. *Financial Markets and Financial Crises*. Chicago: NBER and University of Chicago Press.

Kashyap, Anil, Francois Gourio, and Jae Sim. 2016. "The Tradeoffs in Leaning against the Wind." NBER Working Paper 23658. Cambridge, MA: National Bureau of Economic Research.

Koo, Richard C. 2011. "The World in Balance Sheet Recession: Causes, Cure, and Politics." *Real-World Economics Review* 58.

McKay, Alisdair, and Ricardo Reis. 2016. "Optimal Automatic Stabilizers." CEPR Discussion Paper 11337. London: Centre for Economic Policy Research.

Mian, Atif, and Amir Sufi. 2014. *House of Debt*. Chicago: University of Chicago Press.

Minsky, Hyman. 1992. "The Financial Instability Hypothesis." Jerome Levy Economics Institute Working Paper 74. Annandale-on-Hudson, NY: Jerome Levy Economics Institute of Bard College.

Patinkin, Don. 1948. "Relative Prices, Say's Law, and the Demand for Money." *Econometrica* 16 (2): 135–154.

Paulson, M. Henry. 2010. *On the Brink: Inside the Race to Stop the Collapse of the Global Financial System*. New York: Business Plus.

Phelps, Edmund. 1968. "Phillips Curves, Expectations of Inflation and Optimal Unemployment over Time." *Economica*, n. s., 34 (135): 254–281.

Phelps, Edmund. 1972. *Inflation Policy and Unemployment Theory*. New York: Norton.

Rachel, Lukasz, and Thomas Smith. 2015. "Are Low Real Interest Rates Here to Stay?" Bank of England Staff Working Paper 571. London: Bank of England.

Rogoff, Ken. 2017. *The Curse of Cash: How Large-Denomination Bills Aid Crime and Tax Evasion and Constrain Monetary Policy*. Princeton, NJ: Princeton University Press.

Romer, Paul. 2016. "The Trouble with Macroeconomics." Commons Memorial Lecture of the Omicron Delta Epsilon Society. *American Economist*, forthcoming.

Sarin, Natasha, and Lawrence H. Summers. 2016. "The Bank Capital Volatility Puzzle." *Brookings Papers on Economic Activity*.

Summers, Lawrence H. 2018. "Secular Stagnation and Macroeconomic Policy." *IMF Economic Review* 66 (2) (June): 226–250.

Svensson, Lars. 2017. "Cost-Benefit Analysis of Leaning against the Wind." *Journal of Monetary Economics* 90 (October): 193 – 213.

Yellen, Janet. 2016. "The Federal Reserve's Monetary Policy Toolkit: Past, Present and Future." Paper presented at "Designing Resilient Monetary Policy Frameworks for the Future," a symposium sponsored by the Federal Reserve Bank of Kansas City, Jackson Hole, WY.

1

| 第一部分 |

货币政策

第一章 新时代的货币政策[*]

    2017 年，欧洲央行和美联储分别在葡萄牙辛特拉镇和怀俄明州杰克逊霍尔召开高水平研讨会，两次会议的共同之处在于都包括一些与货币政策甚至是与中央银行无关的正式议题。在欧洲央行的会议（主题为"发达经济体的投资与增长"）上，欧洲央行行长马里奥·德拉吉（Mario Draghi）在开场演讲中首先讨论了货币政策及其前景，然后才谈到技术进步对就业的预期影响等问题。美联储的会议（主题为"培育一个充满活力的全球经济"）涵盖了从财政政策、贸易问题再到收入分配等一系列议题，唯独几乎没有提及货币政策。无论这是有意还是巧合，在我看来，信号很明确。经过 10 年的共同努力——先是努力恢复金融稳定，然后通

    * 本章作者为本·伯南克。本章是为 2017 年 10 月 12—13 日彼得森国际经济研究所组织的"反思宏观经济政策"会议准备的。感谢 Olivier Blanchard、Donald Kohn 和 David Wessel 的评论，以及 Michael Ng 出色的研究协助。

过大规模货币干预实现经济复苏，欧洲和美国的央行官员相信，他们终于看到了曙光。他们期待着一个金融和经济相对稳定的时代，在这个时代，经济增长、全球化和分配成为紧迫的经济问题——这些问题是其他政策制定者需要解决的，央行行长对此并不负主要责任。

真这么简单就好了！尽管央行官员可能希望未来 10 年不会像过去 10 年那么戏剧性，那么让人焦头烂额，但现实中肯定会有一些新的重大挑战在等着他们。在这一章，我重点讨论两个挑战：一是名义利率长期下降对货币政策工具和货币政策框架来说意味着什么。二是中央银行在政府中的地位，特别是央行是否应该以及是否能够继续保持当前享有的在制定货币政策方面的独立性。这两个挑战是相互关联的，因为我们目前所处的低通胀、低利率环境对支撑央行独立性的一些传统理论提出了质疑。

名义利率长期以来不断下降是一个众所周知且已被广泛研究的问题（Rachel and Smith，2015）。这似乎是多种原因共同导致的一个结果，包括较低的通货膨胀率，发达经济体的人口老龄化（Gagnon，Johannsen，and López-Salido，2016），生产率增长放缓和"长期停滞"（Summers，2015），全球的储蓄和投资模式（Bernanke，2005），对"安全"资产的更多需求（Del Negro et al.，2017；Caballero，Farhi，and Gourinchas，2017）。这些因素有的在中期可能会发生逆转——比如，最近创下历史新低的生产率水平可能会回复到更正常的水平（Byrne and Sichel，2017），全球储蓄过剩也出现了朝着更温和水平变化的信号（Chinn，2017）——从而使未来的利率水平出现回升。不过，就目前而言，低名义利率与很难将短期利率（明显）降至零以下这两点意味着，传统做法（即通过降低短期利率来应对经济深度放缓）下货币政策制定者的操作空间可能有限。Kiley 和 Roberts（2017）最近的研究证实了这一点。基于计量经济模型——包括美联储的主要预测和政策分析模型——的模拟，他们证明了，传统的、危机前常用的政策方法将导致政策利率在多达 1/3 的时间里受到零利率下限约束，从而会削弱美联储实现 2% 通胀目标或者让产出接近潜在水平的能力。①

各国央行应该如何应对？除了为积极的财政政策寻找更有力的理由外，还有另外两个一般意义上的可能性（相互关联而非相互排斥）。首先，货币政策制定者可以更多地利用近年来开发的新工具，而不是像基利和罗伯茨（Kiley and Roberts）所设想的那样，仅依靠对短期利率的管理。在本章第一节，我回顾了其中一些工具。我认为，前瞻性指引和量化宽松政策都可能是对传统降息做法的有效补充，而对它们（尤其是量化宽松政策）可能带来不利影响的担忧被夸大了。因此，正如 Yellen（2016）所提出的，未来这两种工具可以用来缓解零利率下限带来的约束。另外两种工具——负利率和收益率曲线控制——不太可能发挥重要作用，至少在美国是这样。欧洲和日本的政策制定者成功地采用了负利率，但总体而言，他们获得的收益有限（因为人们可以选择持有现金这一点限制了负利率的幅度），而且也付出了一定成本。日本央行已经采用了收益率曲线控制，即对长期利率的直接管理，在当前的日本，这种做法是有意义的。但是，正如我将讨论的，鉴于美国债券市场的深度和流动性，美联储很难在长达两年左右的时间内一直将利率钉住。

---

① 由于一些主要国家的央行实行小幅负利率，传统用法通常指的是利率的"有效下限"（effective lower bound, ELB），而不是零利率下限。然而，美联储并没有实行负利率。由于我在这里关注的是美联储，为了简单起见，我将坚持零利率下限这个本来含义。

尽管非常规政策工具可以增强货币政策的效力，但零利率下限约束仍有可能成为货币政策应对更严重的衰退或者（像当前这样）在利率低于中性水平时发生的衰退的紧约束。对这一问题，另一个比较普遍的反应是修改总体政策框架，以增强货币政策制定者应对此类情况的能力（Williams，2017）。以美联储为例，在本章第二节，我简要地考察了两个备选方案：（1）将美联储的通胀目标从目前的 2％提高。（2）引入价格水平目标。我认为，更高的通胀目标存在一些重大缺陷。它显然会导致更高的平均通胀（可能与美联储维持物价稳定的目标不一致），而且更微妙的是，它意味着由理论分析得到的美联储的反应函数会远远偏离最优反应。价格水平目标则在这两方面都表现更好，因为：（1）它与价格稳定的目标完全一致。（2）它意味着当利率处于零利率下限时，价格将在"更长时期内保持更低"水平，这与理论告诉我们的最佳方法接近。然而，一旦出现供给冲击，价格水平目标同样会存在问题，而且从目前的通胀目标制转向价格水平目标将是一个重大的沟通挑战。在本章第二节的最后，我提出并讨论了第三种可能的替代方案，即"临时价格水平目标"，该目标只在利率受零利率下限约束时才启动生效。我认为，相对于目前的框架，采用临时价格水平目标可能有助于改善经济表现。特别是，临时价格水平目标可以在保持价格稳定的同时做到这一点，而且只需要美联储在框架和沟通政策上做出相对温和的转变。然而，这项提议在现阶段只是一项尝试性的建议，在进一步推进之前还需要进行更多的分析。

除了低名义利率带来的问题，货币政策制定者还面临着对央行独立性的挑战。特别是次贷危机后的政治反弹，进一步加大了央行独立性面临的挑战。但是，如前所述，对央行独立性的质疑也与宏观经济和利率环境的变化有关，从而这个问题与本章第一节探讨的主题相互联系在一起。在美国，央行独立性主张的出现部分源于 20 世纪 60 年代和 70 年代的通胀经历，当时的通胀被部分归咎于对货币政策制定者施加了不适当的政治影响。在这些事件之后，无论是正式的模型还是非正式的传统智慧都认为，为了避免经济过热的压力和允许更高的通胀，美联储需要从政治中获得更大的独立性。然而，在通胀和名义利率都过低而非过高，以及政客批评央行扩张过度而非扩张力度不够的当今世界，以通胀为中心的央行独立性理论似乎有些过时。实际上，认为保持央行独立性是避免过度通胀所必需的这一主张背后的逻辑也可以反过来使用，即保持央行独立性是对抗通缩所需的财政-货币协作的障碍（Eggertsson，2013）。

本章第三节简要讨论了这些问题。我认为，支持保持央行独立性的理由一直比反对通胀的理由更宽泛，而且央行独立性应该在新的经济环境中继续保持下去。与此同时，我认为，支持保持央行独立性是有所助益的，而且这取决于成本和收益的权衡，而不是哲学原则，因此，独立性的限度适当地取决于审议中的活动范围和经济条件。因此，保持央行独立性这个一般原则并不排斥央行在某些情况下与其他政府部门进行政策协作。

一、打败零利率下限约束：非常规政策工具

2008 年，央行行长面临的挑战异常艰巨，特别是他们同时遭遇了严重的经济衰退（这使得货币环境的急剧宽松成为必要）和短期利率接近零（这使得宽松政策难以实施）。作为回应，货币政策制定

者采取了一系列非常规政策措施。哪些将成为标准工具箱的一部分？未来各种货币政策工具的使用顺序或组合可能是什么？在这一节中，我将对这些问题做出评论。我假定，只要零利率下限约束不具有约束力，管理短期政策利率（例如，美国的联邦基金利率）仍将是主要工具。我依次讨论了前瞻性指引、量化宽松政策、负利率和收益率曲线控制（长期收益率的管理）。

1. 前瞻性指引

在下一个宽松周期中，央行行长最可能依赖的非标准工具是前瞻性指引，即就对政策利率的预期或期望未来走势进行沟通。例如，在格林斯潘时代，美联储利用各种前瞻性指引在"相当长一个时期内"（Federal Open Market Committee，FOMC，2003）保持了低利率。甚至在更早的时候，一些央行就尝试了前瞻性的政策承诺，一个值得注意的例子是日本央行的零利率政策（zero interest rate policy，ZIRP）。在零利率政策下，日本央行表示，在满足某些条件之前，它不会将利率从零上调（Bank of Japan，1999）。长期金融资产的价格（包括那些与经济活动最密切相关的资产，如公司债券、抵押贷款和股票）不仅取决于当前设定的政策利率，而且取决于对利率未来走势的预期。因此，即使短期政策利率接近其有效下限，央行的"口头操作"（open-mouth operations）也会通过影响市场对未来政策的预期影响当前的金融状况（Guthrie and Wright，2000）。

前瞻性指引有多种形式。比较有价值的是区别德尔菲式前瞻性指引和奥德修斯式前瞻性指引（Campbell et al.，2012）。德尔菲式前瞻性指引是指简单阐述货币政策制定者如何看待经济和利率可能的演变方向。德尔菲式前瞻性指引仅供参考，对未来政策不做任何承诺。相比之下，奥德修斯式前瞻性指引——这一说法源自奥德修斯决定把自己绑在桅杆上，以抵御海峡女巫的召唤——意在预先让央行就（可能是偶然的）未来政策做一些承诺。

这两类指引的目标是不同的。德尔菲式前瞻性指引——例如，正如在前瞻性美联储著名的"点图"中所看到的，它显示了联邦公开市场委员会成员银行对利率的预测——主要是为了帮助公众和市场参与者理解美联储的观点、反应函数和政策计划。或者更加非正式一点的说法是，央行行长关于经济和政策可能走向的公开言论通常有意是德尔菲式的。在正常时期，各国央行越来越多地将德尔菲式前瞻性指引纳入其沟通策略；这主要反映了各国央行努力提高透明度这一趋势，而与零利率下限成为一项重要政策约束关系不大。通过提高央行沟通的清晰度，德尔菲式前瞻性指引旨在提高货币政策的可预测性，使其更加有效。

相形之下，奥德修斯式前瞻性指引最有可能在政策利率处于或接近零利率下限约束时——因此，此时短期降息的空间有限——发挥作用。通常，货币政策制定者会利用奥德修斯式前瞻性指引来传递一种承诺，即将利率维持在较低水平的时间长于其"正常"反应函数所暗示的时间。如果这一承诺是可信的，市场参与者今天就应该压低长期收益率，推高资产价格，从而在零利率下限约束下有效地增加刺激。这里的关键词是"承诺"。如果先前的承诺是不可能做到的，时间一致性文献探讨了这个原因（Kydland and Prescott，1977），奥德修斯式前瞻性指引就不能实质性地改变市场预期，因此也就毫无用处。在实践中，央行的指导意见似乎确实对资产价格有显著影响（Campbell et al.，2012；Swanson，2017），从而可能对经济也会有影响。央行行长对自身和机构声誉的担忧，以及市场参与者倾向于寻找能够凝聚预期的焦点，似乎在实践中为货币政策制定者提供了一些承诺未来政策行动的能力。

美联储的决策机构——联邦公开市场委员会在次贷危机后的经济复苏过程中定期提供前瞻性指引。联邦公开市场委员会的做法引发了一些争议。Michael Woodford（2009）等人认为，联邦公开市场委员会在其指导方针中不恰当地使用德尔菲式而不是奥德修斯式前瞻性指引，从而限制了政策效果的发挥。例如，在政策利率实际上被降至零的那次会议上，联邦公开市场委员会在 2008 年 12 月的声明中指出，"委员会预期疲弱的经济状况可能在一段时间内导致联邦基金利率处于异常低的水平"（FOMC，2008）。伍德福德（Woodford）认为，使用"期望"或"预期"利率将保持在低位这一说法，而不是使用更有力的承诺或意图这样的术语，联邦公开市场委员会创造的刺激力度可能不及预期。事实上，联邦公开市场委员会的指引（在伍德福德看来）对前景发出悲观信号，其结果可能适得其反。

伍德福德的观点从原则上看是正确的，而且，在其他条件都相同的情况下，一个旨在提供奥德修斯式前瞻性指引的政策委员会，确实应该努力让自己的承诺尽可能明确和坚定。现实世界中的一个复杂之处是，政策委员会通常不是单一的行动者，而是可能包括持不同观点的参与者，他们试图在不确定的环境中达成妥协。因此，委员会正式声明中有一些闪烁其词或模棱两可之处可能在所难免。但是，从现实操作看，联邦公开市场委员会在次贷危机后的指引——由政策制定者的公开评论介导——似乎确实产生了奥德修斯效应。值得注意的是，美联储引入前瞻性指引之后，通常随之而来的是长期利率、汇率和股票价格发生与货币政策大幅宽松相一致的变化（Femia，Friedman，and Sack，2013；Swanson，2017）以及短期利率预期对经济新闻的敏感性下降（Williams，2014）。股市的上涨尤其表明，市场关注的是联邦公开市场委员会发出的更大政策耐心的信号（奥德修斯式的一面），而不是更悲观的迹象。此外，专业预测人士对联邦公开市场委员会的指引做出了反应，他们反复下调他们认为将主导该委员会决定何时开始将联邦基金利率从零开始上调的失业率，这意味着外界对美联储的预期反应函数的看法发生了转变（Bernanke，2012；Femia，Friedman，and Sack，2013）。联邦公开市场委员会匆忙制定的指引所取得的这种显而易见的成功，为他们在未来使用口头干预提供了信心。随着央行行长和市场参与者逐渐积累起与前瞻性指引有关的经验，这种工具应该会变得越来越有效。

另一个关键问题是定性指引（"相当长一个时期"）和定量指引（例如，描述将导致政策变化的具体经济条件）之间的区别。多年来，美联储的指引已经从定性转向定量，反映了它们希望不断提高透明度的愿望，以及在零利率下限约束期间增加实质性宽松政策的必要性。经济逻辑表明，定量指引将更加有效，因为它既更精确，事后也更加可验证（因此更容易得到担忧美联储声誉的人的支持）。然而，政策委员会可能并不总是能够就定量指引达成一致。经济形势的不确定性可能也更有利于定性表述的相对模糊性，至少在开始时是这样。然而，经验表明，定性指引如果维持一段时间，往往会转变为定量指引，因为市场参与者、立法委员会和其他利益攸关方会敦促决策者阐明关键短语的含义。

划分前瞻性指引的另一个维度是时间依存的前瞻性指引与状态依存的前瞻性指引。联邦公开市场委员会在次贷危机后同时使用了这两类指引，首先表明它预计在某一特定时间内将利率维持在低位，然后将加息时点与基于当期失业率和当期通胀率的阈值挂钩。① 原则上，政策设定应取决于经济状况，因此未来状态依存的前瞻性指引可能会成为常规做法（Feroli et al., 2016）。② 然而，正如 Williams（2016）所指出的，时间依存的前瞻性指引有时可能更有效，这可能是因为对市场参与者来说这类指引更确定、更可信。

到目前为止，我一直在讨论关于利率的前瞻性指引，但其实也可以提供利率以外的政策方面的指引，尤其是资产购买计划方面的指引。这类指引不过是利率指引的自然延伸，可以是德尔菲式的，也可以是奥德修斯式的。关键是，关于政策组成部分的指引必须谨慎协调，只有这样，所规划的政策变化序列才是清晰明确的。例如，2013 年美联储给出将根据经济发展情况放缓资产购买的步伐这一指引后，就引发了著名的"缩减恐慌"（taper tantrum）。然而，这一恐慌与其说反映了对资产购买减少的预期，不如说反映了市场某些领域的推断（从期货报价中可以看出），即放缓资产购买后随之而来的是短期利率上升。（见下文关于量化宽松政策"信号"效应的更多介绍。）美联储的决策者表达的是他们打算在停止购买资产后的较长一段时间内保持低利率，但显然这些承诺没有被市场理解，在市场预期调整、市场状况稳定之前，必须协调一致地重申这一点。

---

① 联邦公开市场委员会先后采用了三种不同形式的定性前瞻性指引：2008 年 12 月（FOMC, 2008）、2009 年 3 月（FOMC, 2009a）以及 2009 年 11 月（FOMC, 2009b）。2011 年 8 月（FOMC, 2011）、2012 年 1 月（FOMC, 2012a）以及 2012 年 9 月（FOMC, 2012b），联邦公开市场委员会又先后采用时间依存的前瞻性指引，设定在特定时间内将利率维持在"异常低"的水平。2012 年 12 月（FOMC, 2012c），联邦公开市场委员会转而采取状态依存的前瞻性指引，承诺它们会将利率维持在"异常低"的水平，直到未来一两年的失业率高于 6.5%，通货膨胀率低于 2.5% 且通胀预期保持稳定。

② 从理论上说，最优政策不仅取决于经济当前的状态，而且取决于经济过去的状态。在后面的内容中，我会对此做更多论述。

关于前瞻性指引，我想说的最后一点是：在本节中，我一直将前瞻性指引，特别是奥德修斯式前瞻性指引，看作一种特别干预，是对短期利率管理的补充。除此之外，另一种可供选择的做法是，央行可以启用一种包罗万象的、暗示央行对零利率下限约束做出了系统性奥德修斯式反应的框架。在本章第二节中，我将探讨这种可能性。

2. 量化宽松政策

近年来采用的最富争议的非常规货币政策可能当属美联储所谓的大规模资产购买计划（large-scale asset purchases，LSAPs），但其他大多数国家则坚称这种做法为"量化宽松"（quantitative easing，QE）。[①]美联储开展了三轮量化宽松政策，在此期间其资产负债表的规模从不足1万亿美元扩大到4.5万亿美元。英国央行、欧洲央行、瑞典央行和日本央行也实施了量化宽松政策，日本央行更是在次贷危机之前就已经把资产购买看作货币政策工具的一种。

量化宽松是指央行利用自己持有的银行准备金在公开市场上买入证券。根据法律规定，美联储只能购买政府支持类机构发行的国债和抵押贷款相关证券。相比之下，其他央行则能够购买各种私人证券，包括公司发行的债券和股票。美联储所面临的限制似乎并没有阻止其版本的量化宽松政策发挥作用，尽管在一场房地产融资引爆的危机之后，法律还允许美联储购买抵押贷款相关证券，是一件幸运的事。

研究表明，量化宽松政策主要通过两个渠道发挥作用：信号渠

---

① 我还试图将该计划命名为"信贷宽松"（credit easing），以区别于日本央行早些时候的资产购买行动（Bernanke，2009），但是没有成功。我认为，"信贷宽松"的重点是消除债券市场的久期，而不是日本央行式的量化宽松，后者的主要目标和衡量标准是增加高能货币存量。

道和投资组合平衡渠道。信号渠道在如下条件下发挥作用，即资产购买可以看作央行关于宽松货币政策的承诺，特别是央行将在较长时间内将短期利率维持在一个较低水平（Bauer and Rudebusch，2013）。前面提到的 2013 年所谓的"缩减恐慌"证明了量化宽松信号渠道的实际意义。如前所述，由于信号渠道的重要性，必须将资产购买和利率政策紧密结合起来，特别是中央银行必须将各种政策工具引进和退出的既定顺序传递清楚。

投资组合平衡渠道取决于以下前提，即投资者所持有的投资组合中的证券是不完全相互替代的，它们在流动性、交易成本、信息、监管限制等方面存在差异。不完全替代性意味着证券净供给的变化会影响资产价格和收益率，因此投资者将被诱导重新平衡其投资组合（Bonis，Ihrig，and Wei，2017）。原则上，量化宽松的两个渠道可以通过以下事实加以区分：信号渠道通过影响对未来政策利率的预期起作用，而投资组合平衡渠道则通过改变期限溢价来发挥作用。

目前，已经有大量关于量化宽松政策有效性的研究。其中大部分围绕量化宽松公告如何影响利率和资产价格开展案例研究；也有一部分调查研究，比如 Gagnon（2016）、Bhattarai 和 Neely（2016）、Williams（2014）。可供研究的量化宽松计划样本并不多，而且要从计量经济学的角度识别出量化宽松政策中出人意料的（因此没有完全贴现的）成分很困难。因此，研究人员对量化宽松效应的规模和持久性以及效应的两个主要渠道的相对重要性仍存在分歧。然而，强烈认为量化宽松政策无效的观点已被相当坚决地否决了。相反，人们似乎普遍认为，量化宽松已被证明是一种有用的工具，对金融环境有着显而易见的影响。① 研究发现，量化宽松政策对利率预期和期限溢价都有显著影响，这表明信号渠道和投资组合平衡渠道同时存在（Bauer and Rudebusch，2013；Huther，Ihrig，and Klee，2017）。另外，尽管量化宽松政策会直接影响宏观经济的证据并不明确，但美国、英国、日本和欧洲的经历都表明，在实施大规模量化宽松政策后的几年里，通常都伴随着更强劲的总需求以及经济表现的改善（Engen，Laubach，and Reifschneider，2015）。②

各界关于量化宽松政策的争论，很少集中在该政策是否有效上，而是更多地集中在其可能带来的副作用上。次贷危机爆发后，主要央行推出量化宽松计划，同时收到很多关于这一政策不利一面的警告。一个让人印象深刻的例子是，美国国会中的共和党领导人在2010年11月致函美联储，表达了对进一步购买资产的担忧。他们在信中指出，"这样的措施给美元未来的强势地位带来了巨大的不确定性，可能导致难以控制的长期通胀，并可能产生人为的资产泡沫，进而导致进一步的经济混乱"（Herszenhorn，2010）。国会领导人还担心美联储的行动可能招致其他国家的批评，他们写道："在我们应该打击国际贸易保护措施的时候，任何损害美国贸易关系的行动……只会进一步损害全球经济，并可能延缓美国经济的复苏。"正如议员所

---

① 例如，Gagnon（2016，table 1）列出了来自16项关于量化宽松债券购买计划对债券收益率影响的研究的18个估计结果。对美国来说，假设实施一个规模为GDP 10%的资产购买计划，则对十年期债券收益率的影响中值为82个基点。根据传统经验法则，十年期债券收益率每降低10个基点，相当于联邦基金利率降低25个基点，因此该项资产购买计划大致相当于将联邦基金利率降低了200个基点。（美联储的资产购买计划的规模远远超过GDP的10%。）根据Gagnon的调查，购买计划对十年期债券收益率的期限溢价部分的影响中值仅为44个基点，这表明信号渠道和投资组合平衡渠道同时存在。

② 的确，在许多类似情况下，量化宽松不足以让通胀回到目标水平。然而，因果链中的薄弱环节似乎是不断减弱的政策对通胀的影响，而不是货币政策（包括量化宽松）对总需求的影响。对任何旨在提高通胀的宏观经济政策而言，菲利普斯曲线表现出平坦特征（或向下移动）都是一个问题。

指出的，确实有国家反对美联储出台更多量化宽松计划，包括巴西财长吉多·曼特加（Guido Mantega）和德国财长沃尔夫冈·朔伊布勒（Wolfgang Schäuble），前者认为美联储的行动预示着一场"货币战"，后者则表示美联储的政策"毫无章法"（Atkins，2010；Garnham and Wheatley，2010）。保守派经济学家和各市场参与者随后所写的一封信呼应了国会信函的主题，对"货币贬值和通货膨胀"发出警告，并补充称，量化宽松可能"扭曲金融市场，使美联储未来实现货币政策正常化的努力大大复杂化"（*Wall Street Journal*，2010）。另外，人们不太记得的是，2011年9月，国会共和党领导人写了一封持类似观点的跟进信，里面增加了对量化宽松政策可能"促使过度负债的消费者继续借贷"的担忧（*Wall Street Journal*，2011）。当然，这类观点也是那几年《华尔街日报》和《金融时报》专栏文章的主题。[1]

我认为，公平地说，这些警告，以及更多类似的警告，并没有被证明具有先见之明。毫无疑问，像原始货币主义的支持者所预测的那样（当然，这种类型的货币主义是米尔顿·弗里德曼绝不会赞同的），通货膨胀并没有大幅上升——事实是，恰恰相反——而且美元也没有崩溃。由于美元没有持续下跌，加上美国经济走强增加了对进口的需求，曼特加对货币战的担忧也被证明是毫无根据的。家庭部门的杠杆率也并没有像国会第二封信所预测的那样上升；事实上，自次贷危机以来，家庭债务和利息负担已大幅下降。

对资产泡沫的担忧尤其持久（尽管这些担忧似乎更多地与宽松的货币政策有关，而不是与量化宽松政策有关）。需要明确的是，货

---

[1] 例如，参见 Taylor 和 Ryan（2010）。

币政策无疑会影响股票和其他资产的价格；事实上，这种影响是货币政策传导的重要渠道。宽松货币政策对资产价格的影响是通过如下基本面发挥作用的，包括低利率所暗含的未来回报折现率的下降、对更强劲经济表现的预期，以及风险承受能力的适度提高。这些基本面因素导致的资产价格上涨是可取的，不会对经济或金融稳定构成重大风险。因此，对泡沫的担忧恰当地集中在超过基本面所能支撑的合理涨幅之外的资产价格上涨上。有关量化宽松政策催生了这种意义上的资产泡沫的说法，很难或几乎不可能加以反驳；当然，在某个时候，资产价格将不可避免地出现向下修正，就像过去周期性发生的那样。然而，自国会第一次致函以来已经过去 7 年，美联储在 3 年前就停止了购买证券（尽管其他央行仍在继续购买），因此，即便量化宽松政策会催生泡沫，我们至少可以认为这需要相当长一段时间的滞后期。

其他的批评怎么样了呢？经济学家和市场参与者在信中提出，量化宽松政策"扭曲"了金融市场。目前，我们还不清楚这意味着什么。量化宽松政策和货币政策的总体目标是，设定与充分就业和稳定价格相一致的金融条件，这可以被认为是试图消除由价格和工资黏性、垄断竞争、信贷市场摩擦等因素造成的经济扭曲。在这方面，适当的货币政策是"非扭曲的"；特别是，积极货币政策下的资源配置应该更接近而不是偏离竞争性、自由市场和灵活价格这一理想状态。

对"扭曲"说法的一个可能的合理解释是，量化宽松政策至少在一定程度上通过影响期限溢价（并通过它们影响整个资产价格图谱）发挥作用。从市场参与者的角度看，当量化宽松政策有效时，感觉是政府（央行）的决定而不是私人部门的基本面决定了资产价格。此外，在这种情况下，获得最高回报的是那些最擅长对美联储察言观色的人，而不是那些擅长评估经济基本面的人。专业投资者对这种状况有些失望是可以理解的。不过，请注意，量化宽松计划对期限溢价的影响，主要是通过影响私营部门持有的政府债券的净期限分布来实现的。在这方面，量化宽松计划——相当于用短期债务（就量化宽松计划而言，是银行准备金）取代私人手中的长期政府债务——与财政部所发行债券的期限结构发生变化没有本质区别。政府关于其债务期限结构的决定将影响期限溢价，这似乎是自然的，而且由于政府必须选择一些期限分布，所以不清楚政府政策对期限溢价保持"中性"意味着什么（Greenwood et al.，2014）。简言之，只要未偿付政府债务的组合与资产定价不相关，就不存在期限溢价的"非扭曲"价值。

对这一点，一种可能回应是，至少关于美国国债到期期限的决策在很大程度上与短期经济状况无关，发行政策通常是平稳的，提前制定好的。相比之下，美联储的量化宽松计划通常规模庞大，难以预测，会根据经济发展状况以及（很重要的是）货币政策制定者如何解读经济发展状况做出调整。鉴于美联储的决策很难预测，甚至其决策依经济展望的不同而不同，它们确实给资产价格增加了噪声。当然，任何形式的货币政策都是如此。我认为，归根结底在于，美联储的政策（包括政策失误和误判）是否在总体上稳定了经济。如果经济正在企稳，那么，尽管美联储的政策和沟通中不可预测的部分可能会给市场参与者带来麻烦，整个货币政策（包括量化宽松政策）减少而不是增加了经济扭曲的总体水平。①

针对量化宽松政策的另一个常见批评是，据称该政策加剧了不

---

① 正如 James Tobin（1977）所说："一堆哈伯格三角形才能填满一个奥肯缺口。"这句格言告诉我们，当经济作为一个整体远未发挥出其潜力时，微观层面的扭曲几乎不会造成什么后果。货币政策的目标是消除奥肯缺口。

平等，这主要是因为它对股票和其他资产的价格的影响。这种说法从表面来看是有问题的（Bernanke，2015；Bivens，2015）。从经验来看，一旦将各种各样的政策影响都考虑在内，量化宽松政策（或宽松货币政策）是否会以任何有意义的方式加剧不平等，这一点还远远不够明显。当然，毫无疑问，在其他条件相同的情况下，股票价格上涨意味着更大的财富不平等——尽管收入不平等效应会因宽松货币政策降低了资产收益率而得到一定程度的减缓，这样一来，资本带来的收入增幅要低于资产价值的涨幅。① 但是，量化宽松政策也带来了更广泛的收入和财富增长，包括：（1）对中产阶级的主要资产——房价的积极影响；（2）较低的利率和更高房价给债务人带来的好处，包括有能力再融资以降低本息支付的房主；（3）更低的政府借款成本和（可能）增加的铸币税给纳税人带来的节约；（4）最重要的是，货币宽松政策对就业、工资和收入的影响（Bivens，2015；Engen，Laubach，and Reifschneider，2015）。公开资料显示，劳方的支持者——比如 2016 年在杰克逊霍尔与联邦公开市场委员会成员会面的 FED UP 组织——倾向于支持延续宽松货币政策，而在媒体的评论版写专栏，批评宽松货币政策给收入和财富分配带来的不利影响的人，则主要是对冲基金经理、银行家或右翼政客，传统上这些人并不曾关心不平等问题（Fleming，2016）。这种政治联盟——支持宽松货币政策的工人团体，以及支持提高利率的金融家——无疑也是美国历史上一贯的模式，可以追溯到威廉·詹宁斯·布赖恩（William Jennings Bryan）时期甚至更早。

无论如何，不管货币政策对不平等有怎样的影响，与技术进步

---

① 因此，量化宽松政策帮助了财富持有者的同时伤害了储蓄者这种说法显然是自相矛盾的；更多讨论参见 Bernanke（2015）。

和全球化带来的长期影响——正是这些力量导致了美国和其他一些发达经济体的不平等现象在几十年里不断加剧——相比，货币政策的影响都很可能是暂时性的。一方面，如果就像看上去很有可能的那样，货币对不平等的影响是适度的（事实上，是不确定的）并且基本上是暂时的，那么货币政策制定者忽视政策的分配效应，主要关注政策在促进价格稳定和充分就业方面的作用，而把对收入分配问题的关注留给包括财政政策在内的其他政策制定者，就是合理的。另一方面，如果货币政策对不平等的影响不是暂时的，那么大概的原因就是经济学家所说的滞后，即"热"经济会通过提高劳动力参与率、提升技能和提高工资来促进更高的长期增长。然而，显著滞后效应的存在可能意味着，在经济疲弱时期宽松的货币政策会减缓不平等，而不是相反。

针对量化宽松政策的最后一个批评是，如果长期利率出人意料地迅速上升，量化宽松政策将使央行面临资本损失。虽然各国央行不必盯市，而且即便是在负资本条件下它们也依然可以运转良好，但它们所持资产的损失最终将体现为向财政部缴纳的铸币税会减少。各国央行自然将这一结果视为对其独立性和机构声誉的政治风险，在其他条件相同的情况下，这可能会让它们在使用量化宽松政策时更加犹豫不决。然而，央行面临的政治风险并不等同于社会福利的损失。从整个社会的角度来看，必须在下面两者之间进行权衡：一是量化宽松政策可能带来的财政风险；二是量化宽松政策赋予货币政策制定者更大的空间，来应对严重经济下行或者不希望看到的通货紧缩局面。

此外，量化宽松政策的财政风险并非单方面的。量化宽松政策可以给央行和财政部带来相当可观的利润，这是因为平均而言，央行收购的长期资产的收益率高于其短期负债的收益率，同时收益率下降使得央行当前持有的债券产生资本收益。自 2009 年以来，美联储已经向美国财政部汇出了超过 6 500 亿美元的利润（Federal Reserve Board of Governors，2017），这远高于次贷危机前的利润。另一方面，如果量化宽松政策确实导致财政损失，那很可能是因为经济复苏比预期的更快、更强劲，从而导致利率上升；由于损失最有可能发生在经济的强劲程度出人意料时，所以从整个社会角度来看，损失是可以对冲的。最后，也是最重要的一点是，有效的量化宽松政策所产生的积极财政效应远远超出铸币税，因为政府预算同样会受益于更低的借款利率、得以避免的通缩或极低通胀，以及经济活动增加带来的更高收入。

尽管如此，在我看来，相对于从其他角度对量化宽松政策提出的批评，支持和反对量化宽松政策的财政风险的力量更加势均力敌。这背后是困难的治理问题和相互矛盾的价值观，人们可以合理地得出不同的结论。一种解决方案是——类似于英国的做法，央行与财政部就量化宽松政策进行磋商。我并不提倡这种做法，因为这意味着央行独立性的削弱，但我不得不承认，这样做可能会有助于降低与量化宽松政策相关的政治风险。

3. 负利率和收益率曲线控制

我将简要评论其他国家正在使用的，但我预计美联储在可预见的未来不会使用的两种货币政策工具：负（名义）利率和钉住长期利率（所谓的收益率曲线控制）。

近来，日本和一些欧洲国家均实行了负利率（Bernanke，2016c）。为了实行负利率，中央银行通常对商业银行的存款准备金收取一定的费用。套利的存在则确保了银行准备金的负回报转化为其他短期流动资产的负回报。短期负利率不一定意味着长期资产的利率也为负值，尤其是那些流动性较差或存在信用风险的资产。相反，负短期利率为央行提供了一个降低长期利率——比如对经济活动影响重大的抵押贷款利率——的新工具。有证据表明，负利率有助于缓和实行负利率的国家的总体金融状况，从而有助于促进经济复苏（Dell'Ariccia，Haksar，and Mancini-Griffoli，2017）。

对早已习惯于思考实际利率为负的情形的经济学家来说，名义利率小幅小于零没什么大不了的。例如，0.1％的收益率和−0.1％的收益率之间几乎没有什么本质差别。然而，对经济学家以外的群体来说，名义利率为负的想法令人困惑，这种反应使得政治阻力增大，并可能使央行行长在使用这一工具时更加犹豫不决。抛开政治因素，把针对货币使用的那些限制（Rogoff，2016）也排除在本章考虑范围之外之后，相对来说，负利率带来的收益和成本都比较有限。因此，尽管该工具在某些情况下可能是适当和有用的，但它不值得引起公众的过度关注。

在目前的制度安排下，负利率的潜在好处相对有限，因为一旦试图将利率降至远低于零的水平，将会诱使人们转为持有现金。丹麦的负利率水平最高，为负 75 个基点（Danmarks Nationalbank，2015）。到目前为止，负利率还没有引发人们转向持有现金，但如果利率进一步下降，或者负利率政策被认为会再次出现或将是持续性的，那么很可能会有更多人这么做。

负利率产生的成本主要来自它们与金融市场的某些制度特征的相互作用。例如，在美国，货币市场共同基金（money market mutual funds，MMMFs）通常会承诺名义收益率不低于零。雷曼兄弟破产后，2008 年该基金曾因未能达到这一标准（被称为"跌破 1 美元"）

而遭到挤兑。对货币市场共同基金可能遭受冲击的担忧是美联储在后危机时期没有使用负利率的一个重要考虑（Burke et al.，2010）。最近的一系列改革通过迫使许多投资于私人资产的货币市场基金转向浮动资产净值体系（允许名义收益率为负）并促使它们转向风险更低的政府基金，降低了这种风险（U. S. Securities and Exchange Commission，2014；Chen et al.，2017）。

关于负利率，更常见的担忧是，它可能导致银行体系去资本化（decapitalize），因为银行被认为无法将负利率传递给储户。从欧洲或日本的经验来看，几乎没有证据表明较小的负利率会对银行的利润或贷款构成负面影响。零售存款只是银行融资的渠道之一；或许，银行可以将负利率传递给批发资金提供者或机构储户。此外，央行可以通过选择能够减轻对银行利润影响的方式来实行负利率；例如，日本央行免除了对银行准备金收取的费用中的相当大一部分，而只对银行的保证金收费。总的来说，随着时间的推移，通过制度改革或央行实施负利率的替代方法，几乎无法管理负利率的成本。鉴于政治上对负利率的抵制似乎与其所能带来的总体而言有限的收益不成比例，因此是否能进行此类改革是一个悬而未决的问题。在美联储，在后危机时期几乎没有人支持负利率，而这种情况似乎并未改变。①

日本央行最近推出的收益率曲线控制以长期债券收益率为目标。收益率曲线控制与传统的量化宽松政策是"双管齐下"的：在收益率曲线控制下，央行不是像普通的量化宽松政策那样，设定证券购买目标，让市场决定收益率，而是将一种或多种证券的收益率作为

---

① 纽约联邦储备银行行长约翰·威廉姆斯（John Williams）在 2016 年表示，负利率"从净效率角度衡量就处于政策工具的最底层"（Mui，2016）。然而，有趣的是，美联储前主席耶伦（Yellen）曾表示，她认为如果美联储有实施负利率的法律权力，那么它应该这么做（U. S. Senate Committee on Banking, Housing, and Urban Affairs，2016）。

目标，并根据需要调整购买规模，以达到所设定的目标（Bernanke，2002；Chaurushiya and Kuttner，2003；Bernanke，2016d）。

收益率曲线控制有一些潜在的优势：由于收益率直接影响借贷和投资决策，瞄准利率目标的策略在估计所需资金的投放规模方面比普通的量化宽松政策精度更高。即便央行减少资产购买量，一个可信的收益率目标依然有可能实现，因为市场参与者的套利行为可以消除偏离收益率目标的行为。当可供购买的证券数量可能有限且供给缺乏弹性时，收益率曲线控制也是一种有效的策略，日本政府债券就属于这种情况。日本政府债券是日本央行购买计划的主要组成部分。特别是，日本央行采用收益率曲线控制使日本当局得以维持大规模刺激，即使日本央行可购买的债券供应已经萎缩（Bernanke，2016a）。

另一方面，在证券市场深度和流动性强的司法管辖区，比如美国的政府债券市场，如果设定的目标不完全可信，以利率为目标的央行可能不得不买下市场上的大部分证券。期限超过目标计划预期期限的证券的利率目标将特别难以执行，因为接二连三的消息将影响投资者对目标计划退出时间和该计划退出后收益率将如何变化的看法。因此，考虑利率目标策略的美联储工作人员得出的结论是，只有相对短期的收益（可能最多几年）可以固定，这可能会限制该计划的效用（Bowman，Erceg，and Leahy，2010；Bernanke，2016d）。然而，有意思的一点是，或许可以用一个相对短期的锚来作为有关未来短期利率的前瞻性指引的补充。①

---

① 例如，在两年内将利率维持在低位这一承诺可以用另一个承诺（即从公告承诺时起的两年内将锚定收益率）来加以强化。然而，对状态依存的（而不是时间依存的）前瞻性指引来说，这种策略很难实施。

4. 政策的时间顺序

当下次经济衰退来袭时，我们将采用什么样的政策工具，按照什么样的顺序？Yellen（2016）曾描述过美联储未来的工具箱。面对经济放缓，联邦公开市场委员会将首先采取传统的降息举措。当前的想法是，当零利率下限约束即将出现时，降息应该是积极的（没有"节省弹药"）；更多论述可以参见 Reifschneider and Williams（2000）。然而，实际上，经济状况的不确定性可能导致美联储推迟采取果断行动，直到形势变得更加明朗。

接下来将是奥德修斯式前瞻性指引（德尔菲式前瞻性指引已经就位）。相对于早先的经验，我预计政府会更早地采取视情况而定的量化承诺，以便将利率维持在低位。

量化宽松政策呢？美联储的政策制定者已经明确表示，量化宽松政策现在已经是工具箱的组成部分，必要时将会使用（U. S. Congressional House Committee on Financial Services and Senate Committee on Banking, Housing, and Urban Affairs, 2017；FOMC, 2017）。我相信这是真的，但如果联邦公开市场委员会在开始新一轮资产购买之前有一段时间犹豫不决，我也不会感到意外。与更为传统的政策相比，量化宽松政策对金融市场和经济的影响不太为人所知，对其的估计也不那么准确。量化宽松政策的效果可能会随着时间的推移而变化，例如，取决于金融市场是处于压力之下还是正常运转。此外，由于量化宽松政策的某些重要功能来自信号效应，所以它也是一个难以连续、分级使用的工具。我预计量化宽松政策在未来只会偶尔使用，在更严重的经济衰退期间，通常采用的是大规模的离散式量化宽松政策。

即便是从积极角度看，除非情况变得非常糟糕，否则在可预见的未来，美国不太可能实施负利率或收益率曲线控制。在目前的制度安排下，负利率的好处不大，反而可能会给一些金融机构带来问题。鉴于美国政府债券市场的深度和流动性，将目标定在较长期利率（至少是两年以上的期限）可能是一项危险的任务。但是，这类利率目标有可能被用来强化前瞻性指引的效果。

二、打败零利率下限约束：政策框架

正如上一节所讨论的，美联储和其他央行保留了许多有效的货币政策工具，即使当前的中性利率水平维持在较低水平也是如此。我们也不应忽视财政政策在逆周期调解方面所具有的潜力。政治和意识形态的限制以及某些司法管辖区有限的财政空间限制了财政工具的灵活性和及时性；这就是为什么货币政策通常是抵御短期经济不稳定的第一道防线。但最近的经验表明，财政政策可以在最严重的经济放缓中提供一些支持，就像 2008 年和 2009 年时的美国一样（Matthews，2011；Auerbach and Gorodnichenko，2017）。

尽管如此，我并不像 Yellen（2016）那样乐观，她认为目前的货币政策工具将足以应对经济的急剧下滑。特别是，我们并不能保证下一次衰退冲击只在政策利率处于或高于中性水平时才发生。如果美联储不得不面对新一轮经济放缓，目前短期利率可供削减的空间只有约100 个基点，其他主要中央银行，包括欧洲央行和日本央行在内，则几乎没有降息空间，即便是长期收益率也不例外。因此，我赞同 Williams（2017）等人的观点，即我们现在应该考虑如何提高货币政策的效力。在本节中，我将讨论一些最近提出的通过改变政策目标或政策框架来提高货币政策有效性的建议。在这里，我将集中讨论两个主要的政策选项：提高通胀目标和转向价格水平目标。[①] 在讨论完这两个主要选项的优缺点之后，我将提出一种折中的方法。

如前所述，政策框架的调整方案之一是保持美联储和其他主要央行目前的通胀目标制框架，但将通胀目标水平从 2% 左右提高到 3% 甚至 4%。据推测，经过一个过渡期后，通胀目标的提高将导致名义利率的相应提高，从而为降息提供更多空间。[②] 最近，一群经济学家联名致信美联储，呼吁提高通胀目标。前面提到的 FED UP 组织在今年的杰克逊霍尔会议上举行了一场研讨会，支持这一观点 (Baker et al.，2017；Leubsdorf，2017)。

作为提高货币政策效力的一项举措，提高通胀目标有自身的优势：直截了当，易于沟通和解释，而且允许美联储和其他主要央行保持在既定政策框架内。这些都是重要的好处。但与此同时，我也看到了这个提议存在的一些问题。

第一，这一方案的支持者可能低估了向更高目标过渡的成本、不确定性和可能的延迟。日本最近的经历告诉我们，通过央行声明来管理通胀预期可能是一件棘手的事情。鉴于发达经济体的通胀预期似乎很好地锚定在 2% 或以下，试图提高预期并将其重新锚定在更高水平很可能是一个漫长而不确定的过程，其副作用包括金融波动

---

① 还有一个值得进一步深入研究但我在这里没有展开讨论的备选方案，那就是名义 GDP 目标制。这种方法存在的一个实际问题是，对名义 GDP 的测量不像对通胀和失业的测量那么及时，而且更容易修正。

② 究竟应该提高到 3% 还是 4%？现有文献对此没有做更多探讨 (Diercks，2017)。升息至 4% 为未来降息提供了更大空间，但可能很难合理论证 4% 的通胀率与央行维持物价稳定的目标是一致的。将利率上调至 3% 只会略微增加降息空间；如果真的计划这样做，最好将这种做法的成本与收益和实行负利率——负利率同样可以增大政策空间——的成本与收益做一个比较 (Bernanke，2016b)。

和风险溢价的上升。（通货膨胀的不确定性对债券市场来说尤其具有挑战性，因为投资者会同时对央行的声明表示怀疑，并担心资本损失。）如果通胀预期在当前水平附近保持黏性，那么美联储将不得不在较长一段时间内故意让经济过热，以证明其对更高目标的承诺。持续的经济过热有可能产生有益的效果——例如，通过滞后渠道——但它也可能被证明是不稳定的，而且难以管理，尤其是在通胀预期变得不稳定的情况下。

第二，要想充分有效地提高长期名义收益率，通胀目标的提高必须被视为永久性的，或至少是一项非常长期的承诺。然而，这一看法被美联储显而易见的抬高目标利率的意愿——可能是出于战略方面的考虑——削弱了。展望未来，最优通胀目标的决定因素——比如当前的均衡实际利率、通胀成本以及货币政策传导机制的各个方面——很可能会随着时间的推移而改变。如果美联储今天主要基于较低的实际利率水平上调通胀目标，它会不会再次调整目标，以应对未来基本面的变化？在首次改变目标时，澄清这一点很重要，但并不容易做到，因为货币政策委员会的成员以及他们对货币政策和经济的了解都会随着时间的推移而变化。

第三，尽管通胀的经济成本很难量化，但我们知道，通胀非常不受公众欢迎。其背后的原因在经济学家看来可能缺乏说服力——例如，各种形式的货币错觉。又或者，经济模型无法很好地捕捉公众眼中通胀的成本——例如，当通货膨胀率升高时，人们进行计划和计算的难度也相应加大。无论如何，促进"价格稳定"成为美联储和其他大多数央行使命的一个关键部分，这一点绝非巧合。无疑，目标通胀率大幅提高将引发抵触，甚至可能引发法律挑战。支持者建议成立一个全国委员会来批准提高目标通胀率，以提高其合法性和持久性。我想提醒持这一观点的人注意自己的言辞。我认为,在美国,政府更有可能重申"价格稳定"的中心地位,甚至是让美联储无须再承担目前所承担的双重任务中的另一大任务"最大化就业",也不会同意制定一个更高的通胀目标,从而为货币政策提供更多可自由支配的空间。即使政府一开始支持更高的通胀目标,市场参与者也会不时施加压力以便在未来让通胀目标逆转,从而削弱了目标的可信度。

第四,重要的是,我们从大量富有洞察力的理论著作中得知,提高通胀目标是应对零利率下限约束所引发的问题的一种较差的方式(Krugman,1998;Eggertsson and Woodford,2003;Werning,2011)。相反,从理论上讲,央行更倾向于承诺遵循"补偿性"政策(或者,用伍德福德的话说,政策"是历史依存的")。具体来说,假设零利率下限约束持续了一段时间,从而使得货币政策比不存在约束的情况下更"紧"。那么(非常宽泛地说),最优政策是央行承诺在比正常情况下更长的时间内将利率维持在更低水平,补偿期的长短随着事件的严重程度和货币宽松程度的累计缺口而调整。如果公众理解并相信这一承诺,那么对未来更宽松政策和更快速增长的预期将会使得零利率下限约束存续期间产出下降和通胀的程度得到缓解。顺便提一下,这一点与前面讨论过的奥德修斯式前瞻性指引有点相似。不同之处在于,最优政策不是通过临时性的前瞻性指引来实施,而是作为央行永久政策框架的一部分加以概念化,公众则需要不断学习、了解这一政策框架。

与这种理论上的最优政策相比,提高通胀目标的做法至少具有两个缺点。首先,正如 Woodford(2009)所指出的,提高通胀目标将迫使社会在任何时候都要承担更高的通货膨胀成本,而在最优政策下，通货膨胀应该只是在出现零利率下限约束之后暂时上升。其次，通胀目标的一次性提高并不足以保证政策对零利率下限约束的反应力度与该约束持续的时间和严重程度相匹配。

比提高通胀目标更好的一个选择是采用价格水平目标，这也是许多经济学家和政策制定者所提倡的方法（Svensson，1999；Gaspar，Smets，and Vestin，2007；Williams，2017）。具体来说就是，以某个价格水平为目标的央行试图将长期平均通胀率保持在接近目标值的水平，比如2％。价格水平目标制和传统的通胀目标制的主要区别在于对"过去"的处理。以通货膨胀为目标的中央银行旨在使通货膨胀保持在其目标附近不变，这种方法允许决策者"看穿"通货膨胀率的暂时变化，只要通货膨胀在一段时间后恢复到目标水平。相比之下，采用价格水平目标制则致力于扭转通货膨胀暂时偏离目标的情况，例如，在通货膨胀暂时激增后，相应时期的通货膨胀低于目标。值得注意的是，通胀目标制和价格水平目标制都可以是灵活的。也就是说，它们可以将产出和就业考虑在内，因为它们回归目标的速度可能取决于（在正式模型中，通常最优取决于）实体经济的状态。① 在本节中，我只考虑政策规则的一些"灵活"变体。

与通胀目标制相比，价格水平目标制至少有两个明显优势。首先，价格水平目标制与较低的平均通胀率（比如2％）相一致，因此也符合价格稳定的要求。的确，价格水平目标制可以说比通胀目标制更能促进价格稳定，因为它致力于稳定长期平均通货膨胀率，这将大大降低未来很长一段时间内价格水平的不确定性。其次，价格水平目标制具有理论上最优货币政策的理想"补偿"特征。特别是

---

① Erceg、Kiley 和 López-Salido（2011）的研究认为，忽略产量和就业波动的严格的价格水平目标并不能很好地发挥作用。

在价格水平目标制下，伴随低于目标的通胀时期（当利率停留在零利率下限约束水平时很可能发生这种情况）而来的，是央行将通胀率设定在目标之上的时期，这将导致"更长时期内更低水平"的利率设定。

价格水平目标制似乎比通胀目标制更可取，但也并非完美。转向价格水平目标制意味着央行的政策框架和反应函数将发生重大变化，而且很难判断让公众和市场理解与接受新方法的难度究竟有多大。特别是，从钉住通货膨胀转换到钉住价格水平可能需要决策者对公众和市场进行大量的教育、解释。例如，市场和公众需要多久才能适应价格水平目标制的含义，即今天爆发的通胀应该让他们理性地预期未来的通胀率低于正常水平？

关于价格水平目标制的另一个可能的担忧是，这种方法所包含的"过去的事不再是过去的事"是一把双刃剑。在价格水平目标制下，央行不能"看穿"暂时推高通胀的供给冲击，而必须致力于收紧政策，以扭转冲击对价格水平的影响。这种逆转可能是渐进的，并且会根据实际情况做出调整，但这仍可能意味着，在供给冲击压低就业和产出之际，或许会出现痛苦的紧缩。尽管对这种方法的一劳永逸的承诺在理论上是最佳的（在充分可信的情况下），但在实践中，通过使通货膨胀率在一段时间内低于目标水平来逆转供给冲击的影响这一承诺可能并不可信；如果是这样，为了抵消通胀冲击，可能需要付出高昂的代价。

有没有折中的办法？我在这里简单给出了一个方案，即只有当面临零利率下限约束时，才使用价格水平目标框架及与之相关的补偿原则，其他时期则继续采用通胀目标框架和当前2%的通胀目标。[Evans（2010）是类似方法的早期支持者。]正如我后面会讲到的，央行可以用大家都很熟悉的通胀目标制术语来解释这种政策组合，在我看来这是一种优势。

因此，具体来说，在经济摆脱了零利率下限约束的某个时刻，假设美联储发表如下声明：

（1）联邦公开市场委员会已决定，将维持其通胀目标框架，将通胀目标保持在 2% 的水平。联邦公开市场委员会将继续采用平衡的方法来稳定物价和最大限度地增加就业，特别是，这意味着，联邦公开市场委员会令通货膨胀率回归到目标水平的速度将取决于劳动力市场的状况和实体经济的前景。

（2）然而，联邦公开市场委员会认识到，联邦基金利率所面临的零利率下限约束有时可能会导致无法实现通胀和就业目标，即使使用非常规货币工具也是如此。该委员会同意，未来在联邦基金利率为零或接近零利率的情况下，提高该利率的一个必要条件是，自联邦基金利率首次触及零利率之日起的平均通胀率至少为 2%。除了这一必要条件外，在决定是否将联邦基金利率从零利率上调时，该委员会还将考虑劳动力市场前景，以及通胀率回归目标水平是否可持续。

以下图表是对前述必要条件的进一步阐释，或许可以用来说明最近发生的零利率下限约束。需要明确的是，图中的任何内容都不应被视为对美联储当前政策的评论。相反，我考虑的是一个反事实世界，在这个世界里，上述声明是在 2008 年之前由市场做出并内化了的。在这个反事实世界里，美联储履行这一承诺至关重要。然而，在现实中，美联储当然没有做出这样的承诺，今天的实际政策也不受先前承诺的限制。

图 1-1 显示了自 2008 年第四季度以来的通货膨胀情况（核心

个人消费支出），该季度联邦基金利率首次达到零，或者说实际上为零。① 如图所示，自 2008 年以来，通货膨胀率一直低于 2% 的目标。图 1-2 显示了从 2008 年第四季度以来的累积年化通货膨胀率，大致相当于平均通货膨胀率。与图 1-1 相一致，2008 年第四季度以来的平均通胀率也低于 2%，大约为 0.5%。由于自出现零利率下限约束以来的平均通胀率低于 2% 的目标，根据前述声明（2）给出的标准，联邦公开市场委员会尚未将联邦基金利率从零上调。重申一下，我不过是借助最近发生的事件来说明我提出的规则，而无意对联邦公开市场委员会现在应该做什么提出建议。不过，请注意，如果这一政策规则在 2008 年之前就已经存在，如果市场能够理解并预期到它，那么长期收益率可能会更低，而过去 10 年的宽松政策的有效程度可能会大得多。在这个反事实世界里，通货膨胀率可能更高，平均通货膨胀标准可能已经实现。

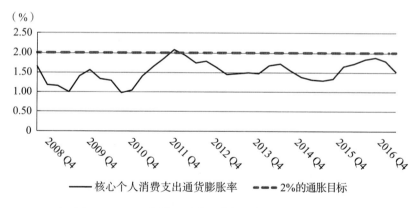

图 1-1　2008 年第四季度以来的（年化）通货膨胀率

注：通货膨胀率为年度变化水平。

资料来源：Federal Reserve Economic Data database.

---

　　① 为此，我假设，联邦公开市场委员会依靠核心通胀指标（不包括食品和能源价格）来更好地捕捉潜在的通胀趋势。

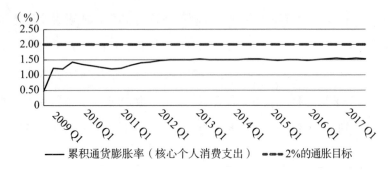

图1-2 2008年第四季度以来的累积（年化）通货膨胀率

注：图中给出的是2008年第四季度以来用核心个人消费支出价格指数表示的累积年化通胀率。

资料来源：Federal Reserve Economic Data database；author's calculations.

前述声明（2）所述的平均通货膨胀率标准是用通胀目标制的语言给出的，我认为从沟通的角度来看，这么做是有优势的。不过，我的读者会认识到，平均通货膨胀率标准相当于临时的价格水平目标，这只适用于存在零利率下限约束的时期。图1-3用价格水平目标而不是通货膨胀率目标的方式，给出了最近的价格水平（核心个人消费支出），与2008年第四季度开始的2%的趋势值形成了对比。（同样，2008年第四季度是基准季度，因为联邦基金利率是在这一季度首次达到零利率下限的。）零利率下限约束期间的平均通货膨胀率至少为2%这个必要条件等价于价格（实线）回归到趋势水平（虚线）。正如图1-3所示，要达到这一标准，必须有一段时间的通货膨胀率超过2%。

我要再次强调的是，在我的提议中以及如声明（2）所述，满足平均通胀标准是在零利率下限约束期间提高利率的必要条件，但不是充分条件。至少还需要额外考虑两点：首先，货币政策制定者希望确保平均通胀水平是持续得到满足的，而不是短暂冲击或测量误差的结果。其次，与灵活目标政策的概念相一致，政策制定者在决定

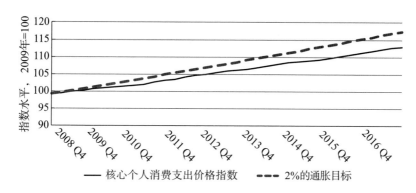

图 1 - 3　2008 年第四季度以来的价格水平与 2% 的通胀目标

注：图中显示的是核心个人消费支出价格水平与目标核心个人消费支出价格水平的对比，前者自 2008 年第四季度以来每年以 2% 的速度增长。相应地，目标价格水平是在零利率下限约束期间 2% 累积（年化）通胀目标所隐含的价格水平。数据经过季节性调整。

资料来源：Federal Reserve Economic Data database.

是否应该加息时，也会考虑实际经济状况。具体来说，即使达到了平均通胀标准，联邦公开市场委员会也可能会推迟加息，直到劳动力市场状况趋于健康，或者预期劳动力市场很快就会恢复健康。例如，联邦公开市场委员会可能会规定额外的必要条件，即失业率应达到或低于预测的自然或可持续的失业率。

我所说的临时价格水平目标与普通的、永久性的价格水平目标有几个共同的优势。如前所述，它具有至关重要的补偿特征：相对于如 Taylor（1993）规则这样的传统政策规则，它推迟了从零利率下限约束中退出的时间。此外，零利率下限约束程度越严重，补偿期通常也越长，从而能够在最需要的时候提供越多的刺激。还需要重申的一点是此方法与本章第一节介绍的奥德修斯式前瞻性指引之间的区别。关键的区别在于，在临时的价格水平目标下，"在更长时间内保持更低的利率"这一策略是政策框架的一个内在组成部分，因此可以在出现零利率下限约束之前对它加以解释（并且有望被市场参与者预料到）。如果这一策略能够被理解，它将有助于让零利率下限约束不仅持续时间更短、严重程度更弱，而且不会那么频繁出现。

与单纯提高通胀目标的策略相比，临时价格水平目标具有与普通价格水平目标相同的能够保持价格稳定的好处。特别是，在这种策略下，零利率下限约束时期和非零利率下限约束时期的平均通胀率都应该在2%左右。

然而，与普通的价格水平目标相比，我的提议有两个潜在的优势。首先，它不需要对现有政策框架做出重大调整，因为（1）通胀目标制将继续决定不存在零利率下限约束时的政策，以及（2）临时价格水平目标制可以解释为通胀目标制框架的一部分，正如我们已经知道的，它相当于钉住零利率下限约束期间的平均通货膨胀率。其次，与通胀目标制一样，它避免了在不存在零利率下限约束的暂时的通胀冲击时收紧货币政策的必要。

正如莱尔·布雷纳德（Lael Brainard）在第二章中所指出的，我的提议存在一个缺陷：当政策从追求临时价格水平目标（短期利率处于零利率下限约束水平）转向追求正常的带有正利率的通胀目标时，可能会出现不连续。这种政策不连续可以通过几种方法来降低，例如，使用惩罚利率急剧变动的政策方法。这个问题需要进一步研究。

总结本节，一个只在出现零利率下限约束期间使用的临时价格水平目标，似乎具备普通的价格水平目标的各种优点，包括保持价格稳定，以及它所暗含着的零利率下限约束插曲之后是低利率的补偿时期。它的另外一个优点是，可以直接并入现有的通胀目标制度框架，最大限度地降低了改变长期政策框架和与市场进行沟通的必要；而且，它不需要逆转不存在零利率下限约束时发生的通胀冲击。

三、中央银行的独立性与制度性改革

毫无疑问，与货币政策有关的决策不是在真空中做出的，货币政策的任何变化，尤其是框架的变化，都需要在政治和制度层面上加以讨论。货币政策的未来部分取决于央行自身的结构和权力。金融危机和随之而来的经济衰退带来的政治影响，加大了立法机构实施制度变革的可能性，包括对央行独立性施加更多限制。在这一节中，我再次回到在低通胀和低利率的世界中央行独立性这个问题。

"央行独立性"一词的使用范围很宽松，因此有必要在当代语境中解释一下它的含义。特别是，在一个现代多元民主国家，央行独立性并不意味着货币政策制定者完全自主或缺乏问责制，也不意味着政治家对货币政策完全没有影响——至少在长期内是这样。尽管不同国家和司法管辖区的制度细节存在很大差异，但我将从以下四个方面描述当代央行独立性。

第一，民主选举产生的代表确定中央银行的制度结构，包括央行的职权；设定央行的目标；任命央行的领导。例如，美联储在国会里的使命是促进充分就业和维持物价稳定。美联储的结构非常独特，包括若干家拥有私营部门董事会的地区储备银行，但它最终要对总统和国会负责，后者决定美联储的权力和美联储理事会的成员。美联储的货币政策制定与放贷职权由国会授予，且和其他发达经济体的央行相比职权更窄一些。例如，在正常情况下，与其他国家的央行不同，美联储不能购买私营部门的资产，如公司债券或股票，也不能向银行系统之外的其他部门或机构直接放贷，但是美联储有一些紧急时期可以启用的权力。

第二，代表定期审查央行的货币政策决策及其朝着既定目标的进展情况。为了方便代表有效开展审查，中央银行会提供有关其计划和政策的各种信息，并且通常会尽可能提高透明度，与政策的有效执行保持一致。全球各国央行不断提高透明度这一趋势与货币政策在经济管理中发挥着更加重要的作用同时出现，这绝非巧合。特别是，通胀目标制和类似框架兴起的一个关键驱动力是它们有助于强化沟通，包括定期发布各种预报和政策预测，以及确立明确的目标有助于实施问责。近年来，美联储提高透明度的措施包括采用明确的通胀目标，公布联邦公开市场委员会成员的预测，包括对利率的预测，以及由主席主持召开季度新闻发布会等。此外，联邦公开市场委员会还在例会召开三周后公布会议纪要，并在五年后公布完整的会议记录。

第三，在目标既定和定期审查与监督制度的约束下，央行可以在不受明显政治干预的条件下管理货币政策工具。因此，举例来说，只要美联储制定的货币政策能够合理地被视为是在追求其既定目标，它就可以在没有国会或行政部门干预的情况下管理其政策利率。（用经济学家的话说就是，美联储拥有工具独立性，但没有目标独立性。）这种操作独立性在很大程度上是由惯例（在美国，总统接受美联储独立性这一惯例尤其重要）以及在制度设计中加入"干预减速带"来保障的。就美联储而言，这类"减速带"包括：美联储官员任期较长且相互重叠；在任期结束前，美联储官员只能因行为不当而不能因政策考虑而被解职；美联储在预算方面享有独立性；储备银行行长任期长且为非政治性任命；储备银行私营部门董事的政治影响力较大；等等。不过，值得注意的是，对美联储独立性的保护大多是间接或隐性的，不像日本、英国和欧元区等其他司法管辖区那样，央行的独立性会受到法律或协议的明确保护。

对央行独立性的标准描述就到此为止了；但是我认为，我们应该认识到，至少在中期，民主选举出的代表必须能够应对与央行有关的制度缺陷或执行不力。

第四，就中期而言，民主选举产生的代表可能会通过更换领导层，或在必要时通过制度改革，来应对央行表现不佳的情况。一个可行的委托代理关系必须能够奖惩已实现的结果，并且代理人的合同本身必须能够根据变化的环境而变化。因此，我不认为周期性调整中央银行的结构或权力必然与央行独立性相抵触，除非改革直接限制了政策的制定（例如，授予立法部门对利率变化的否决权）或消除了央行独立性的保护墙（例如，允许出于政治原因将美联储官员解职）。[1]

总体而言，前面对央行独立性的描述反映了当前大多数发达经济体的一种制度和政治均衡，而且央行独立性仍是一个有影响力的原则，约束着许多国家的政客与央行行长之间的关系。这就催生出几个问题：（1）在当前环境下，央行独立性的基本原理是什么？（2）央行独立性是否应该平等地应用于所有央行活动？（3）未来央行独立性是否仍将是货币政策制定的关键原则？

关于第一个问题，相关研究文献最突出的论点是央行独立性有助于解决货币政策的时间一致性问题（Kydland and Prescott，1977；Barro and Gordon，1983）。简单地说，基本情况是，如果决策者过

---

[1] Binder 和 Spindel（2017）为政治周期的存在提供了证据。在政治周期中，国会在经济繁荣时期基本上忽视了美联储的存在，但在经济或金融表现不佳之后，就会采取行动对美联储进行改革。

于关注短期，低通胀的承诺可能难以令人信服。特别是，如果公众预期低通胀，那么政策制定者可能会试图通过制造短期通胀"意外"来实现短期产出增长。但公众会逐渐开始期待这样的意外，由此带来的均衡结果是，通胀和通胀预期都高于期望水平，最终没有实现产出增加。传统观点认为，央行独立性强调通胀可信度这个问题，因为公众认为独立的中央银行行长和政治家相比，更不倾向于以更高的通货膨胀率为代价来追求更高的短期产出——这或许是因为当选的银行行长持鹰派观点，或许是因为他们的职业或制度激励。"通过授权实现信用"的典型例子是吉米·卡特（Jimmy Carter）任命保罗·沃尔克（Paul Volcker）为美联储主席（Rogoff，1985）。事实上，在过去的几十年里，央行独立性对全球范围内通货膨胀水平的下降做出了贡献，这是一个似是而非的看法。从本质上讲，从传统观点来看，独立的央行是一种承诺工具，政客可以借此控制自己的通胀偏好。

正如我将要讨论的，独立的中央银行行长任期更长，因此和短视的政治家相比，更有可能考虑经济体的长期利益，这一普遍存在的观点听起来是正确的。然而，有关央行独立性减轻了通胀的论据，如今看来是站不住脚的。近年来，各国央行面临的问题不是通胀过高，而是通胀过低。此外，一些反对美联储和其他主要央行采取强有力货币措施的最强烈的政治声音，并非来自那些希望货币当局采取更多行动的人，而是来自那些希望他们采取更少行动的人。我已经提到了 2010 年国会领导人写给联邦公开市场委员会的信，信中警告不要启动新一轮量化宽松政策。类似的反对宽松货币政策的声音也已经出现在欧洲和其他地方，特别是在德国，量化宽松政策和低利率政策已经引发了民众的抗议和诉讼。政治上强烈反对宽松货币政策的现象背后有很多原因，包括债权人（储户和金融机构）的政治权力，但无论如何，这都很难与传统的时间一致性理论相一致。

人们可能会得出这样的结论：在一个低通胀的世界里，央行独立性不再受欢迎，央行应该在必要时直接与政府协作，以提高通胀率（Eggertsson，2013）。在后面的内容中，我会再次讲到中央银行与政府协作这个问题。但在这里我想说的是，时间一致性的论点从来都不是支持央行独立性的完整理论基础，还有其他很好的理由支持将货币政策的制定委托给一家独立的央行。

首先，货币政策的制定是高度技术性的。国会雇用美联储来管理货币政策，部分是出于和我雇用一个专业水管工来修理管道同样的原因，而且一旦我相信这个水管工能够解决问题，我就不会对他所采取的行动多加揣测，因为我知道我的多管闲事只会让结果变得更加糟糕。

其次，货币政策往往是时间敏感的。它需要由一个能够对不断变化的经济和财政状况做出迅速和准确反应的机构来管理。

最后，有效的货币政策需要与金融市场保持一致、连贯和及时的沟通。立法机构不具备这样做的能力，甚至事后干预央行决策或事后沟通也会给市场带来不确定性，降低货币政策的有效性。

如果货币政策的技术性、及时性和市场敏感性是下放货币政策管理职权的唯一理由，那么由财政部而不是由一家独立的央行来执行货币政策可能就足够了。事实上，发达经济体的财政部在货币政策监管方面已经有过一些重要的尝试，如20世纪90年代的英国和日本所做的那样。将货币政策委托给财政部的理由恰恰是，至少在短期内，财政部可能会更民主地做出反应。此外，如前所述，货币政策（包括量化宽松政策）可以产生财政影响，包括铸币税收入、债务管理和政府债务市场的运作,这为将货币政策的决策权留给财政部长提供了更多的理由。

然而,尽管如此,全球长期以来倾向于将货币政策托付给独立的央行而不是财政部的趋势,似乎被经验证明是合理的。首先,货币政策的运行有很大的滞后性,政策的收紧或放松可能会持续数年。因此,即使通胀偏见本身不是问题,货币政策制定者要保持较长期的视角、确保政策的连续性和连贯性也是很重要的。财政部长(在大多数司法管辖区都是选举出来的政客)可能很快就会换届——作为美联储主席,我曾与四位财政部长(两位共和党代表和两位民主党代表)共事,而艾伦·格林斯潘曾与七位财政部长共事——政府的更迭也会缩短其任期。出于类似的原因,独立的央行更适合形成长期信誉——稳定通胀预期,建立执行前瞻性指引的声誉,建立可预测的反应函数,并避免政策转向。其次,除了任期的影响外,政治方面的考虑还会给财政部主导的货币政策带来其他问题。例如,人们会怀疑(引诱)财政部围绕经济预测和关键政策行动或政策公告的时机"打转"。财政部会不会试图通过降息来转移人们对一个与利率无关的政治挫折的注意力?即便没有,市场是否会怀疑这种情况会发生?在短期政治环境下,财政方面的考虑——前面提到的将货币政策决策权保留在财政部的理由——可能会起到相反的作用。例如,财政部是否会通过调整利率来影响政府当前的赤字规模?

总而言之,避免通胀偏见远非将货币政策委托给一家独立央行的唯一理由。其他原因包括货币政策制定的技术性、及时性和市场敏感性;不关心政治的央行行长从长期视角看待经济所带来的好处;随着时间的推移,制度的可信度和可预测性的发展;以及避免决策者根据短期政治动态采取行动的激励。将货币政策委托给央行可能也符合政治家和公众的利益，这有助于解释为什么它是可持续的。例如，授权提供了距离，让政治家在享受良好经济走势带来的好处的同时，一旦出了问题，则可以归咎于其他人（Binder and Spindel，2017）。换句不这么愤世嫉俗的话来说就是，政治家可能会认识到，通过授权，把政策交到专家手中并消除他们自己对短期政治压力过度反应的激励，不管对经济、选民还是对他们自己都是有好处的（Eggertsson and Le Borgne，2007）。

上述这些支持央行独立性的理由主要与货币政策有关。那么央行的其他活动呢？它们是否应该与货币政策一样，在保持央行独立的前提下执行？

央行独立性是一种实用主义原则，而非意识形态或哲学命题：它只有在（平均而言）能够带来更好的政策结果时才有意义，否则就没有价值。因此，央行独立性的适用性可能会根据政策函数或经济环境的不同而有所不同。例如，在履行监管职能方面，央行不应特别要求独立于其他监管机构之外。在某些监管领域，保持央行独立性似乎更合理；例如，在决定某家银行的资本充足率时允许政治力量进行干预，将蕴含明显的风险和潜在的利益冲突。但是，立法委员或许能适当地权衡广泛适用于整个银行系统的监管政策。在应对系统性危机时，支持央行独立性的理由是，这样做可以允许央行利用监管以及其他方面的保密信息，迅速而有效地履行其至关重要的最后贷款人职能。然而，在金融危机中，中央银行与行政机构（包括其他机构）和立法机构的协作对实现稳定可能是必不可少的。在2007—2009年的金融危机中，美联储和其他央行就与本国财长展开了密切合作，同时既无损于央行在货币政策方面的独立性，也无损于它们作为最后贷款人的地位。

当一个经济体面临严重的通缩风险，而货币政策本身又无法控制该问题时，就会出现一个特殊的利益问题。正如 Eggertsson（2013）所指出的，这种情况对支持央行独立性的传统"通胀偏见"观点提出了挑战。如果支持央行独立性的目的是避免正常时期的通胀偏见，这似乎意味着当期望看到更高而不是更低的通胀时，应该牺牲央行独立性。当然，从历史上看，通胀往往与央行屈从于财政当局联系在一起。

本章的分析视角对这个问题提供了不同的看法。我曾说过，保持央行独立性并不仅仅是因为通胀偏见；将货币政策委托给一个独立的技术官僚机构，还有其他原因。因此，没有通胀本身并不是放弃央行独立性的理由。但是，在我看来，只要满足如下两个条件，保持央行独立性并不一定会妨碍货币政策制定者与财政当局的协作。

首先，协作所要实现的目标既要与央行的职责相一致，又必须是在缺乏协作的情况下无法实现的。因此，如果财政与货币协作对实现央行的通胀目标或维护金融稳定至关重要，那么协作比未能实现既定目标要好。相反，如果协作的结果与央行的职责不一致或超出其职责范围，或者如果不进行协作就能实现其既定目标，则央行不应进行协作。其次，央行必须不断评估第一个条件是否满足，如果不满足，央行有权在任何时候停止协作。在我看来，这两个标准似乎是为了保护对经济具有长期价值的央行独立性，同时不排除短期的货币-财政协作，这可能是实现关键政策目标所必需的。

作为一个积极的因素，央行独立性会继续保持下去吗？确实出现了一些令人担忧的迹象。在美国，美联储在很多时候仍然不受欢迎，一些国会议员和美联储领导层之间的敌意经常表现得很明显。与其他大多数发达经济体的央行相比，针对美联储的制度保护较少；

特别值得注意的是，它的政策独立性并没有受到法律或协议的明确保护（通过前面提到的"减速带"提供的间接保护除外）。

但是，我们也有理由保持谨慎乐观。首先，最近的经济表现——至少在货币政策的影响范围内——良好，美联储接近其通胀和失业目标。与此同时，危机后实施的改革已经解决了在危机应对方面存在的许多问题，包括最不受欢迎的干预措施。因此，此时进行重大制度改革的客观理由似乎相当薄弱。其次，与民主国家的正常情况一样，近期选举的获胜者正在任命美联储的新领导层，其结果是，美联储当前的政治对手将发现，他们与美联储的成败息息相关。由于央行独立性对美联储的成功至关重要，新的政治领导层可能会越来越重视保持央行独立性的价值。

当然，保持警惕是必要的。健忘是最危险的。次贷危机和随之而来的经济衰退是通过金融和货币政策来应对的，尽管这些政策最终取得了成功，但引发了政治上的强烈抵制。次贷危机过后，必要的改革进一步强化了这一体系，并使抗击危机的当局的存在合理化。风险在于，政治家可能会试图限制或解除某些权力，包括那些在过去十年间被证明至关重要的货币权力。这些变化可能不会带来立竿见影的影响，但除非考虑得非常周详，否则它们可能会导致美国和世界经济在未来面临严重的金融和经济风险。

四、结　论

尽管各国央行已经摆脱了全球金融危机和随之而来的衰退的阴影，但它们依然面临着新挑战。其中最重要的是低通胀和低名义利率对传统货币政策的约束。在本章中，我认为非常规工具，尤其是前瞻性指引和量化宽松政策，可以为货币政策提供更大的空间。

然而，即使有额外的工具，在缺乏可靠的财政支持的条件下，现有的货币政策框架可能也不足以抵消严重的经济放缓。这就引出了一个问题：替代性货币政策框架能否增强货币政策的效力？一个主要的建议是，保持当前的通胀目标制，但将通胀目标提高到3%或4%，引发了许多担忧。以价格水平为目标是一种更好的方法，但它也有缺陷，包括对政策框架做出如此大的改变所带来的沟通挑战，以及要求央行逆转（而非"看穿"）暂时通胀冲击的要求。在这一章中，我建议考虑一种叫作"临时价格水平目标"的方法，这种方法只适用于政策利率处于或非常接近零的时候；其他时候，仍采用标准的通胀目标制。在这种方法下，货币政策制定者将提前承诺，至少在（1）整个零利率下限约束期间的平均通胀率达到目标。（2）在失业率回归正常范围之前，不会将利率从零上调。这种方法只涉及对当前框架的微小改变，而且与美联储当前最大限度地增加就业和稳定物价的使命相一致。

低通胀、低利率的环境还引发了对央行独立性的质疑，经济学文献将央行的独立性合理化为抵御高通胀的堡垒。我同意 Eggertsson（2013）的观点，即为了对抗持续的通货紧缩或低通货膨胀，财政-货币协作而不是独立的货币政策有时是必要的。然而，我认为，支持央行独立性的理由远远超出了避免通胀偏见的范畴，而是基于一些因素，包括技术能力、制度可信度和对长期视角的需要。我对美国和其他发达经济体继续保持央行独立性持谨慎乐观的态度，但记忆是短暂的，因此以警醒的态度捍卫央行独立性是非常重要的。

参考文献

Atkins，Ralph. 2010. "Germany Attacks US Economic Policy." *Financial Times*，November 7. http://www. ft. com/intl/cms/s/0/c0dca084-ea6c-11df-b28d-00144feab49a. html♯axzz3c6g2tFNf.

Auerbach，Alan J. , and Yuriy Gorodnichenko. 2017. "Fiscal Stimulus and Fiscal Sustainability." Paper presented at the Jackson Hole Economic Symposium，Jackson Hole，WY，August 29.

Baker，Dean，Laurence Ball，Jared Bernstein，Heather Boushey，Josh Bivens，and David Blanchflower. J. Bradford DeLong，…，Justin Wolfers. 2017. "To Federal Reserve Chair Janet Yellen and the Board of Governors," The Center for Popular Democracy，June 8. http://populardemocracy. org/sites/default/files/Rethink％202％25％20letter. pdf.

Bank of Japan. 1999. "Announcements of the Monetary Policy Meeting Decision（Feb. 12）." Tokyo，February 12，https://www. boj. or. jp/en/announcements/release _ 1999/k990212c. htm/.

Barro，Robert J. , and David B. Gordon. 1983. "Rules，Discretion and Reputation in a Model of Monetary Policy." NBER Working Paper 1079. Cambridge，MA：National Bureau of Economic Research，February.

Bauer，Michael D. , and Glenn D. Rudebusch. 2013. "The Signaling Channel for Federal Reserve Bond Purchases." Federal Reserve Bank of San Francisco Working Paper 2011－21. Federal Reserve Bank of San Francisco，April.

Bernanke，Ben S. 2002. "Deflation：Making Sure 'It' Doesn't Happen Here." Remarks at the National Economists Club，Washington，DC，November 21.

Bernanke，Ben S. 2005. "The Global Savings Glut and the U. S. Current Account Deficit." Sandridge Lecture，Virginia Association of Economists，Richmond，March 10.

Bernanke，Ben S. 2009. "The Crisis and the Policy Response." Stamp Lecture，London School of Economics，January 13.

Bernanke，Ben S. 2012. "Monetary Policy since the Onset of the Crisis." Paper presented at the Jackson Hole Economic Symposium，Jackson Hole，WY，August 31.

Bernanke，Ben S. 2015. "Monetary Policy and Inequality." *Ben Bernanke's Blog*，Brookings Institution，June 1. https://www. brookings. edu/blog/ben-bernanke/2015/06/01/monetary-policy-and-inequality.

Bernanke，Ben S. 2016a. "The Latest from the Bank of Japan." *Ben Bernanke's Blog*，Brookings Institution，September 21. https://www. brookings. edu/blog/ben-bernanke/2016/09/21/the-latest-from-the-bank-of-japan.

Bernanke, Ben S. 2016b. "Modifying the Fed's Policy Framework: Does a Higher Inflation Target Beat Negative Interest Rates?" *Ben Bernanke's Blog*, Brookings Institution, September 13. https://www. brookings. edu/blog/ben-bernanke/2016/09/13/modifying-the-feds-policy-framework-does-a-higher-inflation-target-beat-negative-interest-rates.

Bernanke, Ben S. 2016c. "What Tools Does the Fed Have Left? Part 1: Negative Interest Rates." *Ben Bernanke's Blog*, Brookings Institution, March 18. https://www. brookings. edu/blog/ben-bern-anke/2016/03/18/what-tools-does-the-fed-have-left-part-1-negative-interest-rates.

Bernanke, Ben S. 2016d. "What Tools Does the Fed Have Left? Part 2: Targeting Longer-Term Interest Rates." *Ben Bernanke's Blog*, Brookings Institution, March 24. https://www. brookings. edu/blog/ben-bernanke/2016/03/24/what-tools-does-the-fed-have-left-part-2-targeting-longer-term-interest-rates.

Bhattarai, Saroj, and Christopher Neely. 2016. "A Survey of the Empirical Literature on U. S. Un-conventional Monetary Policy." Federal Reserve Bank of Saint Louis Working Paper 2016 – 021A. Federal Reserve Bank of St. Louis, October 28. https://dx. doi. org/10. 20955/wp. 2016. 021.

Binder, Sarah and Mark Spindel. 2017. *The Myth of Independence: How Congress Governs the Federal Reserve*. Princeton, NJ: Princeton University Press.

Bivens, Josh. 2015. "Gauging the Impact of the Fed on Inequality during the Great Recession." Hutchins Center Working Paper 12. Hutchins Center on Fiscal and Monetary Policy at the Brookings In-stitution, Washington, DC, June 1.

Bonis, Brian, Jane Ihrig, and Min Wei. 2017. "The Effect of the Federal Reserve's Securities Hold-ings on Longer-term Interest Rates." *FEDS Notes*, April 20. https://doi. org/10. 17016/2380 – 7172. 1977.

Bowman, David, Christopher Erceg, and Mike Leahy. 2010. "Strategies for Targeting Interest Rates Out the Yield Curve." Memorandum to the Federal Open Market Committee. Washington, DC, October 13. Released by the FOMC secretariat on January 29, 2016.

Burke, Chris, Spence Hilton, Ruth Judson, Kurt Lewis, and David Skeie. 2010. "Reducing the IOER Rate: An Analysis of Options." Memorandum to the Federal Open Market Committee. Washing-ton, DC, August 5. Released by the FOMC secretariat on January 29, 2016.

Byrne, David, and Dan Sichel. 2017. "The Productivity Slowdown Is Even More Puzzling Than You Think." *Vox Policy Portal* (blog), Center for Economic Policy Research, August 22. http://voxeu. org/article/productivity-slowdown-even-more-puzzling-you-think.

Caballero, Ricardo J. , Emmanuel Farhi, and Pierre-Olivier Gourinchas. 2017. "The Safe Assets

Shortage Conundrum." *Journal of Economic Perspectives* 31 (3): 29 - 46.

Campbell, Jeffrey R. , Charles L. Evans, Jonas D. M. Fisher, and Alejandro Justiniano. 2012. "Macroeconomic Effects of Federal Reserve Forward Guidance." *Brookings Papers on Economic Activity* (Spring): 1 - 80.

Chaurushiya, Radha, and Ken Kuttner. 2003. "Targeting the Yield Curve: The Experience of the Federal Reserve, 1942 - 51." Memorandum to the Federal Open Market Committee. Washington, DC, June 18. Released by the FOMC secretariat on January 29, 2016.

Chen, Catherine, Macro Cipriani, Gabriele La Spada, Philip Mulder, and Neha Shah. 2017. "Money Market Funds and the New SEC Regulation," *Liberty Street Economics* (blog). Federal Reserve Bank of New York, March 20. http://libertystreeteconomics. newyorkfed. org/2017/03/money-market-funds-and-the-new-sec-regulation. html.

Chinn, Menzie D. 2017. "The Once and Future Global Imbalances? Interpreting the Post-Crisis Record." Paper presented at the Jackson Hole Economic Symposium, Jackson Hole, WY, August 26.

Danmarks Nationalbank. 2015. "Interest Rate Reduction." Press release, Denmark National Bank, February 5. http://www. nationalbanken. dk/en/pressroom/Pages/2015/02/DNN201521789. aspx.

Del Negro, Marco, Marc P. Giannoni, Domenico Giannone, and Andrea Tambalotti. 2017. "Safety, Liquidity, and the Natural Rate of Interest." *Brookings Papers on Economic Activity* (Spring): 235 - 294.

Dell'Ariccia, Giovanni, Vikram Haksar, and Tommaso Mancini-Griffoli. 2017. "Negative Interest Rate Policies—Initial Experiences and Assessments." IMF Policy Paper. Washington, DC: International Monetary Fund, August 3.

Diercks, Anthony M. 2017. "The Reader's Guide to Optimal Monetary Policy." Social Science Research Network, June 18. https://ssrn. com/abstract=2989237.

Eggertsson, Gauti. 2013. Fiscal Multipliers and Policy Coordination. In *Fiscal Policy and Macroeconomic Performance*, ed. Luis Felipe Cespedes and Jordi Gali, 175 - 234. Santiago: Central Bank of Chile; http://si2. bcentral. cl/public/pdf/banca-central/pdf/v17/Vol17 _ 175 _ 234. pdf.

Eggertsson, Gauti, and Eric Le Borgne. 2007. "Dynamic Incentives and the Optimal Delegation of Political Power." IMF Working Paper. Washington, DC: International Monetary Fund, April.

Eggertsson, Gauti and Michael Woodford. 2003. "The Zero Bound on Interest Rates and Optimal Monetary Policy." *Brookings Papers on Economic Activity* (Spring): 139 - 233.

Engen, Eric M., Thomas Laubach, and David Reifschneider. 2015. "The Macroeconomic Effects of the Federal Reserve's Unconventional Monetary Policies." Finance and Economics Discussion Series 2015 – 005. Washington, DC: Board of Governors of the Federal Reserve System, January 14.

Erceg, Christopher, Michael Kiley, and David López-Salido. 2011. "Alternative Monetary Policy Frameworks." Memorandum to the Federal Open Market Committee. Washington, DC, October 6. Released by the FOMC secretariat on February 15, 2017.

Evans, Charles. 2010. "Monetary Policy in a Low-Inflation Environment: Developing a State-Contingent Price-Level Target." Remarks at the Federal Reserve Bank of Boston, October 16. https://www.chicagofed.org/publications/speeches/2010/10-16-boston-speech.

Federal Open Market Committee. 2003. Press release. Washington, DC, August 12. https://www.federalreserve.gov/boarddocs/press/monetary/2003/20030812/default.htm.

Federal Open Market Committee. 2008. "FOMC Statement." Washington, DC, December 16. https://www.federalreserve.gov/newsevents/pressreleases/monetary20081216b.htm.

Federal Open Market Committee. 2009a. "FOMC Statement." Washington, DC, March 18. https://www.federalreserve.gov/newsevents/pressreleases/monetary20090318a.htm.

Federal Open Market Committee. 2009b. "FOMC Statement," Washington, DC, November 4. https://www.federalreserve.gov/newsevents/pressreleases/monetary20091104a.htm.

Federal Open Market Committee. 2011. "FOMC Statement." Washington, DC, August 9. https://www.federalreserve.gov/newsevents/pressreleases/monetary20110809a.htm.

Federal Open Market Committee. 2012a. "Federal Reserve Issues FOMC Statement." Washington, DC, January 25. https://www.federalreserve.gov/newsevents/pressreleases/monetary20120125a.htm.

Federal Open Market Committee. 2012b. "Federal Reserve Issues FOMC Statement." Washington, DC, September 13. https://www.federalreserve.gov/newsevents/pressreleases/monetary20120913a.htm.

Federal Open Market Committee. 2012c. "Federal Reserve Issues FOMC Statement." Washington, DC, December 12. https://www.federalreserve.gov/newsevents/pressreleases/monetary20121212a.htm.

Federal Open Market Committee. 2017. "FOMC Issues Addendum to the Policy Normalization Principles and Plans." Washington, DC, June 14. https://www.federalreserve.gov/newsevents/pressreleases/monetary20170614c.htm.

Federal Reserve Board of Governors. 2017. "Federal Reserve Board Announces Reserve Bank Income and Expense Data and Transfers to the Treasury for 2016." Press Release, January 10. https://

www. federalreserve. gov/newsevents/pressreleases/other20170110a. htm.

Femia, Katherine, Steven Friedman, and Brian Sack. 2013. "The Effects of Policy Guidance on Perceptions of the Fed's Reaction Function. " Federal Reserve Bank of New York Staff Report 652. Federal Reserve Bank of New York, November.

Feroli, Michael, David Greenlaw, Peter Hooper, Frederic S. Mishkin, and Amir Sufi. 2016. "Language after Liftoff: Fed Communication away from the Zero Lower Bound. " Prepared for the 2016 U. S. Monetary Policy Forum, New York, February 26.

Fleming, Sam. 2016. "Fed Faces Its Critics at Jackson Hole. " *Financial Times*, August 27. https://www. ft. com/content/193b2db8 – 6b27 – 11e6 – a0b1 – d87a9fea034f.

Gagnon, Etienne, Benjamin K. Johannsen, and David López-Salido. 2016. "Understanding the New Normal: The Role of Demographics. " Finance and Economics Discussion Series 2016 – 080. Washington, DC: Board of Governors of the Federal Reserve System, October. http://dx. doi. org/10. 17016/ FEDS. 2016. 080.

Gagnon, Joseph E. 2016. "Quantitative Easing: An Underappreciated Success. " Policy Brief Number PB16 – 4. Washington, DC: Peterson Institute for International Economics, April.

Garnham, Peter, and Jonathan Wheatley. 2010. "Brazil in 'Currency War' Alert. " *Financial Times*, September 28. https://www. ft. com/content/33ff9624-ca48-11df -a860 – 00144feab49a.

Gaspar, Vitor, Frank Smets, and David Vestin. 2007. "Is Time Ripe for Price Level Path Stability?" European Central Bank Working Paper Series 818. European Central Bank, October.

Greenwood, Robin, Samuel G. Hanson, Joshua S. Rudolph, and Lawrence H. Summers. 2014. "Government Debt Management at the Zero Lower Bound. " Hutchins Center Working Paper 5. Washington, DC: Hutchins Center on Fiscal and Monetary Policy at the Brookings Institution, September 30.

Guthrie, Graeme, and Julian Wright. 2000. "Open Mouth Operations. " *Journal of Monetary Economics* 46 (2): 489 – 516. http://www. sciencedirect. com/science/article/pii/S0304393200000350.

Herszenhorn, David M. 2010. "Dear Mr. Bernanke: No Pressure, But ···. " *The Caucus* (blog), *New York Times*, November 17, 2010. https://thecaucus. blogs. nytimes. com/2010/11/17/dear-mr- bernanke-no-pressure-but/? mcubz =0.

Huther, Jeffrey, Jane Ihrig, and Elizabeth Klee. 2017. "The Federal Reserve's Portfolio and Its Effect on Interest Rates. " Finance and Economics Discussion Series 2017 – 075. Washington, DC: Board of Governors of the Federal Reserve System, June. https://doi. org/10. 17016/FEDS. 2017. 075.

Kiley, Michael T. , and John M. Roberts. 2017. "Monetary Policy in a Low Interest Rate World. " *Brookings Papers on Economic Activity* (Spring): 317 – 396.

Krugman, Paul. 1998. "It's Baaack: Japan's Slump and the Return of the Liquidity Trap. " *Brookings Papers on Economic Activity* (Fall): 137 – 205.

Kydland, Finn E. , and Edward C. Prescott. 1977. "Rules Rather Than Discretion: The Inconsistency of Optimal Plans. " *Journal of Political Economy* 85 (3): 473 – 492.

Leubsdorf, Ben. 2017. "Activists in Jackson Hole Pressure Fed on Inflation, Endorse Yellen. " *Wall Street Journal* , August 24. https://www. wsj. com/articles/activists-in-jackson-hole-pressure-fed-on-inflation-endorse-yellen-1503621341.

Matthews, Dylan. 2011. "Did the Stimulus Work? A Review of the Nine Best Studies on the Subject. " *Washington Post* , August 24. https://www. washingtonpost. com/blogs/ezra-klein/post/did-the-stimulus-work-a-review-of-the-nine-best-studies-on-the-subject/2011/08/16/gIQAThbibJ _ blog. html? utm _ term=. 5a6527454988.

Mui, Ylan Q. 2016. "Why This Top Official Thinks the Federal Reserve Should Raise Interest Rates This Year. " *Wonkblog* , *Washington Post* , August 11. https://www. washingtonpost. com/news/wonk/wp/2016/08/11/why-this-top-official-thinks-the-federal-reserve-should-raise-interest-rates-this-year/? utm _ term=. 33fb6184fc76.

Rachel, Lukasz, and Thomas D. Smith. 2015. "Secular Drivers of the Global Real Interest Rate. " Bank of England Staff Working Paper 571. London: Bank of England, December.

Reifschneider, David, and John C. Williams. 2000. "Three Lessons for Monetary Policy in a Low-Inflation Era. " *Journal of Money* , *Credit and Banking* 32 (4): 936 – 966.

Rogoff, Kenneth S. 1985. "The Optimal Degree of Commitment to an Intermediate Monetary Target. " *Quarterly Journal of Economics* 100 (November): 1169 – 1189.

Rogoff, Kenneth S. 2016. *The Curse of Cash : How Large-Denomination Bills Aid Crime and Tax Evasion and Constrain Monetary Policy.* Princeton, NJ: Princeton University Press.

Summers, Lawrence H. 2015. "Have We Entered an Age of Secular Stagnation?" IMF Fourteenth Annual Research Conference in Honor of Stanley Fischer. *IMF Economic Review* 63 (1): 277 – 280. http://dx. doi. org/10. 1057/imfer. 2015. 6.

Svensson, Lars E. O. 1999. "Price-Level Targeting versus Inflation Targeting: A Free Lunch?" *Journal of Money* , *Credit and Banking* 31 (3, pt. 1): 277 – 295.

Swanson, Eric T. 2017. "Measuring the Effects of Federal Reserve Forward Guidance and Asset Purchases on Financial Markets." NBER Working Paper 23311. Cambridge, MA: National Bureau of Economic Research, MA, June.

Taylor, John B. 1993. "Discretion versus Policy Rules in Practice." *Carnegie-Rochester Conference Series on Public Policy* 39: 195 - 214.

Taylor, John B., and Paul D. Ryan. 2010. "Refocus the Fed on Price Stability Instead of Bailing Out Fiscal Policy." Op-ed. *Investor's Business Daily*, December 1. http://media. hoover. org/sites/default/files/documents/Refocus-Fed-on-Price-Stability-Instead-of-Bailing-Out-Fiscal-Policy. pdf.

Tobin, James. 1977. "How Dead Is Keynes?" Cowles Foundation Discussion Paper 458. New Haven, CT: Cowles Foundation for Research in Economics at Yale University, June.

U. S. Congress House Committee on Financial Services and Senate Committee on Banking, Housing, and Urban Affairs. 2017. "Semiannual Monetary Policy Report to Congress." 115th Cong. 1st sess. Washington, DC: Federal Reserve Board (statement of Janet L. Yellen, Chair, Federal Board), July 12, 13.

U. S. Securities and Exchange Commission. 2014. "SEC Adopts Money Market Fund Reform Rules." Washington, DC, July 23. https://www. sec. gov/news/press-release/2014 - 143.

U. S. Senate Committee on Banking, Housing, and Urban Affairs. 2016. "Federal Reserve's First Monetary Policy Report to Congress for 2016." 114th Cong. 1st sess. Washington, DC: Federal Reserve Board (statement of Janet L. Yellen, Chair, Federal Board), February 11.

Wall Street Journal. 2010. "Open Letter to Ben Bernanke." *Real Time Economics* (blog), November 15. https://blogs. wsj. com/economics/2010/11/15/open-letter-to-ben-bernanke.

Wall Street Journal. 2011. "Full Text: Republicans' Letter to Bernanke Questioning More Fed Action." *Real Time Economics* (blog), September 20. https://blogs. wsj. com/economics/2011/09/20/full-text-republicans-letter-to-bernanke-questioning-more-fed-action.

Werning, Ivan. 2011. "Managing a Liquidity Trap: Monetary and Fiscal Policy." NBER Working Paper 17344. Cambridge, MA: National Bureau of Economic Research, August.

Williams, John C. 2014. "Monetary Policy at the Zero Lower Bound: Putting Theory into Practice." Hutchins Center Working Paper 3. Washington, DC: Hutchins Center on Fiscal and Monetary Policy at the Brookings Institution, January 16.

Williams, John C. 2016. "Discussion of Language after Liftoff: Fed Communication Away from the

Zero Lower Bound. " Paper presented at the US. Monetary Policy Forum, New York, February 26.

Williams, John C. 2017. "Preparing for the Next Storm: Reassessing Frameworks and Strategies in a Low R-Star World. " Paper presented at the Shadow Open Market Committee, New York, May 5.

Woodford, Michael, 2009. "Comment on 'Heeding Daedalus: Optimal Inflation and the Zero Lower Bound. ' " *Brookings Papers on Economic Activity* (Spring): 38 – 45.

Yellen, Janet L. 2016. "The Federal Reserve's Monetary Policy Toolkit: Past, Present and Future. " Paper presented at the Jackson Hole Economic Symposium, Jackson Hole, WY, August 26.

第二章 反思新常态下的货币政策[*]

本·伯南克在第一章中对政策制定者面临的问题做出了令人信服的诊断，并提出了一种简洁明了、易于沟通的政策方法。我则将重点讨论我认为与决策者面临的挑战特别相关的一些因素，并指出它们的影响以及可能引发的问题。我的评论不是针对当前的政策。

一、新常态

当前发达经济体的政策制定者面临的挑战与过去半个世纪主导美国货币政策制定的挑战截然不同。我把今天的一系列挑战称为

---

* 本章作者为莱尔·布雷纳德。约翰·罗伯茨（John Roberts）协助我撰写了本章的内容，在此表示感谢。本章中的言论仅代表我个人的观点，并不代表联邦储备委员会或联邦公开市场委员会的观点。

"新常态"①。新常态的一个关键特性是，中性利率——联邦基金利率水平和经济增长接近其潜在增长率是一致的，充分就业，稳定通胀——似乎远低于次贷危机前几十年的。根据联邦公开市场委员会最近一次的经济预测摘要，联邦公开市场委员会估计长期实际联邦基金利率（即剔除通货膨胀的影响）的中位数为 0.75%，远远低于 2012 年 1 月第一次公布的政策预测结果 2.25%，次贷危机前几十年这一数字的平均值是 2.5%。②

低水平的中性利率限制了降低联邦基金利率以抵消不利事件对经济增长影响的空间，而且可以预期，政策利率被有效更低下限约束、失业率上升、通货膨胀率低于目标的日子会更频繁地出现，持续的时间也更长。在这种环境下，频繁或长期的低通胀有降低私人部门通胀预期的风险，这可能会扩大通胀缺口的程度和持续性，进而使未来低利率下限时期面临更严峻的产出和就业损失。从让长期通胀预期承压的程度来看，联邦基金中性利率持续走低，可能是导致美国的通胀率持续低于联邦公开市场委员会设定的目标的一个原因。③

在当前的新常态下，让央行实现通胀目标这一问题变得更加复杂的是，从美国和其他很多发达经济体观察到的菲利普斯曲线非常平坦，这使得劳动力市场状况与通货膨胀之间的关系更加脆弱。例

---

① 参见 Brainard（2015，2016a）。

② 著名的劳巴克-威廉姆斯（Laubach-Williams）模型显示，当前长期中性联邦基金利率的估计值接近零。最新的估计数据可以在旧金山联邦储备银行的网站上找到，网址是：http://www. frbsf. org/economic-research/files/Laubach_Williams_updated_estimates. xlsx。在 1960—2007 年，实际联邦基金利率——等于名义联邦基金利率减去过去四个季度的核心个人消费支出通胀率——平均为 2.5%。

③ 例如，参见 Nakata 和 Schmidt（2016）、Brainard（2017b）、Kiley 和 Roberts（2017）。

如，尽管失业率已从 8.2% 降至 4.2%（大多数专家认为，这一失业率水平已接近充分就业时的失业率），但过去五年通胀率一直顽固地低于联邦公开市场委员会设定的 2% 的目标。[①]

在第一章中，伯南克对美联储在这种新环境下如何努力发挥自己的作用做了精彩的回顾，并提出了一些有趣的新建议。考虑到美联储现有的"政策工具箱"，伯南克认为，现有工具可能还不够，并提出了一个依赖于前瞻性指引，并且能帮助央行实现通胀和就业目标的政策框架。

二、补偿原则

有关货币政策的学术文献开出了各种处方，以防止中性利率下降侵蚀长期通胀预期。伯南克令人信服地辩称，这些提议大多存在现实困难，这为落实这些提议设置了很高的门槛。例如，将通胀目标提高到足以提供有意义的更大政策空间的水平，可能会让公众感到不安，或者另一个极端，可能会导致通胀预期失控。向明显更高的目标转换很可能充满挑战，并可能加剧不确定性。

正如我在前面所指出的，通货膨胀持续低于我们设定的目标是货币政策需要考虑的一个重要方面。[②] 补偿原则——政策将弥补过去未能实现通胀目标的缺陷——在大多数标准货币政策框架中并没有体现出来，尽管它在理论层面是非常重要的。[③] 为执行这一原则而提出的

[①]　通胀率数据是指核心个人消费支出通胀率的 12 个月平均值。

[②]　参见 Brainard（2017b）。

[③]　例如，参见 Reifschneider 和 Williams（2000）或者 Eggertsson 和 Woodford（2003）。

一些建议存在各种困难。例如，尽管价格水平目标制在经济衰退将经济置于有效下限之后会有所帮助，但它要求的紧缩性政策可能带来负向供给冲击，正如伯南克在第一章中所指出的，这让人很难接受。[①]

伯南克提出了一个可以避免这种大家不愿看到的情况的政策框架。伯南克认为，在常规政策受到利率下限约束时，可以采用临时锚定某个价格目标的政策框架。伯南克这一提议的优势是，在正常时期可以维持标准操作，同时为政策利率受到下限约束、通胀低于目标时提供了补充政策。如果瞄准某个临时价格水平，则政策利率的调整可以延迟到整个下限时期的平均通胀率达到2%且实现充分就业时。这类政策将导致通胀目标临时超调以便抵消此前的调整不足，其目的，用伯南克的话来说是"根据事情的严重程度……调整政策反应的力度"。

三、正常化偏差

伯南克所说的临时价格水平目标政策旨在解决在我看来政策制定者面临的关键挑战之一。在经历了2008—2009年的深度衰退之后，"正常化"似乎备受重视。例如，这一点在2010年表现得很明显。当时二十国集团官员面临巨大压力，要求他们承诺削减财政支持的时间表和目标，并阐明货币政策的退出原则。[②] 事实证明，这

[①] 正如伯南克所指出的，避免这一点的一种方法是采用"灵活的价格水平目标"，即政策同时考虑资源利用以及价格水平偏离目标的情况。Kiley和Roberts（2017）检验了一种灵活价格水平目标——他们称之为"影子利率规则"——并发现它表现良好。

[②] 2010年二十国集团多伦多峰会公报指出，发达经济体"承诺实施财政计划，到2013年至少将赤字减半，到2016年稳定或降低政府债务与GDP的比率"。可登录美国财政部网站下载该公报，https://www.treasury.gov/resource-center/international/Documents/The%20G-20%20Toronto%20Summit%20Declaration.pdf。

种倾向为时过早，这从随后欧元区危机的加剧可以明显看出。

此外，"正常"的基准往往是根据危机前的标准定义的，当时相关的政策设定与零利率下限约束相距甚远，至少最初是这样的，因为了解潜在金融和经济关系中的重要变化可能需要一些时间。例如，对于我们现在认为是"新常态"的长期低利率背后的原因，开始时在大多数情况下被认为不过是短暂的一阵"逆风"。这样一来，按照危机前的状况或"旧"常态校准的标准政策框架可能有偏差，在低中性利率环境下无法实现通胀目标。伯南克提出的政策框架——该框架承诺当面临利率下限约束时，将根据实际观察到的通胀表现采用补偿原则——可以防止过早出现通胀，同时有助于防止长期通胀预期受到侵蚀。

货币政策制定者是在一个相当不确定的环境中制定决策的，因此，他们必须在货币政策收紧不够或收紧过迟可能带来的风险与收紧过多或过早可能带来的风险之间进行权衡。虽然过去的经验使得美国的货币政策制定者高度关注类似于20世纪70年代那样的通货膨胀破位上行的风险，但是政策制定者会平衡这种风险与价格水平持续低于通货膨胀目标——就像日本在20世纪90年代末以及21世纪以来所经历的——的风险。

在这些风险之间进行权衡时，标准做法通常旨在实现"自下向上的趋同"，即让通胀率逐渐升至目标水平。由于货币政策影响的滞后性，自下向上的趋同意味着需要提前加息，远远早于通胀达到目标。此外，尤其是在经济复苏的初期，这种先发制人的做法往往依赖于在危机前——当时的政策利率远远高于利率下限——观察到的经济关系。

当政策利率受到利率下限约束时，伯南克提议的方案明显偏离了标准做法。标准的政策框架往往会规定，在通胀达到目标之前，就应该提前开始收紧政策，而伯南克提出的临时价格水平目标意味着，在通胀率高于目标水平之后仍将政策利率维持在较低水平一段时间。原则上，经受了通胀率在较长一段时间内低于目标后，政策制定者必须愿意接受通胀率在一个时期内高于目标水平的情况。

正如在标准的先发制人的政策框架下，政策制定者面临着低通胀顽疾难以根除的风险一样，临时价格水平目标框架也存在风险。其中一个风险是，看到通胀率上升后，公众可能会开始怀疑，央行是否仍在认真追求其通胀目标。值得注意的是，政策是由相反的担忧驱动的，即在利率处于下限水平较长时间之后自下向上的趋同，可能导致通胀预期无法向下锚定。不过，有意识的超调政策可能很难校准，尤其是考虑到关于通胀预测的巨大置信区间表明，不希望出现的超调风险并非微不足道的。与此相关的一个风险是，央行可能会丧失勇气：在经济强劲、通胀明显高于目标的情况下，将利率维持在零水平会让央行感到很不舒服。

伯南克所提议框架面临的另一个挑战是，在提高政策利率后马上为其确定一条路径，使通胀平稳、逐步回落至目标水平，并促使劳动力市场逐步调整。在伯南克的框架内，一旦利率下限约束期间的累积平均通货膨胀率达到 2% 的目标，就恢复到标准的政策规则。[1] 这意味着，标准的政策规则将在通胀高于目标、经济达到或超过充分就业水平时重新启用。虽然有平滑特征（惯性），标准的政策规则仍可能导致一个相对并不平坦的紧缩路径，而公众的预期——加息后利率将沿着陡峭的路径变化，可能会抵消伯南克所提议框架

---

[1] 在论文中，该规则特指惯性泰勒规则。

的优势。因此，可能需要一个过渡性框架来指导加息后最初一段时间的政策，这时不管是与公众的沟通还是政策本身都变得更复杂。

四、整合政策利率与资产负债表

伯南克提出的临时价格水平目标框架在概念层面上很有吸引力，因为它提出了一种简单明了的机制，帮助政策制定者在不确定的环境中应对政策利率下限带来的挑战。然而，现实情况要复杂得多，尤其是如果像论文所建议的那样，当政策利率受到限制时，许多发达经济体的央行可能会使用额外的工具。伯南克援引美联储前主席耶伦 2016 年在杰克逊霍尔发表的讲话指出，在经济衰退时期，联邦公开市场委员会可能会转向大规模资产购买，并在联邦基金利率降至零后提供前瞻性指引。[①]

如今，许多发达经济体的央行开始使用两种截然不同的政策工具，政策制定者在评估货币政策的宽松程度时，要同时考虑资产负债表和政策利率共同造成的影响。在美国，从首次讨论缩小资产购买规模到 2017 年 9 月的会议，在资产负债表收缩的路径确定后，联邦公开市场委员会的会议纪要和公告表明，参会者在讨论政策调整的次序和时点时，考虑到了所有政策工具带来的宽松力度。对"正常化"顺序的讨论和延迟收缩资产负债表"直到联邦基金利率开始恢复正常"这一决定，充分考虑了维持资产负债表能在多大程度上继续给经济提供补偿性支持，同时让政策利率比低中性利率条件下

---

① 参见 Yellen（2016）。

更早摆脱下限约束。

正如伯南克所承认的，现在，许多中央银行已经形成了与资产购买的操作模式有关的"剧本"，市场对这类操作会如何影响资产价格和金融环境也有了一些了解，在更低的利率下限约束期间，资产购买和前瞻性指引成为政策反应函数的一部分的可能性也更大了。然而，正如我以前在不同场合所指出的，资产购买可能使政策框架和央行与公众的沟通交流复杂化，因为它们的部署和退出往往是不连续的、间断的，所以可能意味着政策反应函数的不确定性增加。①公众看起来会密切关注央行发布的关于政策利率和资产购买计划的声明，以收集有关央行未来货币政策总体立场的可能信息。这表明由更可预测的、连续的政策工具构成的统一政策框架，可能在与公众的沟通交流以及可预测性方面更有优势。相应地，如下方法或许是对伯南克所提议的政策框架的一个有益细化：加入一个统一的衡量标准或者影子利率，由它来捕捉资产购买计划和政策利率的组合共同实现的政策宽松程度。②

五、更大的跨境溢出效应

除第一章提出的政策建议之外，我还想简单讨论一下低中性利率的世界面临的另外两个问题：跨境溢出和金融失衡。不管是在美国还是在其他很多发达经济体，低中性利率、通胀率和失业率之间的关系不够牢固、更低利率下限可能变得更为普遍，这些似乎已经

---

① 参见 Brainard（2015）。

② 例如，参见 Krippner（2016）以及 Wu 和 Xia（2016）。

成为新常态的特征。当前的环境似乎也证明了各国金融环境相互影响的程度加深了。[1] 在这种背景下，可以想象，与伯南克提出的临时价格水平目标框架相关联的那种坚定的前瞻性指引，通过打破公众对标准的先发制人的紧缩政策的预期，可能会有助于避免汇率引发的不必要的过早紧缩。

根据现有数据，我们很难弄清楚，跨境反馈效应加剧是否应该归因于中性利率水平较低，特别是当前低利率下限阶段的特征，或者是各国央行的政策相互作用的结果。无论如何，最近美联储工作人员的分析显示，自次贷危机爆发以来，跨境溢出效应显著增加，而且规模相当大。例如，欧洲央行发布的、导致德国十年期国债利率下降 10 个基点的政策消息，大约使得美国十年期国债利率下降了 5 个基点；相比之下，在次贷危机爆发前的几年里，这类跨境溢出效应要小一些。[2]

另外，与政策利率和期限溢价有关的新闻似乎对汇率有相当不同的影响，从而正如我在今年早些时候讨论过的那样，政策正常化的次序可能对汇率和相关金融状况产生重要影响。[3] 最近，研究人员的估计表明，关于政策利率预期变化的新闻往往会通过汇率产生很大的溢出效应，而关于期限溢价变化的新闻往往会导致跨境期限溢价相应变化，对汇率的影响则如前面所讨论的那样要小得多。此外，短期利率变化对汇率的影响比次贷危机前大得多。例如，导致十年期国债收益率中预期利率部分上调 25 个基点的政策消息会导致美元升值约 3 个百分点，和危机前相比大了 3 倍。相比之下，无论

---

① 参见 Brainard（2016a, 2016b）。

② 参见 Curcurru et al.（2018）。

③ 参见 Brainard（2017a）。

是现在还是危机前，导致美国期限溢价变动的政策消息对汇率的影响都不大。

六、金融失衡

最后，低中性利率环境还可能与资产价格泡沫风险上升有关，这可能加剧货币政策在实现传统的双重任务目标和防止可能导致金融不稳定的种种失衡之间的权衡。标准的资产评估模型表明，一个持续的低中性利率——取决于其背后的成因——可能导致更高的资产价格与潜在现金流比率，例如，更高的股价与收益之比，或者更高的房价与租金之比。如果资产市场是高效率的，且市场参与者富有远见卓识，这种情况并不一定会导致失衡。然而，就金融市场推断价格波动的程度而言，市场可能无法平稳地过渡到由资产基本面决定的估值水平，而是可能出现超调阶段。[①] 这些因素可能在 2001 年结束的股市泡沫和 2007—2009 年破裂的房价泡沫中都发挥了作用。

在所提议的明确的通胀目标超调政策下，这种金融失衡的风险可能会更大。同样，如果市场参与者完全理性，超调政策可能不会带来金融稳定风险。但是，在通胀超调期间占据上风的低利率和低失业率组合，很可能会引发资本市场过度扩张，从而导致金融失衡。

宏观审慎工具是防范此类金融失衡的首选第一道防线，原则上应使货币政策聚焦于保持价格稳定和宏观经济稳定。但是，在美国，

---

① 例如，参见 Case、Shiller 和 Thompson（2012）以及 Greenwood 和 Shleifer（2014）。

宏观审慎工具的发展和部署相对而言尚未经过检验，工具也有限。尽管重要的研究表明，货币政策应该考虑金融失衡的情况可能非常罕见，但最近一些研究认为，当金融危机造成的后果持续时间较长时，支持货币政策将金融失衡纳入考虑范围的理由被强化了。[①] 在这种情况下，长期保持低中性利率造成的另一个麻烦可能是，需要在实现传统的双重任务目标和避免金融稳定风险之间进行更激烈的权衡，这可能会使实现价格稳定目标变得更加困难。

参考文献

Brainard, Lael. 2015. "Normalizing Monetary Policy When the Neutral Interest Rate Is Low." Speech delivered at the Stanford Institute for Economic Policy Research, Stanford, CA, December 1.

Brainard, Lael. 2016a. "The 'New Normal' and What It Means for Monetary Policy." Speech delivered at the Chicago Council on Foreign Affairs, Chicago, September 12.

Brainard, Lael. 2016b. "What Happened to the Great Divergence?" Speech delivered at the 2016 U. S. Monetary Policy Forum, New York, February 26.

Brainard, Lael. 2017a. "Cross-Border Spillovers of Balance Sheet Normalization." Speech delivered at the National Bureau of Economic Research's Monetary Economics Summer Institute, Cambridge, MA, July 13.

Brainard, Lael. 2017b. "Understanding the Disconnect between Employment and Inflation with a Low Neutral Rate." Speech delivered at the Economic Club of New York, New York, September 5.

Case, Karl E. , Robert J. Shiller, and Anne K. Thompson. 2012. "What Have They Been Thinking? Homebuyer Behavior in Hot and Cold Markets." *Brookings Papers on Economic Activity* (Fall): 265 – 298.

Curcuru, Stephanie E. , Steven B. Kamin, Canlin Li, and Marius D. Rodriguez. 2018. "International Spillovers of Monetary Policy: Conventional Policy vs. Quantitative Easing." International Finance

---

[①] 例如，参见 Svensson（2016）。又可参见 Gourio、Kashyap 和 Sim（2016）以及 Gerdrup 及其合作者（2017）。

Discussion Papers. Washington, DC: Board of Governors of the Federal Reserve System.

Eggertsson, Gauti B. , and Michael Woodford. 2003. "The Zero Bound on Interest Rates and Optimal Monetary Policy. " *Brookings Papers on Economic Activity* (Spring): 139 – 233.

Gerdrup, Karsten R. , Frank Hansen, Tord Krogh, and Junior Maib. 2017. "Leaning against the Wind When Credit Bites Back. " *International Journal of Central Banking* (September).

Gourio, Francois, Anil K. Kashyap, and Jae Sim. 2016. "The Tradeoffs in Leaning against the Wind. " Paper presented at the 17th Jacques Polak Annual Research Conference, Washington, DC, November 3.

Greenwood, Robin, and Andrei Shleifer. 2014. Expectations of Returns and Expected Returns. *Review of Financial Studies* 27 (March): 714 – 746.

Kiley, Michael T. , and John M. Roberts. 2017. "Monetary Policy in a Low Interest Rate World. " Finance and Economics Discussion Series 2017 – 080. Washington, DC: Board of Governors of the Federal Reserve System, August.

Krippner, Leo. 2016. "Documentation for Measures of Monetary Policy. " Reserve Bank of New Zealand Working Paper. Wellington: Reserve Bank of New Zealand, July.

Nakata, Taisuke, and Sebastian Schmidt. 2016. "The Risk-Adjusted Monetary Policy Rule. " Finance and Economics Discussion Series 2016 – 061. Washington, DC: Board of Governors of the Federal Reserve System, July.

Reifschneider, David, and John C. Williams. 2000. "Three Lessons for Monetary Policy in a Low-Inflation Era. " *Journal of Money*, *Credit and Banking* 32 (November): 936 – 966.

Svensson, Lars E. 2016. "Cost-Benefit Analysis of Leaning against the Wind. " NBER Working Paper 21902. Cambridge, MA: National Bureau of Economic Research, January.

Wu, Jing Cynthia, and Fan Dora Xia. 2016. "Measuring the Macroeconomic Impact of Monetary Policy at the Zero Lower Bound. " *Journal of Money*, *Credit and Banking* 48 (March – April): 253 – 291.

Yellen, Janet L. 2016. "The Federal Reserve's Monetary Policy Toolkit: Past, Present, and Future. " Remarks at "Designing Resilient Monetary Policy Frameworks for the Future," a symposium sponsored by the Federal Reserve Bank of Kansas City, Jackson Hole, WY, August 26.

第三章　基于小型开放经济体视角的
后危机时期货币政策*

每当我谈到 2008—2009 年危机期间的央行工作时，我都会把本·伯南克称为当时的政策总设计师。各国央行都必须设计自己的规划，以解决自己的问题和适应自己的法律、政治和经济环境，但毫无疑问，总体规划出自伯南克并塑造了我们的想法和行动。

当然，对我们广泛采用的非常规政策的最终评论还没有出来。尽管如此，我想说它们的效果相当好，尤其是和其他替代性政策相比。

我认为，和退出已采取的措施有关的所谓各种问题可能被夸大了，尽管有一点仍需要注意。

我想从小型开放经济体（small open economy，SOE）的视角来谈谈第一章和第二章中提出的问题，重点突出小型开放经济体与大

---

　　* 本章作者为菲利普·希尔德布兰德（Philipp Hildebrand）。

型开放经济体所存在的一些明显差异。

一、小型开放经济体的量化宽松政策与价格
　　水平目标制

　　遗憾的是，对一些主权债券市场规模有限的小型开放经济体来说，资产负债表扩张可能意味着外汇市场干预，从而让事情变得更加复杂。最重要的是，这给小型开放经济体央行的资产负债表带来了不容忽视的外汇风险，而伯南克在第一章中所关注的主要央行却不存在这样的问题。

　　毫无疑问，这意味着，如果不能简单地依赖于在恰当的时机回收到期债券，那么收缩资产负债表将更具挑战性。与美联储的情况不同，最终——可能是从现在起很长一段时间之后——收缩资产负债表将要求直接出售证券。

　　值得注意的是，并非所有小型开放经济体都采取了外汇干预措施。我的祖国瑞士是个特例，相对于欧元，瑞士法郎承受了巨大的避险效应。这导致瑞士的货币环境是完全扭曲的，只有央行采取强有力的应对措施才能解决这个问题。

　　毫无疑问，对资产负债表扩张必然要求外汇干预的小型开放经济体而言，扩大资产负债表这一政策选择蕴含着相当大的风险，瑞士央行在实行最低利率时曾明确提到这一点。

　　因此，伯南克对非诉诸量化宽松政策的政策选择的思考，无疑是小型开放经济体需要重点考虑的，至少在理论上，下一步，价格水平目标制属于这类潜在制度。

我还清楚地记得，几年前，马克·卡尼（Mark Carney）和让·博伊文（Jean Boivin）在加拿大央行组织了一场关于价格水平目标制的高水平会议。从概念上讲，价格水平目标制在当时很有吸引力，在目前这个看来会持续下去的低利率环境的背景下，这一制度的吸引力似乎变得更大：如果经济再次大幅下滑，目前有效的更低利率下限极有可能很快就再次构成约束。

顺便说一下，我完全认同伯南克的观点，尽管作为货币政策工具的一部分，负利率起到了有益的作用，尤其是在瑞士，但是只要我们仍然生活在一个大规模使用现金的世界，任何期望负利率发挥更大作用的想法都是极不现实的。

现在，如果我们考虑价格水平目标制在小型开放经济体中的实际适用性，其可行性在我看来是值得怀疑的。

问题始于这样一个事实：与封闭得多的主要经济体相比，小型开放经济体更容易受到汇率波动影响。例如，在瑞典，据估计，汇率对消费者价格的影响是美国的两倍多。

因此，价格水平目标制将要求小国央行必须强有力地应对外汇冲击，这可能会导致产出出现更剧烈的波动。我不确定是否值得这样做。

更重要的是——而且通常是直接采用的一点是——价格水平目标制要求中央银行具有在任何时候——以及假定在相对较短的一段时间内——塑造通胀预期的公信力。我们真的能假设这一点成立吗？即便是现在，在广泛的货币扩张和全球经济同步复苏的环境下，许多国家的央行似乎仍在想方设法让通胀回归目标水平，并防止长期预期下降。布兰查德和萨默斯在本书的导论中提到了日本的情况。我们也可以考虑其他情况。

对小型开放经济体来说，这个问题肯定会更加突出。一个小型央行几乎不可能单独采取价格水平目标制；可能需要某种全球协调。根据我在次贷危机期间的经验，这恐怕是个难题。间接而言，这也是瑞士央行一直回避精确定义必须在什么样的时间范围内确保价格稳定的原因之一。

二、央行独立性

关于伯南克在第一章中给出的对央行独立性的富有价值的论述，一个关键点是，我们要非常清楚，协调绝不应被视为等同于央行独立性的终结。

与伯南克一样，我仍然相信，无论在理论上还是在实践中，支持央行独立性的理由都非常充分。然而，这并不意味着央行和财政当局之间不应进行协调，或者至少应努力使财政政策和货币政策的目标大致一致。这种协调或联合在危机时期尤为重要。事实上，如果财政和货币政策都或多或少地朝着这一目标靠拢，在困难时期就可以更容易地实现通胀目标。

近期的历史表明，如果没有协调，财政政策可能会导致央行让通胀率回归目标水平的任务变得更加困难。最近的欧洲就是一个很好的例子。欧洲央行的政策负担如此沉重的原因之一是，在欧元区危机的初期，财政政策指向了相反的方向。当然，这种做法也有好的一面，那就是欧洲现在有了更大的财政空间，以防经济再次下滑。

对解决那些会影响金融稳定的问题来说，协调更为重要。如果没有协调，财政当局可能不愿采取谨慎的措施，这种"静默"可能会迫使央行采取对宏观经济不适当紧缩的货币政策措施。举例来说，如果没有政府和央行之间的密切协调，2008 年对瑞银和瑞士银行体系的救助和稳定措施几乎肯定不会奏效。

因此，我有充分的理由认为，央行是国家的一个有机组成部分，拥有广泛的政策自主权。但我认为，如果就此得出结论认为，无论在理论上还是在实践中，央行均没有必要与财政当局进行协调，则是严重错误的。

第四章　紧随危机而来的货币政策[*]

我钦佩美联储、欧洲央行、瑞士央行和其他机构杰出的央行领导人在全球经济危机期间所取得的成就，他们对反思宏观经济政策提出了自己的看法。他们十年前制定并立即执行了旨在拯救世界经济的政策，为此，我们每个人以及我在英国央行的前同事都欠他们一个大人情。

但仔细想想，虽然伯南克在第一章中的出色分析让我受益匪浅，但那些央行领导人似乎并没有对货币政策进行充分的反思。我们有责任和义务认真对待过去十年货币政策和理论中那些真实的以及为人们所感知的失败。

我想就基于规则的政策方式和伯南克提出的具体建议谈两点。^①

---

*　本章作者为亚当·波森（Adam S. Posen）。本章中的言论仅代表作者本人观点，并不代表彼得森国际经济研究所或其工作人员或其董事会的其他任何成员的观点。

①　如前所述，这项建议是在加拿大央行的让·博伊文、美联储的迈克尔·基利（Michael Kiley）等人以及芝加哥联邦储备银行的查尔斯·埃文斯（Charles Evans）先前的出色工作基础上提出的。

110

第一点是，正如我一段时间以来一直主张的那样，不断提及非常规货币政策工具是不符合历史的，而且具有误导性。我们必须认识到，直到 20 世纪 70 年代，大多数央行还在进行资产购买和其他形式的行政指导。正如马里奥·德拉吉就最近的量化宽松政策所指出的那样，这些工具或许不是最优的，但它们也没有导致巨大的扭曲，或导致神庙的墙壁倒塌。我们不能只是简单说一句："哦，那些是应急工具，现在我们要远离它们。"作为政策制定者，我们不应该表现出对这一事实感到羞耻的样子，而应该在未来充分利用这些工具。

此外，我确实认为，随着我们名正言顺地迫使各国央行为一些金融稳定问题承担责任，各国央行将无法避免陷入困境。如果说有什么不同，那就是，如果各国央行希望实现民主国家希望它们实现的结果，它们将不得不在未来更多地干预政府债券之外的市场。从某种意义上说，这已经是大多数央行要传达的信息。如果你是一个像以色列、新加坡或瑞士这样的小型开放经济体，更别说是一个新兴市场，你的央行将别无选择，只能这样做。正如斯坦·费希尔（Stan Fisher）曾经说过的那样，当他担任以色列央行行长时，除了被一些美国人扣上汇率操纵者的帽子外，他别无选择。

第二点是，当我们在理论上翻来覆去地讨论"规则"这个词时，我们必须记住规则是一个带有政治色彩的概念，在美国讨论货币政策时提到的"规则"尤其是这样。这不是一个中立的声明。"规则"是一个暗语，它与人们对时间不一致性——这是通胀和不稳定的根源——的极端字面信仰联系在一起。所援引的规则概念通常过于严肃地看待这样一种观点：货币政策制定者必须对通胀抱有不对称的偏见。这一概念催生出这样一种观点，即导致经济崩溃的主要问题与央行造成的不确定性有关。这种观点充其量是被过分夸大了。我认为这在很大程度上是错误的。当我们抛弃对 20 世纪 70 年代经验的错误概括时，或者至少像拉里·萨默斯所说的那样，如果我们现实地看待未来 20 年可能出现的低通胀、低回报的环境，我们应该抛弃一些诸如此类的信念。

因此，作为一种操作理念，我完全愿意考虑价格水平目标制。但是，我们不要诉诸它，因为它可以作为一种规则被掩盖起来。就像 20 年前我们写通胀目标制时一样①，我仍然认为通胀目标制是一种有纪律的相机抉择权，是规则之外的另一种选择。因此，当我们面临过于持久的接近零的次目标通胀率时，没有必要重回规则的老路。现在，我们应该着手为联邦公开市场委员会的新成员奠定知识基础。

接下来，我想谈谈另外两点。**第一**，我们需要更多地思考我们最近政策的表现对我们理解经济意味着什么。我非常重视近年来已经被伯南克、马里奥·德拉吉以及我们中的许多人〔包括我在彼得森国际经济研究所（PIIE）的同事约瑟夫·加尼翁（Joseph Gagnon）〕论述过的观点，即量化宽松政策和其他某些发明通常是有效的，一般没有出现人们预测中的那些负面效应。在正常环境下，它们的效果可能不如降息有效，但我们目前并没有处在正常状态下。

我认为，尽管量化宽松政策明显地通过货币传导渠道发挥了作用，但它无法迅速推高通胀，这是对老式的时间不一致性宏观经济学的有力挑战。这一结果与短期的菲利普斯曲线是垂直的、前瞻性的预期在中期内是影响实际通胀率的主要因素之间的矛盾很难调和，

---

① Ben Bernanke, Thomas Laubach, Frederic Mishkin, and Adam Posen, *Inflation Targeting: Lessons from the International Experience* (Princeton, NJ: Princeton University Press, 1999).

更不用说人们担心的副作用完全没有出现这一点了。总体而言，这是对宏观经济学的真正挑战。它不应仅被视为对操作性宏观经济政策观念的挑战。

不管你认为菲利普斯曲线是云团状的，还是你相信它是平的，或者你认为它是弯的，长达十年之久的低通胀之后，很重要的一点是，央行的资产负债表大幅扩张，但是没有出现很多新古典主义评论家预言和预期的通货膨胀。例如，日本央行实际上放弃了很多被认为涉及独立性的方面，并采取了一切具有前瞻性的措施来承诺提高通胀，但对通胀预期的锚定并没有减弱。综上所述，没有道理继续固守菲利普斯曲线会在短期内快速垂直化、通胀预期很容易发生转向或者向上攀升这样的观点。

这并不意味着通胀/产出平衡没有长期的限制。这并不意味着，在某种情况下，我们不会重回20世纪70年代的局面，过度激进的货币扩张触发通胀螺旋式上升。但是，最近实践领域的发展变化也必须带来理论的革新，或者至少应严肃对待这种变化，而不是认为旧的共识仍然有效并接受这些共识。这就是为什么，例如，奥利维尔·布兰查德和我主张在日本设计一个工资-价格螺旋。[①] 工资上涨将是通货膨胀的一个关键的传导机制，而且不管从政治上看还是从经济上看，工资上涨对建立一个对称的中央银行授权都是至关重要的。事实证明，坚持已被普遍接受的极端垂直的菲利普斯曲线和前瞻性预期观点是唯一的通胀来源是行不通的。我非常赞赏德拉吉行长和布雷纳德行长在本书中提出的工资通胀问题，以及黑田东彦

---

① Olivier Jean Blanchard and Adam S. Posen, "Getting Serious about Wage Inflation in Japan," *Nikkei Asian Review*, December 15, 2015, https://asia. nikkei. com/Viewpoints-archive/Viewpoints/Getting-serious-about-wage-inflation-in-Japan.

（Kuroda）行长在日本的讲话。我认为，这正是重点所在。

此外，我想用我自己的方式再次强调和重申奥利维尔·布兰查德关于提高通胀目标的呼吁。伯南克看上去非常合乎常理地表示，提高通胀目标将带来极其糟糕的政治影响。这种政治印象就是有些人说我们不一定愿意把通胀目标从 2% 提高到 4% 的原因。我会从两个方面反驳这一假设：一是维持现状的成本；二是如果我们真的提高通胀目标，可能出现的潜在问题。在我们撰写那本关于通胀目标制的著作时，我们所做的一个假设是，监督中央银行的人、当选的官员可以改变他们的通货膨胀目标——也许不是经常这样做，但是必要时一定会这样做。回顾过去，就我自己而言，这是我在那本书中所做的最后悔的事情之一。因为在实践中，几乎所有的央行都把通胀目标当作汇率目标来对待，也就是说，一旦确定，就永远不会调整。

一旦央行实现 2% 的目标或低于公开宣布的通胀目标，无论实体经济情况如何，无论当前形势怎样，官员都担心提高通胀目标会显得"软弱"。同样，这在一定程度上是由 20 世纪 70 年代知识分子的误导和时间不一致性模型过于字面化造成的，官员担心这种不对称（而非僵化）会侵蚀央行的可信度。从政治角度出发，他们还担心，如果当选官员被提醒通胀目标可以被重新设定，就会打开潘多拉的盒子。

尽管如此，如果我们认真对待联邦储备委员会、英国央行、旧金山联邦储备银行、欧洲央行等机构的很多人员通过模拟得到的关于零利率下限的危害和无法精确实现目标通货膨胀率的结论，上述不愿更改目标的理由看上去就像是捡了芝麻而丢了西瓜。不在我们和零利率下限之间创造更大空间的代价似乎相当高昂。① 与上调通胀目标相比，造成失业滞后和引发长期停滞的政治风险似乎相当大。

基于以上对现实的认识，我有两个实用的建议。第一，我们必须认真考虑采取协调行动，不是财政政策和货币政策的协调，而是国际范围内加强七国集团或部分二十国集团成员的央行之间的协调，同时提高通胀目标。这是一个集体行动的问题，除非是一个非常小的、开放的经济体，而且孤注一掷，否则你不想成为央行俱乐部中唯一突然被贴上"信誉贬值"标签的一方。如果只有某个经济体提高了通胀目标，人们会更难相信该国央行会始终如一地坚持更高的通胀目标，并可持续地实现这一目标。因此，我认为这些政府协调一致地提高主要央行的通胀目标是合理的，因为通胀目标在很大程度上是由民选政府设定的。这将是弥补历史价格水平低于目标的最可靠、最简单、最持久和最明显的方法。这种做法还将明确表明，央行对选民负责，2%这样的通胀目标并不是一成不变的。

第二，关于央行独立性，坦率地说，支持它的实际理由必须是最直接、最实际的，必须由中央银行一遍又一遍地重新争取②——这不能被认为是一个巴罗-戈登-罗格夫（Barro-Gordon and Rogoff）模型已解决的问题。这是一个政策领域的问题，类似于军事或司法领域或医疗保健的某些方面，你设定目标，然后评估人们追求目标

---

① 当然，我们也想看看印度储备银行的同行的去货币化冲击进展如何。这是对资金流动的冲击，而不是永久性的制度更迭，但从抨击货币主义者的观点和对零利率下限的恐惧而言，这一冲击显然也很有趣。此外，如果未来10年或者20年我们要处在一个低通胀世界，那么看看中国是否更少受到零利率下限的约束也是很有意思的。确实有明确的证据表明，人们对移动支付的大规模使用正导致现金在中国逐渐消失，这意味着中国的央行更容易接受负利率。

② Adam S. Posen, "Independence 20 Years On," presentation at the Bank of England conference, London, September 29, 2017, https://piie.com/newsroom/short-videos/posen-bank-englands-independence-20-years-conference.

的能力，但你不会扰乱日常运作。这是著名的德贝莱和费希尔（De-belle and Fischer）式的定义——手段独立性和目标独立性。

关于独立央行进行政策协调的问题，我想进一步加以说明。有一种技术官僚主义的论点正在形成，理由很充分：在接近或处于零利率下限约束时，我们希望财政政策和货币政策之间能够更好、更便捷地进行协调。但我认为这忽略了有协调必要的实际领域。在整个次贷危机期间，问题并不在于我们不能让中央银行和财政政策相互协调，从而让财政政策发挥更大作用。问题在于，财政当局不断向各国央行发出威胁，称"我们不会为你们的资本续保"，或"我们不会为你们因实施量化宽松政策而蒙受的损失提供补偿"。

比如，在我有幸工作的英国，你可以看到明显不同的政治环境，连续两届的两党财政大臣公开给英国央行提供补偿，并表示"你们不必因为钱跟我们解释，如果你们的亏损是因执行必要的货币政策操作而造成的"，而亏损是美联储或者早期阶段的欧洲央行和日本央行不得不面对的局面。在这些货币区，央行行长往往会表达这样的想法："尽管宏观经济需要，但我不能实施资产购买政策，因为那样的话，我可能会耗尽央行的资金。我们知道央行的资本没有任何意义，但是我们必须给政治家一个交代。"因此，从这个角度看，我认为必须捍卫和保护央行的手段独立性，确保执行政策的空间。

第五章　欧元区危机给货币政策带来的历史教训[*]

伯南克在第一章中对非常规货币政策涉及的主要问题进行了精彩的概述，欧洲的经历在很多方面与美国是相似的。我们既大幅降低了政策利率，也通过购买资产和其他工具扩大政策立场，来为经济注入额外的刺激。

但是，我不想重申这些相似之处，我想强调我们的经历中那些独特的地方，以及我们可以从中吸取怎样的经验教训。在我看来，欧洲有两个特别之处：

第一个特别之处体现为，欧元区危机的发展过程非常独特，这导致我们采取了一套旨在应对金融碎片化的独特非常规措施。

第二个特别之处体现为，我们是如何根据具体的制度和金融结构调整我们的措施的，尤其是在面临政策利率下限的情况下。

---

[*] 本章作者为马里奥·德拉吉。

117

一、欧元区危机的演化过程及其对货币政策的影响

欧元区危机的发展主要可以分为四个阶段。第一阶段发生在雷曼兄弟（Lehman Brothers）破产之后，美国和欧元区的情况大体相似。持有美国有毒资产的银行陷入困境，一些银行不得不接受政府救助。这些银行大多位于德国、法国和荷兰。

虽然美国当局的反应是实施不良资产救助计划，并且由美联储购买抵押贷款支持证券（mortgage-backed securities，MBS），欧盟却是在国家层面对银行展开惊人规模的救助。2008 年提供的公共部门援助约占欧盟 GDP 的 5％，2009 年约为 9％①——主要来自上述国家。但救助行动相对平静，对主权债务成本影响不大。这或许是由于实施救助的政府的财政状况良好。

在第二阶段，危机蔓延到西班牙和爱尔兰那些在崩溃的国内房地产市场中过度风险暴露的银行。随后又出现了另一波救助行动，导致这些以前债务水平较低的国家的公共债务水平迅速上升。

第三阶段始于希腊危机打破了公共债务无风险的印象，引发了主权风险的迅速重新定价。这影响了目前被金融市场打上脆弱标签的所有国家。但受影响最严重的是具有以下三个特征的国家：（1）疲弱的财政状况与高债务水平，（2）银行部门迄今为止还没有被救助过，因为它们与美国的次贷资产或者国内房地产都没有太大关联，

---

① 其中包括资产重组、资产救助干预、提供流动性和担保等措施。2009 年，援助金额占 GDP 的比重，荷兰大约为 12％、德国为 8％、西班牙为 5.4％、法国为 5％。

而且危机前的资本水平大致处于欧洲的平均水平，但是（3）本国银行在本国政府债券方面有巨大风险敞口。

随着政府债券价格的恶化，银行与主权国家之间形成了恶性的反馈循环，从而加剧了危机。2010 年 1 月至 2012 年 7 月，希腊、意大利和葡萄牙的银行因脆弱的国家主权债券①而蒙受的经济损失总额分别为 381 亿欧元、198 亿欧元和 64 亿欧元，分别相当于其核心一级资本的 161％、22％和 36％。②

不管这些损失是否直接影响监管资本③，它们都对这些国家银行体系的偿付能力产生了巨大影响。银行无法进行跨境融资，不同国家的金融市场互相割裂，导致了新一轮信贷紧缩。从 2010 年 1 月到 2012 年 7 月，流向希腊企业的信贷④从 2.9％下降到－6.2％，在葡萄牙从 2％下降到－6％，而在意大利仍然是负数（从－1.9％到－1.3％）。

鉴于银行是欧元区核心的金融中介机构，此次信贷危机加剧了持续中的衰退，后者进而增加了贷款损失，并进一步消耗了银行的资本。主权债务的借贷成本随之上升，陷入恶性循环。

这一过程引发欧元区危机进入第四阶段：欧元的信用危机。重定货币单位的风险越来越多地反映在主权债务的定价中，反映出人们对欧元区灾难性解体的担忧。货币政策在各国之间的传导受到了根本性的伤害。

企业和家庭承担的利率与央行短期利率脱节的程度越来越严重。

---

① 该计算假设所有风险暴露按照公允价值计算，适用于塞浦路斯、希腊、爱尔兰、意大利、葡萄牙、斯洛文尼亚和西班牙等国的债券。

② 根据 2010 年年底核心资本数据计算。

③ 政府债券中有相当大一部分是由银行按照应摊成本持有的。

④ 非金融企业贷款年增长率（每年变化的百分比）。

事实上，脆弱国家面临不对称的限制性信贷条件，在最需要刺激的领域，银行贷款反而收紧得最厉害。由于这些经济体的 GDP 占欧元区 GDP 的 1/3，这一局面对价格稳定构成了严重威胁。

这一背景解释了为什么欧洲央行在这一时期采取的非常规措施与美国采取的不同。我们的措施最初的目的，与其说是为了克服利率下限，不如说是为了解决市场割裂并恢复我们的政策通过银行进行传导的能力。

不同的政策是为了解决不同的难题。我们在 2012 年进行的直接货币交易（outright monetary transactions），旨在降低因担心欧元区解体而导致的重新计价风险溢价。这对降低主权债券利差非常有效。仅是通过消除重新计价风险，从 2012 年 7 月到 2014 年年中欧洲央行开始实施信贷宽松时，意大利的利差下降了 3.2 个百分点，西班牙下降了 3.9 个百分点，葡萄牙下降了 7.1 个百分点，希腊下降了 19.1 个百分点。

同样，在跨境信贷市场失灵的情况下，我们的长期再融资操作旨在为银行提供稳定的融资，以便打破信贷供应下降、经济增长疲弱和主权债务危机引发的贷款损失不断上升的循环。

这里最值得注意的是我们有定向长期再融资操作（targeted long-term refinancing operations），尤其是 2016 年 3 月开始的第二轮操作，我们允许银行按照低至存款（负）利率的成本借钱，唯一的条件是它们在贷款发放期间表现强劲。我们有大量证据表明，这有助于畅通银行贷款渠道，恢复政策的正常传导。[1]

---

[1] 参见 ECB（2017），box 5，pp. 42 - 46。

二、在欧元区的制度与金融结构下克服利率下限

除了解决市场割裂问题外，我们还像其他央行一样，随着政策利率逐渐趋近于零，利用非常规政策来给经济提供额外的刺激。但在欧元区，我们以一种独特的方式实施了这种宽松政策——这是与美国相比的第二个不同之处。

最明显的是，我们所使用的工具尽管有着同样广泛的目标，但都是针对我们自身的制度和金融结构量身定制的。结果，我们实施了一项资产购买计划，包括范围广泛的公共部门证券以及一系列私营部门资产：资产支持证券、担保债券和公司债券。

在存在多个不同主权债券市场的条件下，要想在整个欧元区实现均衡的宽松效果，购买在符合条件的司法管辖区分散发行的一揽子公共部门债券至关重要。我们也购买了私营部门的资产，以补充我们针对银行采取的措施。在疲弱的银行业，这样的资产购买行动使我们能够向银行以外的系统注入流动性，特别是在次贷危机期间欧元区非银行融资的份额不断上升的情况下。

这在一定程度上与美联储的操作形成了对比，人们发现美联储购买抵押贷款支持证券的行为增加了银行放贷。包括抵押贷款支持证券购买行为的第一轮和第三轮量化宽松政策导致账面有较多抵押贷款支持证券的银行降低了放贷标准，承担的风险增加。[1]

---

[1]　参见 Kurtzman、Luck 和 Zimmermann (2017)。

在欧元区面临的特殊环境下，另一个必要的工具是负利率政策。通过打开更低下限——从而消除利率达到零时只能上升而不能下降的预期——我们已经能够将隔夜利率很好地推入负值区间，并强有力地锚定了收益率曲线的中短期部分。

事实上，自从 2014 年年中我们开始将负利率与资产购买挂钩以来，隔夜指数掉期远期利率曲线（overnight index swap forward rate curve）的中短期部分——可以说，这部分最准确地反映了投资者的利率预期——已经明显下降，变得更加平坦。美联储的大规模资产购买行动没有带来类似的结果。[①] 由于欧元区金融体系的结构，这尤其具有刺激性，因为短期利率是银行用来为贷款特别是对公贷款进行定价的主要基准。

很重要的是，我们没有看到许多人预期的负利率会造成的扭曲。正如伯南克所强调的，美联储之所以回避负利率，部分原因是担心负利率对货币市场基金行业的影响。货币市场基金是美国金融体系的一个关键中介。

但欧元区并不存在这个问题，因为在我们的经济中，货币市场基金行业的作用要小得多。[②] 此外，美国货币市场基金行业的某些特殊特征也带来了更高的挑战，尤其是"固定资产净值基金"（constant net asset value funds）的持续突出地位，该基金在提供负名义回报方面面临更多困难。

事实上，近年来，受以下因素影响，欧元区货币市场基金呈现出资金流入局面：银行采用流动性覆盖率指标、投资者对相对价值

---

① 参见 Praet (2017)。

② 2017 年 8 月，欧元区货币市场基金管理的资金总额为 1.2 万亿欧元，美国则为 2.7 万亿美元。

的考虑、可变资产净值基金为寻求更高回报而延长存续期的灵活性。

负利率的正面效应也没有像人们时常所说的那样，被其给银行利润造成的负面影响所抵消。欧洲央行工作人员的最新分析发现，尽管长期保持低短期利率会降低利差，但实质性的负面影响只有在相对长一段时间后才会显现。此外，利润的主要组成部分在很大程度上是相互抵消的，负利率对贷款损失准备金的正面影响在很大程度上抵消了对净利息收入的负面影响。[①]

与其他司法管辖区的另一个不同之处是我们如何制定前瞻性指引，而前瞻性指引是与不同的政策工具互相联系的。欧元区前瞻性指引的第一回合主要依靠基于时间和状态的资产购买计划。也就是说，它将以目前的节奏一直实行"到2018年9月底，如果有必要，甚至更久，而且无论如何都会继续实施下去，直到理事会认为通胀会朝着与通胀目标一致的方向调整"[②]。

这与我们的利率指引有关，利率将"在相当长一段时间内维持在目前的水平，远远超出我们资产净购买的时限"。通过这种方式，我们的利率指引同时具有时间和状态依存特征，因为在我们看到通胀前景的改善足以让我们停止资产净购买之前，利率不可能上升。

正如伯南克在第一章中所指出的那样，这种前后连贯的前瞻性指引反映了这样一个事实：有关利率政策的预期与资产购买是互补的。

针对资产购买的政策承诺，不仅压低了期限溢价，还强化了央

---

①　参见 Altavilla、Boucinha 和 Peydró（2017）。

②　这是会议期间对前瞻性指引的表述。2017年10月26日，欧洲央行理事会宣布，"从2018年1月起，我们会维持目前每月300亿欧元的净资产购买计划，直到2018年9月底，如果有必要，甚至更久，而且无论如何都会继续实施下去，直到理事会认为通胀会朝着与通胀目标一致的方向调整。"

行将在未来很长一段时间内保持低利率的信号。此外，利率将保持低位——至少在完成资产净购买之前——的预期可以通过防止资产购买压低期限溢价带来的刺激效应被预期利率将提前上涨所带来的负面效应抵消，而对资产购买行为构成支持。

这就是为什么欧洲央行一再重申我们在前瞻性指引中列出的政策措施的先后顺序。我们的经验是，在资产购买仍在进行的情况下，这已成功地防止了短期利率预期的攀升。

三、经验教训

从我们的经历中，可以为未来的货币政策，特别是为应对未来的衰退得出什么样的经验教训？

第一个经验是，制度和金融结构与危机期间使用的工具之间是相互依存的。

正如与美国经验的比较所显示的那样，我们所采取的具体措施是由我们所遇到的情况决定的。虽然有些国家的央行面临政策传导问题，但欧元区央行面临的却是其他央行都无法比拟的各国金融市场相互割裂的问题。这反映了我们制度框架的不完备，是次贷危机让这种不完备暴露了出来。

这意味着，欧元区的制度改革不仅会影响单一货币政策的效果，还会影响危机中所采用的一系列非常规货币政策。

第二个经验是，当常规政策不足以确保价格稳定时，我们不缺乏引导经济回归通胀目标的工具。

负利率和资产购买的组合，加上我们的定向贷款操作，已被证明可以强有力地缓解金融市场状况和刺激总需求——远远超过了我们启动该计划时大多数观察人士的预期。我们还证明了，我们能够灵活地对出现的不利情况做出反应，无论是采取新的政策措施还是重新调整我们政策的各项参数。

实际上，我们在非常规政策方面的经验，非但没有凸显央行的局限性，反而增强了我们对货币政策有效性的信心。

参考文献

Altavilla, C., M. Boucinha, and J.-L. Peydró. 2017. "Monetary Policy and Bank Profitability in a Low Interest Rate Environment." ECB Working Paper 2105. European Central Bank, October.

European Central Bank (ECB). 2017. "The Targeted Longer-Term Refinancing Operations: An Overview of the Take-up and Their Impact on Bank Intermediation." *Economic Bulletin* 3.

Kurtzman, R., S. Luck, and T. Zimmermann. 2017. "Did QE Lead Banks to Relax Their Lending Standards? Evidence from the Federal Reserve's LSAPs." Finance and Economics Discussion Series 2017-093. Washington, DC: Board of Governors of the Federal Reserve System.

Praet, Peter. 2017. "Unconventional Monetary Policy and Fixed Income Markets." Remarks at the Fixed Income Market Colloquium, Rome, July 4.

② | 第二部分 |

财政政策

第六章　财政政策概述[*]

财政政策重回人们的视野，在很大程度上是由于非常严重、长期的大衰退/全球金融危机导致货币政策面临零利率下限约束带来的挑战。但财政政策的实施仍存在一些争议，其中既有由来已久的问题，也有相对较新的问题。在本章中，我将阐述美国和其他发达国家在寻求合适的财政政策路径时，目前面临的几个挑战。

接下来，我将讨论下面四个问题：

（1）财政规则在限制财政政策实施方面扮演的角色。

（2）稳定政策在防止经济严重波动方面的潜力。

（3）低利率环境下财政政策的实施。

（4）财政政策与货币政策的协调与区别问题。

---

* 本章作者为阿兰·奥尔巴赫。本章是为 2017 年 10 月 12—13 日彼得森国际经济研究所组织的"反思宏观经济政策"会议准备的。感谢 Olivier Blanchard、Bill Gale 和与会人员对早先的草稿提出的意见。

在以上分析的基础上，我将给出一个简要的结论。

一、财政规则的角色

遵循规则和应用相机抉择权之间的争论可能起源于货币政策领域，但它也已成为财政政策的核心。财政规则无处不在，相机抉择的财政政策也是如此。

毫无疑问，有些财政规则和其他财政规则相比更有意义。例如，最近几年美国因对国家债务设定上限而引发了强烈的政治困境，对此很难看出有什么价值：既然国会已经决定政府支出和税收了，为什么还要求它单独决定债务上限呢，毕竟它没有能力摆脱债务恒等式?（另外，为什么要像美国那样，规定债务上限涵盖了包括政府机构持有的债务在内的所有债务呢?）对某些类别的支出的限制可以被其他类别的支出替代，总支出限制可以通过税收支出（即通过税法实施的支出计划）来规避。但即便是逻辑严密、表述优美的财政规则也依然需要理由，因为限制政府实施财政政策能力的做法同样有明显的缺陷。

支持制定货币政策规则的标准论据，如避免政府采取破坏稳定或动态不一致的行动，同样适用于财政政策，但除此之外还有其他一些理由，因为财政政策可以产生许多方面的选择和影响。最值得注意的是，财政政策可以在几代人之间产生重要的分配效应，而且财政可持续性和避免财政危机是最重要的问题。不过，也有一些反对财政规则但是对货币政策规则来说显得无关紧要的重要论据，其中包括我们下面将要讨论的难以衡量财政政策立场这个问题。

　　财政规则和货币规则的另一个关键区别是，财政规则可以而且常常适用于地方政府。美国几乎所有州都有自己版本的、简单的、易于表述的平衡预算规则，该规则通常明确规定了如何（可能是立即）处理一般基金赤字，并授权政府定期借债的调整过程，这里政府借款仅能用于平滑短期（比如季节性）收入波动或为资本支出提供资金。与美国形成鲜明对比的是，可能现存最详尽的财政规则当属适用于欧盟成员国的那些规则，其形成过程可以追溯到 20 世纪 90 年代签署的初始版《稳定与增长公约》（Stability and Growth Pact），现在已扩充为一本长达 224 页（European Commission，2017）的"圣经"，里面详细阐述了相关规则及其执行过程。多年来，这一框架经历了重大修订，并根据欧盟成员国在行动中暴露出的现有结构的弱点增加了一些新功能。但是复杂的规则并不是成功的保障，因为它会导致主观的解释并降低透明度。当根本目标不明确时，问题会格外严重。

　　在单一司法辖区，如在美国联邦层面，制定财政规则的一个潜在目标可能是，抵御因官员任期短而导致的政治进程固有的短视问题——短视会鼓励现任官员过度从未来几代人或者从和当前政府有着不同目标的未来政府手中转移资源，来实现当前的目标。显然，美国多年来试图限制支出或赤字的做法，至少在一定程度上是出于这种担忧。此外，虽然对美国来说不是大问题，但更实际层面的考虑可能也起到了一些作用，具体来说便是促使那些希望进入资本市场融资的政府利用自我施加的限制，对财政可持续性做出更可信的承诺。

　　在欧盟这样的联邦体制下，还有其他一些可能支持财政规则的原因，包括限制财政冲击在成员国之间的传导，避免通过直接的财政援助或央行的支持来施加纾困压力。欧盟财政规则集中实施这一事实证明了这类动机的存在，尽管人们还可以认为集中实施预算规则可以帮助单一国家的政府抵制来自当地利益集团的政治压力，这类似于国际贸易协定所起的作用。尽管在不了解其动机的情况下很难评判财政规则这一设计是否恰当，但对以上一些可能的目标而言，欧盟的财政规则几乎毫无意义。

例如，欧盟内部不同国家之间的联系远弱于美国各州之间的联系（财政规则并不是集中实施的，而是根据资本市场准入情况自愿实施的），限制冲击传播很可能更需要财政政策有所行动而不是无所作为。① 随着让各国遵守赤字目标的计划相继失败并以正在进行的希腊援助计划告终，其他目标引起了一系列旨在使财政政策更加有效的改进措施——特别是在 2005 年和 2011 年。但是这种改进并没有起到多大作用，无论是在欧盟还是在美国，从 20 世纪 80 年代的《格拉姆-鲁德曼-霍林斯法案》（Gramm-Rudman-Hollings Act）到 90 年代的《预算执行法案》，一系列的预算规则似乎并没有产生什么持久的影响。

事实上，一个非常基本的问题是，考虑到以上经验教训，财政规则能否产生任何效果，无论好坏。在欧盟或美国，实证分析相当困难，因为没有明确的自然实验可以让我们将规则的影响与其他因素的影响区分开来，比如政府对预算纪律承诺的改变；即便预算规则的采用或修改是由政策环境的变化引起的，研究者依然不能将其视为随机事件。② 也许最明显的证据来自对美国各州的分析，这些

---

① 关于欧盟内部不同国家之间的联系弱于美国的分析，参见 Auerbach（2011）。关于资本市场准入是美国采用财政规则的原因之一的分析，参见 Eichengreen 和 von Hagen（1996）。

② Auerbach（2008）研究了美国不同联邦预算制度下政府对财政状况的反应模式，而不是试图评估其对债务和赤字的总体影响，并发现了一些与预算规则形式相一致的差异。例如，在 20 世纪 80 年代的格拉姆-鲁德曼-霍林斯时期——当时规定了具体的赤字目标——政策对滞后预算赤字的反应较强，对经济状况的反应较弱。

州的预算规则特征可以追溯到 19 世纪。它们之间的差异可以说与当前各州之间难以察觉的差异无关。证据表明，预算规则的严格性确实影响财政反应的速度和性质（Poterba，1994），其结果是，规则越严格，州一级的经济波动就越严重（Clemens and Miran，2012）。

这些发现为更大的规则灵活性——特别是在经济衰退期间——提供了支持证据。2008—2009 年的大衰退之后，近期的财政整顿成果（如下文所述）使这种理由更加充分。但鉴于经济状况的严重程度和反周期政策的必要性方面总是出现分歧，严格的财政规则的存在，提醒着我们在不损害规则可执行性的情况下提供这种灵活性所面临的挑战。

随着政策规则变得越来越复杂并失去透明度，它们可能会事实上变成指导方针，尤其是在一个像欧洲那样没有可靠的执行机制的环境中；令人难以置信的是，资金短缺的国家在现实中会被处以巨额罚款或者被驱逐出欧盟，因为即使它们在采取措施前受到了威胁，采取这类行动也不符合欧盟的利益。这明显不同于美国的情况，因为美国有一个强有力的中央政府来执行包括出台经济稳定政策在内的重要财政功能，并为本国居民提供大部分安全网，同时因为本国居民可以"用脚投票"——移居到其他地方，所以国家是可以依赖的。尽管许多人主张建立一个欧盟财政联盟，但由于种种原因，这种结果在目前看来是不太可能的。

预算规则面临的最具挑战性的问题之一是对长期义务的控制和监督，特别是对公共养老金和医疗保健等基于年龄的项目的控制和监督。[1] 由于医疗保健费用和老年抚养比的上升，对几乎所有发达

---

① 与美国不同，即便是在为所有或大多数居民提供公共卫生保健资金的国家，医疗保健开支在很大程度上也被列入老年项目，因为老年人的人均医疗开支要高得多。

国家来说，未来支出的资金缺口意味着一笔迅速增长的隐性债务。如果按现值计算，这些隐性债务足以淹没政府的显性债务。

例如，截至 2017 年年初，据政府估计，美国社会保障养老金和残疾系统（无限期）无资金准备的负债是 34.2 万亿美元（Board of Trustees，OASDI Trust Funds 2017，table Ⅵ. F2），老年人医疗保障系统无资金准备的负债是 56.4 万亿美元（Board of Trustees，HI and SMI Trust Funds 2017，tables V. G2，V. G4，and V. G6）。[①] 相比之下，同一时期公众持有的国债仅为 14.4 万亿美元。[②] 控制不足债务总额 1/7 的债务，对财政规则来说似乎是一个糟糕的开始，在福利改革是重要政策议题的环境下，控制债务显得格外不恰当。事实上，这种"忽略"目前是美国各州主要的财政问题，平衡预算规则将多年积累的规模庞大的公共雇员养老金义务排除在外，给很多州留下了和显性债务相比规模庞大的债务缺口（Novy-Marx and Rauh，2011）。

但出于几个原因，简单地将隐性债务和显性债务相加得到总的债务负担，也是不准确的。第一，隐性债务与显性债务不具有同等的法律地位，尽管它们在政治上可能难以减少。第二，相应的债权是不可交易的，因此本质上是一国以本国货币计价的国债的内在组成部分。第三，同样因为这类债券不可交易，其市场价值只能通过估计得到，根据对经济增速、未来利率、人口因素的不同假设，估

[①] 医疗保险 B 部分和 D 部分无资金准备的负债等于这两个项目预计一般收入资金的现值，因为这两个项目与社会保险和医疗保险 A 部分不同，没有专门的资金来源。

[②] 尽管无法得到对其他国家无限期情况的预测，但是即便是针对短期（考虑到随时间流逝，现金流失衡的状况会恶化，短期的债务规模会缩小）的计算也表明，根据国际货币基金组织对 2050 年的预测，相对于其他七国集团国家持有的债务来说，美国的医疗和养老金负债的规模要大。参见 Auerbach 和 Gorodnichenko（2017）。

值往往差异很大，很容易受到政治压力影响，而且因为估值所用的假设要根据外部条件的变化而变化，不同年份的估值也很不稳定。

认识到解决隐性债务的重要性，当前欧盟预算规则包含一个专门的"养老金改革条款"（European Commission 2017，41），希望在不考虑用显性债务代替隐性债务的养老金改革可能给一国带来的额外赤字或债务的条件下，给各国提供一定灵活性。所测算债务规模的增大会导致，例如，如果一个国家用当前工作的人缴纳的养老金支持的个人退休金账户代替这些工人的未来公共养老金福利，并且在过渡期通过公开借款来抵补现有公共系统中不再由工人缴纳的养老金支持的部分所造成的遗留成本，那么，现在的工人将用所获得的资产来代替对政府的求偿，政府将负有更多的未偿债务，但未来需要承担的养老金义务更少，而当前的退休人员则不受影响。[1]

尽管这或许是朝着正确方向迈出的一步，但养老金改革条款显然增大了预算规则的复杂性和主观性。但与此同时，它只部分解决了隐性债务问题。第一，养老金改革可以在不对显性债务产生任何影响的条件下减少隐性债务。一个例子是，从年度现金流平衡的角度出发，对公共养老金计划的年度福利和专项税收进行永久性、同等规模的削减。[2] 第二，该条款只适用于养老金改革，但对许多国家来说，老年医疗保健义务（old-age health commitments）才是更严重的财政问题。第三，尽管养老支出可能是政府资产负债表中最

---

[1]　即使显性债务和隐性债务的总额没有变化，人们也可能推动这样一项改革，为现在的工人提供更多的资本市场准入机会。这是乔治·布什（George W. Bush）政府支持美国提出的一项类似建议时使用的论据，但也不乏批评者。然而，与改革相伴的也可能是总债务减少，这可能是欧盟养老金改革条款背后的原因，因为各国需要改善长期财政可持续性。

[2]　在极限情况下，随着年度缴费和养老金被削减到零，就不会有任何隐性债务，年度现金流平衡也不再变化。

重要的"预算外"部分，但一个国家的税收结构也很重要。

关于最后一点，一个例子是私人养老金的税收，即使在中间积累阶段内在增值部分无须缴税，但是在初始缴纳养老金的阶段[按照所谓的税后积累方法（Taxed Exempt Exempt，TEE），对缴纳的养老金和其他员工薪酬征税]以及最后提取养老金的阶段[按照税延积累方法（EET），对缴纳的养老金免税但是对提取的全部养老金征税]都是可以征税的。

在某些假设条件下①，这两种方法在鼓励储蓄和所实现的税收收入现值方面，对个人和政府产生的经济结果是相同的。如果这些假设不成立，出于政策上的考虑，可能会更喜欢某种方法而不是另一种，或者希望利用两者的某种组合。但与政策考虑无关的是，与TEE 方法相比，EET 方法提供的短期税收收入较低，并通过与未来养老金提取相关的递延税资产抵消这些收入。忽视这一关系的预算规则为政府提供了一种处理赤字限制的简单方法，即用现行的税收取代递延税。② 与其说这是一种独特或不寻常的情况，不如说这一问题在税收体系中相当普遍③，并可能扭曲税收政策，更支持那些可以加快政府征税的措施。

最后，实现财政政策的可持续并不能保证该政策在代际基础上是公平的。两项政策可以有相同的收入和支出轨迹，并将截然不同的财政负担强加给不同代际的人。这是代际会计发展的基本原理

① 这是指个人储蓄者在储蓄和提取资金时面临相同的税率，并且在两种制度下可能缴纳相同的税后金额。

② 事实上，美国政府在从传统（EET）IRA 和 401（k）计划转向所谓的罗斯（TEE）计划时采用了这一策略，甚至还为账户持有人提供额外的税收激励，以便让他们加快从传统账户取款并在罗斯账户存款。

③ 参见 Auerbach（2009）。

（Auerbach，Gokhale，and Kotlikoff，1991），它超越了可持续性的评估，将政府的跨期预算约束的各组成部分分配给当前和未来的群体。

尽管一些倡导者建议将代际账户纳入预算规则，但目前还没有落实。这样一个步骤将比全面计入隐性资产和负债更具挑战性，因为必须对不同群体进行分类，而这又需要更详细的预测以及一系列税务负担假设。代际账户不仅是由个别学术研究人员建立的，而且多年来许多政府也建立了这类账户。一直以来，并且很可能继续下去的是，它们的主要用途是提供关于现有负担以及未来政策如何影响代际负担的信息。在这方面，人们可以把提供信息看作预算规则的替代性选择。但是，同样的替代要容易获得得多，即使在预算规则远没有那么雄心勃勃而且更容易加以明确的情况下也是如此。

鉴于灵活性和可信性之间的矛盾，一个值得认真考虑的逻辑步骤是，是否完全抛弃基于规则的方法，并通过提供信息来努力实现一些相同的目的，使市场、选民以及事实上各国政府本身认识到正在提出或采取的政策可能带来的利弊得失。从某种意义上说，这已经是通过欧盟每三年发布一次的《老龄化报告》（*Ageing Report*）等文件提供的详细信息采取的做法，该报告预测成员国的养老金支付情况，并重点强调近年来一些国家通过养老金改革在减少其长期负债方面取得的成效。[①] 不过，通过确保这种评估不会受到政府的干预可以进一步强化这一方法，同时通过评估已实施的政策改革取得成功的可能性，而不是简单地将当前政策视为既定的，并从其他维度，比如对收入分配的影响，评估政策改革，有助于让这一方法走得更远。

---

① 例如，参见 European Commission（2015），pp. 54 - 112。

关于这一目标，有一个重要的趋势是建立独立的财政评估实体，这至少可以追溯到 1974 年美国国会预算办公室（Congressional Budget Office，CBO）的建立，近年来的成效则包括设立具有更大自主权和评估政府提案能力的实体，包括 2007 年成立的瑞典财政政策委员会和 2010 年成立的英国预算责任办公室。这些实体能够以财政规则根本无法做到的方式应对复杂局面。与英国的情况一样，财政实体可以被授予权力来负责开展经济和财政预测，而政府的政策评估则必须以它们的预测为基础。尽管这些委员会有许多潜在的相关特性，但有一些初步证据表明，拥有一个在法律上独立、对监测财政政策负有广泛责任的财政委员会，可能有助于提高经济绩效和财政预测的质量（Debrun and Kinda，2014）。

财政委员会应被认为具有发挥重要审计作用的潜力，而不是以财政规则的方式直接约束或决定财政政策。由于财政政策的政治影响，现在对独立的货币当局的授权，在这些财政实体看来是不可想象的。但考虑到预算规则实际发挥的作用，相对于预算规则的威力而言，这并不足以构成真正的限制。此外，独立的财政实体不仅可以制定简单的预算规则，还可以揭露逻辑上的漏洞，为可能需要在数年内实施的财政政策的必要改革提供额外的支持和压力。

尽管财政委员会仍然是一个相对较新的，仍在不断发展的机制，但在帮助各国进行大规模和长期的财政调整方面，它很可能发挥比明确的财政规则更重要的作用。今后，如何实现这些实体在独立性、范围和权力等方面的最优搭配，可能比继续完善正式预算规则更值得关注。特别是考虑到以下两点：一是从长期视角评估财政政策调整的相对重要性与日俱增；二是设计既透明可信，又具有充足灵活性的规则非常困难。

二、稳定政策

过去十年，由于经济环境的变化以及经济研究领域取得的进展，关于财政政策在促进经济稳定方面的作用，人们的看法发生了很大变化。从或许已经成为共识的看法（即自动稳定机制应成为反周期政策的主要财政工具，因为相机抉择的财政政策要么难以把握时机，要么在实施时相对无效），转变为对相机抉择的财政政策在应对衰退方面的潜在作用有了更强的认识。

支持这一观点的部分原因是结果显示，尽管只是坊间证据，至少对美国来说自 20 世纪 80 年代初以来，相机抉择的财政政策实施得相当及时。例如，如果以充分就业盈余的变化或国会预算办公室所估计的收支变化来衡量相机抉择政策的变化，那么可以看出在经济疲软（强劲）时期——以实际和潜在 GDP 的缺口来衡量——实施了扩张性（紧缩）政策（Auerbach，2003）。

但是在对相机抉择财政政策的看法不断发生变化的过程中，更重要的是一系列实证研究，它们改变了衡量财政政策有效性的证据的权重，即便对此人们并没有完全形成共识。利用不同国家和不同时期的各种估计策略，研究表明，税收和支出变化的乘数可能很大，而且在经济萧条时期的作用效果可能会增强。许多研究都是基于时间序列的，以 Blanchard 和 Perotti（2002）的 SVAR 分析的贡献为基础，利用各种方法来识别财政冲击，这些冲击超出了最初假定的在一定时期内不存在相机抉择政策反馈的方法。在这里，我只引用大量这类文献的部分结果来说明关键的发现。

Romer 和 Romer（2010）利用一种叙述性的方法来识别与短期经济因素无关的税收政策变化。他们发现，在大衰退开始之前的 2007 年，美国联邦税法变化的影响倍数最高达到 3 倍左右。基于状态变换平稳过渡 VAR（smooth-transition VAR，STVAR）方法，Auerbach 和 Gorodnichenko（2012）发现，布兰查德-佩罗蒂（Blanchard-Perotti）政府支出乘数估计值代表的是乘数的平均值，该乘数在萧条期的值要远大于在扩张期的值，其中在萧条期取值范围为 1～1.5，在扩张期则下降为不足 0.5，而且如果在信息集中加入实时专业预测从而锐化对财政冲击的识别，不同政权在这方面的差异会更大。基于 STVAR 方法的替代方法即直接预测法——该方法可用来估计不同时期的乘数，直接使用单一方程，但是同样要控制专业预测并且允许状态依赖——Auerbach 和 Gorodnichenko（2013）利用经济合作与发展组织（OECD）样本国家的半年度数据，发现 GDP 以及其他宏观经济总量具有相同的状态依存乘数模式，这证明了他们此前的发现并不是美国特有的因素引起的。

最后，大量论文利用美国各州在支出和转移支付项目方面的差异来估计乘数，通常会发现影响很大（例如，Nakamura 和 Steinsson，2014），包括特别针对大衰退而采取的政策（Chodorow-Reich et al.，2012）。这些乘数通常为 GDP 或其他相关产出变量的 1.5～2 倍。我们很难把它们转化为国家层面的乘数，因为有些因素（例如州级漏损）会导致截面乘数下降，另外一些因素（例如，几乎没有抵消性的纳税义务来支付联邦资助的州级支出或税收变化）则会导致乘数变大，但在合理假设下，各州的乘数与国家乘数是一致的，也许比 Auerbach 和 Gorodnichenko（2012）发现的乘数更大，特别是对那些面临零利率下限约束的国家来说，我们无法期待这些国家做出抵消性的货币回应（Chodorow-Reich，2018）。

关于最近这次大衰退期间乘数很大的最后一个证据是 Blanchard 和 Leigh（2013）的研究。他们发现，特别是在危机的早期，国际货币基金组织和其他组织在预测产出时的误差大小与各国采取的财政整顿措施有关，这表明（在某些假设下）被用来预测产出的乘数低估了真正的乘数。这一点尤其值得注意，因为即使是在经济萧条时期，财政整顿是否合理的问题也已经讨论了多年。

从理论上讲，财政整顿可以是扩张性的，这取决于另一种政策路径是什么，以及在整顿的同时可能会开展其他什么改革（例如，劳动力市场改革）。尽管早期得到的财政整顿存在扩张性效应的发现已经让位于财政整顿带来的是温和收缩效应（Alesina，Favero，and Giavazzi，2015）甚至是更强的收缩效应（Leigh et al.，2010）这一结论，经验研究的结果是相互冲突的，这些研究在样本识别以及微妙的方法论方面，比如如何控制货币政策的反应，存在一定差异。一个相对稳定的结论是，基于税收的财政整顿往往比基于支出的整顿更具破坏性。国际货币基金组织（Leigh et al.，2010）将这种差异主要归因于在进行基于税收的整顿时采取了更紧缩的货币政策，尽管整顿识别的性质使得很难解释货币政策做出不同反应的原因。更一般地说，很难知道这些结果是否适用于选择介于这两种方法之间的国家，这和过去不同国家在不同环境下做出的选择形成了对照。

一个国家的初始财政状况是可能会影响财政整顿在该国的可取性的因素之一。就其本质而言，当一国认为有必要承担更大的财政责任时，就会实施财政整顿计划，它们的初始债务水平和其他财政指标可能并不相同。关于财政乘数是否随初始负债情况（以一国的债务与 GDP 之比衡量）的变化而变化，现有文献并没有得到一致结论。最近，一些研究（Ilzetzki，Mendoza，and Végh，2013）发现高负债国家的财政乘数较低，而一些研究（Corsetti，Meier，and Müller，2012）发现低负债国家和高负债国家的财政乘数差异不大。

在实证文献中，一个相对较少受到关注的问题是财政乘数对债务水平的依赖与对经济状况的依赖之间的相互作用程度。例如，经济扩张阶段高债务水平对财政政策有效性的影响是否会小于经济衰退阶段，这时有些市场参与者可能更担心财政扩张会引发金融危机？或者，经济低迷时期更强的财政乘数是否会导致市场对财政扩张反应更温和，即便是在高负债国家也是如此？如果经济衰退时财政乘数很大，以至于受更强劲的产出和收入增长影响，财政扩张实际上降低了一国的债务-GDP 比率，那么第二个结论更可能成立。最近，DeLong 和 Summers（2012）提出了这种通过财政扩张实现自我融资的可能。

Auerbach 和 Gorodnichenko（2017）使用在 2013 年的研究（Auerbach and Gorodnichenko，2013）中所用的 OECD 国家数据以及直接预测法，通过估计债务-GDP 比率和财政冲击之间的关系，直接回答了上述问题。他们认为，当经济衰退时，债务-GDP 比率实际上会随财政扩张而下降。这个结果与他们的如下发现是一致的，即同期人们所感知到的财政危机风险——用政府债务的信用违约互换利差衡量——下降。[1] 但是，这一结论对于在经济扩张期间采取的积极财政政策来说并不成立。[2]

---

[1] 在希望确定扩张性财政政策究竟会导致市场对政府财政状况的看法发生改善还是恶化时，后一种结果格外有帮助，因为政府债务并不能准确地衡量一个政府的财政压力，例如，当存在大规模迫在眉睫的未来赤字或隐性债务时。

[2] 该文还根据之前提到的国际货币基金组织财政整顿数据提供年度（而不是半年度）估算结果，并围绕对债务-GDP 比率和信用违约互换利差的影响得出了类似结论。

关于以上结论是否依赖于初始债务水平这一问题，Auerbach 和 Gorodnichenko（2017，table 5）确实发现了高债务环境和低债务环境下繁荣与衰退结果模式的一些差异；例如，当一个国家在债务-GDP 比率较低的萧条时期进行财政扩张时，该国的债务-GDP 比率会显著下降，但当在债务-GDP 比率较高的萧条时期进行财政扩张时，则不会产生显著的积极影响。他们还发现，只有在债务-GDP 比率较低的情况下，衰退期间的财政刺激才会显著降低长期利率。但是其他结论，例如 GDP 和信用违约互换利差，在债务-GDP 比率低时并不会比该比率高时下降更多，所以关于这种双边比较（债务-GDP 比率和经济实力）下的结果，从现有数据很难得出强有力的结论。

需要注意的是，Auerbach 和 Gorodnichenko（2017）的研究结论并不仅基于大衰退前后时期，因此适用范围更广，即便在利率和偿债水平不那么低的时期也是成立的。另外，他们是基于债务-GDP 比率和隐性债务通常比现在要低得多的历史时期展开研究，所以不能根据他们得到的结论就认为一国在考虑逆周期财政政策时可以忽略自身财政状况，或者在实施逆周期财政政策时可以追求"修建通往荒野的桥梁"（即无用之桥）。

与对相机抉择的财政政策的信心有所恢复形成对比的是，人们最近对自动稳定器作为一种补充政策工具所能发挥的作用的关注相对较少。McKay 和 Reis（2016）的论文是一个例外，他们使用异构代理及校准的动态随机一般均衡（DSGE）模型评估了自动稳定器对美国经济的影响，估计了税收和转移支付系统在平滑经济冲击造成的产出和消费波动方面的影响。他们得到的结论基本上是负面的，因为现有的税收和转移支付系统在稳定产出或者改善福利方面相对无效，并且强调除了经常采用的方式外其他方式在缓冲可支配收入波动方面的潜在重要性。这类方式包括社会保险机制（社会保险会降低对预防性储蓄的需求，从而可能导致平滑消费的能力被弱化）以及收入在不同消费倾向的家庭之间的再分配。和相机抉择的财政政策相比，自动稳定器更关注长期，因此围绕经济冲击背景下替代性的税收和转移支付机制的表现开展更多研究，对政策设计来说是非常有帮助的，因为在进行政策设计时通常不太关注周期性后果。

尽管相机抉择的财政政策的实施效果通常是短期的，但制订更长期的规划从而使相机抉择的政策行动在实施时更有效依然是有益的。例如，在美国通过《2009 年美国复苏和再投资法案》（American Recovery and Reinvestment Act of 2009，ARRA）的过程中有人担心，计划中的基础设施支出将面临缺乏"准备就绪"的公共工程项目——这些项目对社会有益，而且可以迅速有效地开展——这一困境。考虑到在落实过程中可能存在延迟，《2009 年美国复苏和再投资法案》允许相关资金延后几年——假设在所有逆周期性收益都已经充分实现后——使用。[①]

为了缩短这类延迟，有人提议保留一批可以快速实施的现成基础设施项目（Transportation Research Board，2014）。但这种方法是否可取是有疑问的，因为根据下一次衰退到来的时间的不同，相关项目可能会被推迟几年。这种潜在的延迟将使急需上马的项目不适合该方法，并需要不断更新项目列表以反映优先级和技术的变化。然而，考虑到相对于其他政府支出项目来说，基础设施支出具有较大的短期和中期乘数效应，基础设施支出作为财政刺激方案的组成

① 财政支出的最后期限——2017 年 9 月 30 日，即 2017 财年结束日——才刚刚过去，此时距离美国正式结束大衰退已经过去了 8 年多。

部分仍然具有潜在的吸引力（Leduc and Wilson，2012）。找到关于哪些类型的政府支出可充当逆周期政策的有效工具的更多证据对我们很有帮助。对美国来说，另一个滞后期较短的可能渠道是直接向州和地方政府转移资金，以缓解它们大幅增税和削减开支的需要——在上次经济衰退期间，为了遵守平衡预算规则，州和地方政府采取了大幅增税和削减开支的措施。

三、低利率环境下的财政政策

面对较低的政府借款成本，财政政策应该如何调整呢？不考虑货币政策实际上受到零利率下限约束的情况——这会对财政政策产生影响（下文会详细讨论），低借款成本意味着政府项目的资金成本更低，从而降低债务偿付压力。由此得出的建议是，恰当的做法是进一步扩大政府投资，延缓推出为降低较高的债务-GDP 比率而实施的财政整顿（Elmendorf and Sheiner，2017）。但是在采用这一建议时，必须注意几点：

第一，如前所述，债务-GDP 比率并不是关于财政可持续性的完备衡量指标，尤其是对那些正在经历人口老龄化，存在大规模没有足够资金支持甚至根本没有任何资金支持的养老和医疗承诺方面的隐性债务的国家来说更是这样。由于这类支出的规模等价于在当前政策预期下未来现金流赤字的规模，更低的利率会增大它们的现值，就像低利率会增大资金不足的私人养老金计划的现值一样——需要提高缴款水平来偿付这些义务。这意味着，当利率下降时，一国的总体财政缺口——以基本盈余相对于 GDP 的永久性年度调整来衡量，要求财政政策路径可持续——不会大幅下降甚至根本不会下降。①

第二，低利率可能会降低预期的短期政府债务积累的速度，但是在不确定的环境下，考虑到更高的债务积累——以及更强的财政整顿的必要性——可能会伴随着更疲弱的经济增长以及私人和公共部门消耗更大价值的资源，预期的债务积累可能并不是一个正确的锚定目标；也就是说，政府在制订计划时应该通过假设自己承担比政府无风险利率更高的债务利息成本来体现个体的风险规避特征。②

一旦考虑到政府收入必须以一种扭曲的方式增加，这种用更高的利率来评估潜在政府投资项目的论点就会变得更合理。考虑到所需的高税率以及税率与无谓损失之间的非线性关系，在未来需要加强财政整顿的国家的增税行为将尤其具有扭曲性。如果急剧扩大的不平等——在美国以及一定程度上在其他大多数发达国家都曾发生过这样的情况——迫使政府除了支付政府采购项目以及偿还债务外，还要通过税收政策来调节收入再分配，那么未来的税率可能会特别高；此外，由于劳动力和资本跨国流动的增加，未来与给定税率相关的无谓损失也可能更高。③

---

① 比如，据 Auerbach 和 Gale（2009）估计，在无限期，美国的财政缺口增加这一结论实际上是通过假设政府在未来 20 年将面临零利率而不是国会预算办公室在当时所预测的利率得到的。

② 这是 Ball、Elmendorf 和 Mankiw（1998）提出的观点。他们认为，如果无风险收益率低于经济增长率，未来几代人仍然会因额外的借贷而陷入困境。也可以认为这一论点与如下论点是相关的：否定低于经济增长率的低风险利率是动态无效率的证据这一观点（Abel et al.，1989）。如果与福利项目相关的收入相对于项目成本来说对商业周期更敏感，隐性债务的存在可能会强化上述观点，其中隐性债务与未来的现金流赤字相关，必须用额外的资金来弥补。例如，在如下情况下就是这样：像美国社会保障制度那样，退休人员的养老金收入是价格水平指数化的，而专用税收取决于实际工资。

③ 关于这些问题的进一步讨论，参见 Auerbach（2014）。请注意，即使借款被用于资本支出，这一论点在某种程度上也是成立的，因为大多数政府投资项目不会产生直接的政府收入，尽管人们希望将通过提高私人部门生产力间接产生的所有收入都考虑进来。

第三，在某种程度上，政府借款会挤占私人投资或提高政府自身支付的利率，政府债务的低收益率可能无法充分反映其机会成本。最后，就为进行公共投资而负债这一问题而言，应将投资的不可逆性作为评估收益时需要考虑的一个因素。投资的不可逆性是要求更高的私人投资收益率的标准论据（Dixit and Pindyck，1994），但对许多类型的政府投资项目来说这是一个更大的关注点——桥梁和高速公路没有二级市场。

一个有趣且相对较近的支持政府在低利率时期增加借贷的理由是安全资产的稀缺性，尤其是美国政府发行并被世界各地投资者持有的安全资产。虽然有关这个问题的文献大多集中在安全资产供给增加对宏观经济的积极影响上，但美国政府应该已经有了做出回应的动力；作为拥有相当大市场力量的安全资产提供方，它应该能够通过这样做从其他国家赚取租金。

对更多安全资产的需求当然是合理的，但以提供更多政府债务作为解决方案带来了如何处理债务的问题。借钱支持减税是一种极其违反直觉的政策处方，因为这种组合可能会增加政府遭遇财政压力的可能性，这导致一些人提出了增加公共基础设施投资的替代策略（Caballero，Gourinchas，and Farhi，2017）。

但为什么不利用这些政府资金来支持私人投资呢？一般假定，如何在私人投资和公共投资之间取舍，应取决于哪一类投资的潜在社会收益率更高，同时考虑公共投资基金的实际用途，进行公共投资而不是私人投资所导致的私人税收收入的无谓损失、福利分配方面的差异等。近年来公共部门投资不足的历史——在美国这是一个令人关注的例子——为集中力量进行公共投资的做法提供了支持。但进行公共投资并不等同于简单地将私人投资排除在政府借贷资金的潜在使用渠道之外。

政府资助私人投资这种可能性确实会引发其他问题，就像 20 世纪 90 年代的情况一样，当时人们就美国社会保障信托基金是否应该投资于私人证券展开了严肃的政策讨论。也许最令人担忧的是，也是当时许多反对意见的根源，这种投资，特别是如果大规模进行，是否会导致政府对私营部门的严重干预——远远超出政府目前通过税收和监管政策的介入程度。

能否提供足够的保障措施使这种新的金融中介渠道可行，值得进一步考虑，因为为了使投资者获得更安全的资产而筹集的资金的其他用途可能存在缺陷。

四、财政政策与货币政策：协调与区别

货币政策和财政政策之间的界限从未像教科书所描述的那样明确。传统货币政策实践（通过公开市场操作而不是教科书上的开着直升机撒钱）直接通过铸币税、间接通过通胀侵蚀名义政府债务的价值来创造政府收入，当存在压低名义利率的"金融抑制"时，这是一个非常重要的政策工具（Reinhart and Belen Sbrancia，2015）。根据价格水平的财政理论（Woodford，1995）以及在更标准的建模假设下，财政政策会影响通货膨胀和价格水平——这是货币政策的主要"地盘"。

然而，最近央行行动范围的扩大——先是受到全球金融危机的刺激，然后是受零利率下限约束对传统货币政策的制约影响——进一步模糊了这条界线。一些评论家（Goodfriend，2011；Sinn，2014）

认为，中央银行已经远远跨越了可接受的货币和财政当局之间的分工，特别是通过将他们的购买范围扩展到包括更低质量和更高风险的资产，但又不对相关风险做充分调整。至少在机械意义上，人们可以把这些做法视为属于财政政策的范畴。例如，在美国，美联储购买非政府资产而不是短期国债的行为可以通过如下财政政策操作来复制：让美国政府发行短期国债来购买非政府资产。

作为一个实际问题，实施有效财政政策所面临的政治限制拓宽了货币政策的作用范围，这种情况有可能发生在急需对私人信贷市场提供支持的金融危机期间，或者主要发生在没有中央财政当局的货币联盟希望为下行的经济提供支持时。另外，货币政策的有效性受到限制，尤其是当一个国家面临零利率下限约束时，就需要更积极地使用财政政策。

理论和动态随机一般均衡模型仿真（Christiano，Eichenbaum，and Rebelo，2011；Eggertsson，2010；Woodford，2011）发现，当零利率下限具有约束力时，财政政策乘数可能会大得多。但多数发现经济衰退期间财政乘数较高的实证分析，都来自在衰退期间不存在或很少存在零利率下限约束的数据样本。

根据日本——基本上是唯一在较长时间内面临零利率下限约束的国家——的情况进行时间序列分析得到的一些证据表明，财政政策乘数在存在零利率下限约束时比在没有这一约束时要大得多，并且至少有一些研究认为，这种差异并不能简单地归因于在经济衰退期间才存在零利率下限约束（Miyamoto，Nguyen，and Sergeyev，2017）。然而，这些结论是试探性的，如果没有更多的数据和经验分析，我们还不能得出这样的结论：在保持商业周期状态不变的情况下，在存在零利率下限约束时，财政乘数会更大。与此同时，我们缺乏一个统一的、普遍接受的理论，来解释为什么经济衰退时期的财政乘数大于并不存在零利率下限约束的经济扩张时期。围绕这一理论展开讨论，不仅有助于理解现有证据，还有助于确定在零利率下限约束时，财政政策的预期效果会发生什么变化。

五、结 论

最近的一些事件和研究改变了我们对财政政策的看法。这些事件和研究包括：财政规则不再成立，人口老龄化社会面临越来越严峻的财政可持续性挑战，证明扩张性财政紧缩存在性的经验证据越来越无法令我们兴奋，我们在应对全球金融危机期间的经历，以及政府利率长期处于低水平等。

我们的经历以及我们在理论和证据方面的发现，给我们留下了许多挑战和需要更多研究的领域。其中包括如何制定一个财政框架，在该框架下既可以借助财政政策来实现稳定，又能保持对财政可持续性的可信承诺，以及如何使旨在实现财政稳定的努力更加及时和有效，以减轻最近导致货币政策不断扩大作用范围的紧急状况。

这些任务非常富有挑战性，政府必须在不利环境下——各国不断加深的不平等要求政府通过支出以及再分配政策采取更多行动，与此同时企业和资本流动性的增强导致税收尤其是企业税方面的竞争加剧，给税率和税收收入带来下行压力——完成这些任务。虽然这些讨论超出了本章的范围，但看上去显而易见的是，在这样的背景下，面临的这些任务要求对政府所依赖的税收结构进行改革，考察税收改革和更稳定的税收系统在多大程度上可以通过国际合作或发挥本国主动性来实现。

参考文献

Abel, Andrew B. , N. Gregory Mankiw, Lawrence H. Summers, and Richard J. Zeckhauser. 1989. "Assessing Dynamic Efficiency: Theory and Evidence. " *Review of Economic Studies* 56 (1): 1 - 19.

Alesina, Alberto, Carlo Favero, and Francesco Giavazzi. 2015. " The Output Effect of Fiscal Consolidation Plans. " *Journal of International Economics* 96 (S1): S19 - S42.

Auerbach, Alan J. 2003. "Is There a Role for Discretionary Fiscal Policy?" In *Rethinking Stabilization Policy*, 109 - 150. Federal Reserve Bank of Kansas City.

Auerbach, Alan J. 2008. "Federal Budget Rules: The U. S. Experience. " *Swedish Economic Policy Review* 15: 57 - 82.

Auerbach, Alan J. 2009. "Long-Term Objectives for Government Debt. " *Finanz-Archiv* 65 (4): 472 - 501.

Auerbach, Alan J. 2011. "Fiscal Institutions for a Currency Union. " Paper presented at the conference "Fiscal and Monetary Policy Challenges in the Short and Long Run," sponsored by Deutsche Bundesbank and Banque de France, Hamburg, May 19 - 20.

Auerbach, Alan J. 2014. "Fiscal Uncertainty and How to Deal with It. " Hutchins Center Working Paper 6. Washington, DC: Hutchins Center on Fiscal and Monetary Policy at the Brookings Institution, December 15.

Auerbach, Alan J. , and William G. Gale. 2009. "The Economic Crisis and the Fiscal Crisis: 2009 and Beyond. An Update. " *Tax Notes* 125 (1) (October 5): 101 - 130.

Auerbach, Alan J. , Jagadeesh Gokhale, and Laurence J. Kotlikoff. 1991. "Generational Accounts: A Meaningful Alternative to Deficit Accounting. " In *Tax Policy and the Economy*, vol. 5, ed. D. Bradford, 55 - 110. Cambridge, MA: National Bureau of Economic Research.

Auerbach, Alan J. , and Yuriy Gorodnichenko. 2012. "Measuring the Output Responses to Fiscal Policy. " *American Economic Journal: Economic Policy* 4 (2): 1 - 27.

Auerbach, Alan J. , and Yuriy Gorodnichenko. 2013. " Fiscal Multipliers in Recession and Expansion. " In *Fiscal Policy after the Financial Crisis*, ed. A. Alesina and F. Giavazzi, 63 - 98. Chicago: University of Chicago Press.

Auerbach, Alan J. , and Yuriy Gorodnichenko. 2017. "Fiscal Stimulus and Fiscal Sustainability. " In *Fostering a Dynamic Global Economy*, 217 - 270. Federal Reserve Bank of Kansas City.

Ball, Laurence M. , Douglas W. Elmendorf, and N. Gregory Mankiw. 1998. "The Deficit Gamble. " *Journal of Money, Credit and Banking* 30 (4): 699 - 720.

Blanchard, Olivier J. , and Daniel Leigh. 2013. "Growth Forecast Errors and Fiscal Multipliers. " *American Economic Review* 103 (3): 117 - 120.

Blanchard, Olivier J. , and Roberto Perotti. 2002. "An Empirical Characterization of the Dynamic Effects of Changes in Government Spending and Taxes on Output. " *Quarterly Journal of Economics* 117 (4): 1329 - 1368.

Board of Trustees, Federal Old-Age and Survivors Insurance and Disability Insurance Trust Funds (OASDI Trust Funds). 2017. *Annual Report*. Washington, DC.

Board of Trustees, Federal Hospital Insurance and Federal Supplementary Medical Insurance Trust Funds (HI and SMI Trust Funds). 2017. *Annual Report*. Washington, DC.

Caballero, Ricardo J. , Pierre-Olivier Gourinchas, and Emmanuel Farhi. 2017. "The Safe Assets Shortage Conundrum. " *Journal of Economic Perspectives* 31 (3): 29 - 36.

Chodorow-Reich, Gabriel. 2018. "Geographic Cross-Sectional Fiscal Spending Multipliers: What Have We Learned?" *American Economic Journal: Economic Policy*, forthcoming.

Chodorow-Reich, Gabriel, Laura Feiveson, Zachary Liscow, and William Gui Woolston. 2012. "Does State Fiscal Relief during Recessions Increase Employment? Evidence from the American Recovery and Reinvestment Act. " *American Economic Journal: Economic Policy* 4 (3): 118 - 145.

Christiano, Lawrence, Martin Eichenbaum, and Sergio Rebelo. 2011. "When Is the Government Spending Multiplier Large?" *Journal of Political Economy* 119 (1): 78 - 121.

Clemens, Jeffrey, and Stephen Miran. 2012. "Fiscal Policy Multipliers on Subnational Government Spending. " *American Economic Journal: Economic Policy* 4 (2): 46 - 68.

Corsetti, Giancarlo, Andre Meier, and Gernot J. Müller. 2012. "What Determines Government Spending Multipliers?" *Economic Policy* 27: 521 - 565.

Debrun, Xavier, and Tidiane Kinda. 2014. "Strengthening Post-Crisis Fiscal Credibility: Fiscal Councils on the Rise—A New Dataset. " IMF Working Paper WP/14/58. Washington, DC: International Monetary Fund, April.

DeLong, J. Bradford, and Lawrence H. Summers. 2012. "Fiscal Policy in a Depressed Economy. "

Brookings Papers on Economic Activity (Spring): 233 - 297.

Dixit，Avinash K. , and Robert S. Pindyck. 1994. *Investment under Uncertainty*. Princeton，NJ：Princeton University Press.

Eggertsson，Gauti. 2010. "What Fiscal Policy Is Effective at Zero Interest Rates?" In *NBER Macroeconomics Annual*, ed. D. Acemoglu and M. Woodford，59 - 112. Chicago：University of Chicago Press.

Eichengreen，Barry，and Jürgen von Hagen. 1996. "Fiscal Restrictions and Monetary Union：Rationales，Repercussions，Reforms." *Empirica* 23 (1)：3 - 23.

Elmendorf，Douglas W. , and Louise M. Sheiner. 2017. "Federal Budget Policy with an Aging Population and Persistently Low Interest Rates." *Journal of Economic Perspectives* 31 (3)：175 - 194.

European Commission. 2015. *The 2015 Ageing Report：Economic and Budgetary Projections for the 28 EU Member States (2013 - 2060)*. Brussels：European Commission，March.

European Commission. 2017. *Vade Mecum on the Stability and Growth Pact*. Institutional Paper 052. Brussels：European Commission，March.

Goodfriend，Marvin. 2011. "Central Banking in the Credit Turmoil：An Assessment of Federal Reserve Practice." *Journal of Monetary Economics* 58 (1)：1 - 12.

Ilzetzki，Ethan，Enrique Mendoza，and Carlos Végh. 2013. "How Big (Small?) Are Fiscal Multipliers?" *Journal of Monetary Economics* 60 (2)：239 - 254.

Leduc，Sylvain，and Daniel J. Wilson. 2012. "Roads to Prosperity or Bridges to Nowhere：Theory and Evidence on the Impact of Public Infrastructure Investment." In *NBER Macroeconomic Annual 27*, ed. D. Acemoglu，J. Parker，and M. Woodford，89 - 142. Cambridge，MA：National Bureau of Economic Research.

Leigh，Daniel，et al. 2010. "Will It Hurt? Macroeconomic Effects of Fiscal Consolidation." In *World Economic Outlook：Recovery，Risk，and Rebalancing*, 93 - 124. Washington，DC：International Monetary Fund.

McKay，Alisdair，and Ricardo Reis. 2016. "The Role of Automatic Stabilizers in the U. S. Business Cycle." *Econometrica* 84 (1)：141 - 194.

Miyamoto，Wataru，Thuy Lan Nguyen，and Dmitriy Sergeyev. 2017. "Government Spending Multipliers under the Zero Lower Bound：Evidence from Japan." Bank of Canada Staff Working Paper 2017-40. Ottawa，ON：Bank of Canada，September.

Nakamura, Emi, and Jón Steinsson. 2014. "Fiscal Stimulus in a Monetary Union: Evidence from U. S. Regions. " *American Economic Review* 104 (3): 753 – 792.

Novy-Marx, Robert, and Joshua Rauh. 2011. "Public Pension Promises: How Big Are They and What Are They Worth?" *Journal of Finance* 66 (4): 1211 – 1249.

Poterba, James M. 1994. "State Responses to Fiscal Crises: The Effects of Budgetary Institutions and Politics. " *Journal of Political Economy* 102 (4): 799 – 821.

Reinhart, Carmen M. , and M. Belen Sbrancia. 2015. "The Liquidation of Government Debt. " *Economic Policy* 30 (82): 91 – 333.

Romer, Christina D. , and David H. Romer. 2010. "The Macroeconomic Effects of Tax Changes: Estimates Based on a New Measure of Fiscal Shocks. " *American Economic Review* 100 (3): 763 – 801.

Sinn, Hans-Werner. 2014. *The Euro Trap*. Oxford: Oxford University Press.

Transportation Research Board. 2014. *Transportation Investments in Response to Economic Downturns*. Washington, DC: National Academies Press.

Woodford, Michael. 1995. "Price Level Determinacy without Control of a Monetary Aggregate. " *Carnegie-Rochester Conference Series on Public Policy* 43 (December): 1 – 46.

Woodford, Michael. 2011. "Simple Analytics of the Government Expenditure Multiplier. " *American Economic Journal: Macroeconomics* 3 (1): 1 – 35.

第七章 财政政策不健全的负面效应：
以美国为例[*]

我将本着费希尔·布莱克（Fischer Black）的精神阐述我对财政政策的一些再思考。在离开美国麻省理工学院加盟高盛几年之后，布莱克曾表示，从哈得逊河岸边看市场和从查尔斯河岸边看市场是不同的。

在本文中，我描述了在我看来，美国不健全的财政轨迹以及导致美国财政轨迹进一步恶化的行动可能带来的五个负面效应，以及反过来，这些负面效应会如何对美国经济增长产生负面影响。对这五种潜在负面效应的分析和我对美国财政政策的思考紧密相关。

在开始正式分析之前，有必要做一些简单的说明。首先，虽然我的分析是基于美国展开的，但这些观点的适用范围绝不仅限于美国。其次，我会讨论财政政策决策对充分就业经济的潜在影响，但

---

* 本章作者为罗伯特·鲁宾（Robert E. Rubin）。

最终，我将转向其对劳动力市场疲软的经济的影响。再次，财政政策决策的效果可能受到经济财政环境的显著影响，正如债务-GDP比率的变化轨迹所反映的那样。在这一点上，奥尔巴赫在第六章中关注的是现值没有体现出来的"隐性债务"，但我认为数据已足以说明问题，因为这些负债在长期债务-GDP比率中已经有所体现。最后，关于财政政策决策所产生的影响这一问题的任何结论所固有的不确定性，在制定财政决策时必须考虑进来，这也是布兰查德和萨默斯在本书导论中提出的观点。

美国财政政策的五个潜在负面效应如下。

第一，通过制造未来政策的不确定性以及加剧市场对美国政治体系应对美国所面临挑战的能力的担忧，美国财政政策会对企业信心产生负面影响。经济学家很难准确衡量企业信心，因此往往不愿将这一点纳入自己的分析，但这无法否认信心的真实存在。1993年的赤字削减计划明显地改善了企业信心，从而改善了投资和增长，而由于我刚才提到的原因，前一段时间美国的财政状况会对企业决策产生重大的负面影响。

第二，美国的财政政策压缩了应对未来经济或地缘政治紧急情况的空间。

第三，通过增加利息成本占预算的百分比——无论利率水平如何——以及增大以财政赤字融资开展的公共投资的风险，美国的财政政策减少了可用于公共投资的资金。

第四，美国的财政政策提高了主权和私人市场的利率，因为对储蓄供应的需求增加和/或对未来失衡、通货膨胀和利率的心理担忧增加。此外，市场有时会有临界点，一些并不起眼的事件可能会导致人们的注意力集中在这些风险上，并促使人们对长期被忽视的风险做出反应。例如，当存在风险较大的中期和长期债务-GDP比率时，额外借款导致的债务-GDP比率的有限增长，可能导致主权债务成本的阶梯式而不是线性上涨。而这反过来，又会通过抬高无风险利率，担忧情绪增强导致利差扩大，来影响私人部门的利率。在我看来，上述动态循环是布兰查德和萨默斯讨论的假设情形的问题，即当 R 小于 G 时，政府无限期借款，因为它不会一直这样。他们还提出，他们的假设可能是一个不可持续的庞氏骗局。不管怎样，这都是一种精心设计的信贷挤出。当政府具备以本币借款和通过央行发行货币的能力时，或许可以降低信贷挤出风险。但通过举债和印钞实现的"悬浮"是有限度的，在某个无法预知的时刻，本国货币和债券市场都会被摧毁。资本流入也可以减轻利率上涨压力，但不健全的财政政策迟早会对市场信心产生不利影响，从而影响到这些资本的流入。广泛的流动性或许有助于调节市场压力，但在我看来，流动性不仅是一种货币现象，而且是一种心理现象，当心理发生变化时，流动性会迅速消失，资金会涌向国债以规避风险。

第五，如果市场认为财政状况非常严峻，我前面描述的动态循环可能导致严重的市场和经济不稳定。此外，在很长一段时间内，市场可能会忽视或低估风险（包括财政风险），直到它们无法继续这样做，接下来市场的反应可能会迅速而猛烈。欧元区财政状况较弱国家的主权债务与德国国债之间的利差多年来一直很窄，直到事情突然发生逆转，两者的利差出现了灾难性的扩大。

由此可以得出的是，为新项目——比如基础设施建设或减税——融资的成本，不管经济是充分就业的还是劳动力市场是疲软的，都不再仅是该项目的利息成本，而是要考虑新项目对联邦政府以及私人部门未来融资成本的可能影响，以及我刚刚给出的所有可能的负面效应，尽管很多影响可能无法量化。奥尔巴赫在第六章也稍稍提到了这一点。

因此，在分析任何通过增加赤字来提供融资的方案时，必须评估其经济增长效应，根据新增债务带来的各种负面效应向下调整该项目或为正或为负——受债务影响——的动态评分计算修正后的债务-GDP 比率，接下来还要确认是否会对经济增长产生其他影响。这是一个迭代过程，但通过联立方程组，只需要计算一次就可以解决。

在一个存在大量失业的经济体中，赤字融资显然可以为经济提供短期刺激，同时可以提高生产率。但我刚才讨论的所有负面因素仍然适用于评估对当前和更长期经济增长的影响，包括，如奥尔巴赫所观察到的，市场对财政危机风险的担忧可能给经济增长造成的影响。但是，也存在这样的可能，即预期之外的需求及其对经济增长和税收收入的潜在影响对商业和市场信心产生积极影响。

任何经济刺激方案在短期和长期内是否为有利的，取决于对以上所有因素的衡量。奥尔巴赫指出，短期的刺激措施与解决长期结构性问题的措施应结合使用，这当然是正确的。但政治现实是，对更长期的财政可持续性做出可信承诺的可能性极低，至少在美国是这样，而且我认为在可预见的未来，会有更多国家面临类似的情况。

同样，从理论上讲，经济景气时应该有财政盈余，以抵消经济疲弱时期刺激措施可能导致的债务-GDP 比率上升。但当能够实现盈余时，通常又会将潜在盈余用于减税或增加政府支出。因此，债务-GDP 比率似乎有在连续的商业周期中不断攀升的可能，在做出关于刺激方案在一段时间内的预期价值的决策时应该考虑到这一点。

此外，除非其乘数效应高得离谱，否则无论是全新的还是自我延续的哪怕是存在滞后效应的经济刺激举措，在我看来，都不太可能为自己买单。但这要通过权衡和平衡所有相关变量才能做出判断。同样，还有一个关键问题，即债务–GDP 比率在初期和长期内会受到怎样的影响。

奥尔巴赫认为，支持在经济疲软或出现危机的情况下实施紧缩财政政策的论据不断弱化。我的观点是，这是一个应该基于特定情况下的事实做出的判断。在权衡和平衡不同政策路径的经济影响时，我认为，在经济疲软或出现危机的情况下，紧缩政策是最有可能成功或最有必要的。

我前面已经提到了美国在经济形势不稳定的情况下实施的 1993 年削减赤字计划，我认为这一计划对后来的经济复苏做出了重大贡献，这不仅由于利率的影响，而且因为它提振了商业信心。在应对 1995 年墨西哥金融危机和 1997 年亚洲金融危机的过程中，和扩张性财政政策——这类政策可能会助长前所未有的、更为持久的经济危机——相比，财政紧缩对债券市场重建和经济稳定及复苏非常必要。

在我看来，欧债危机的早期阶段同样有改善财政状况的必要性，尽管这留给了我们一个问题，即何时应该放松财政状况。

综上所述，通过增加赤字来融资的支出项目或减税计划的倡导者总是能找到理由——不管是合理的还是虚假的——来证明赤字融资是合理的。在某些情况下，这确实是最佳的政策路径，但在我看来，这样做有一种忽视或低估风险和潜在不利影响的强烈倾向，包括那些真实但无法量化的影响。随着时间的推移，这种做法可能会导致成本不断增加，最终我们可能会被迫采取更严苛的补救行动。

第八章 欧洲经济货币联盟的财政政策：
一个不断演化的观点*

我对阿兰·奥尔巴赫所提出议题的讨论集中于欧洲经济货币联盟（European Economic and Monetary Union，EMU）财政政策观点的演变上，对学术界和政界的洞见做了一个梳理总结。

奥尔巴赫在第六章的讨论中有三个方面与欧盟财政框架的设计密切相关：第一，货币政策与财政政策之间的相互作用，这是欧盟财政规则的起源；第二，财政规则能在多大程度上限制政府政策行动——这在超国家框架中是一个显而易见的问题；第三，财政规则在平衡稳定性和可持续性需求方面的作用，这是我们仍在努力尝试解决的问题。

本章的讨论涉及这三个方面，分为两个部分。我首先回顾了欧洲经济货币联盟财政治理框架从一开始到今天的演变过程。接下来，

---

* 本章作者为马可·布蒂（Marco Buti）。感谢 Philipp Mohl 为本章的准备工作所做的贡献。

我试图找出关键的缺失要素，以确保为欧洲经济货币联盟设计一个可行的财政框架。

一、欧洲经济货币联盟财政治理框架的演变

1. 马斯特里赫特分配的合理性

《马斯特里赫特条约》明确划定了财政政策和货币政策之间的责任分配。这一分配（称为马斯特里赫特分配）可以 Musgrave（1959）对政府经济角色的定义为镜头，一探究竟，即：（1）经济效率，以纠正市场失灵和改善资源分配；（2）稳定的商业周期，以达到一个稳定的就业环境；（3）收入再分配，以实现资源的公平分配，确保健全的公共财政可持续性。

从这个角度看，《马斯特里赫特条约》将消除不平等这一问题完全留给了各个欧盟成员国，集中力量通过单一市场计划（尽管在某些方面，比如旨在提高生产率和促进结构性改革的政策，是完全分散化的）来激发市场效率，实现财政规则的可持续，并基于货币政策和自动稳定器对财政政策的稳定性小有侧重。

事实上，根据《马斯特里赫特条约》，货币政策决策权被授予独立的欧洲央行，这一方面是为了克服时间不一致性问题（Kydland and Prescott，1977；Barro and Gordon，1983；Rogoff，1985），另一方面是为了助长欧洲央行在履行其主要职责即保持整个欧元区中期价格稳定的过程中树立信誉。此外，该条约禁止欧洲央行直接为政府赤字或债务融资，以防止出现一种财政主导的体制，在该体制下，货币政策制定者将不得不为赤字融资（Sargent and Wallace，1981）。

与此同时，财政政策在很大程度上是由各个欧盟成员国独立决策的，但受到《稳定与增长公约》的预防和纠正措施的约束。这样设置是为了解决已被充分证明了的赤字偏见（Alesina and Perotti，1996）。主要出于以下两个原因，单一货币会强化赤字偏见问题。

首先，单一货币会加大负面激励。在货币联盟中，享受短期的政治利益将主要由放松自身预算政策的国家享有。但是这样做的国家无异于利用了公共储蓄资金，会给整个欧元区带来利率上行压力。在货币联盟内不存在汇率风险的情况下，金融市场的制裁作用也会减弱。因此，借贷成本部分地被转嫁给了其他成员国（Beetsma and Bovenberg，1998）。

其次，财政政策带来的跨国外部性可能会导致相当大的负面溢出效应。例如，一个地区的银行危机或债务危机可能蔓延到其他地区。正如 Allen 和 Gale（2000）所论述的，溢出效应在被极端放大的条件下会导致"传染"效应。就欧洲经济货币联盟而言，传染效应对货币政策和金融稳定性的影响甚至可能意味着欧元区计划的整体可行性会受到质疑。

马斯特里赫特分配（Issing，2000）背后的前提假设可以概括为"让自己家井然有序"。它明确强调公共财政的可持续性，这反映出当时的普遍共识，即自动稳定器应该是逆周期政策的主要工具，而对相机抉择的财政政策基本上是持怀疑态度（Barro，1979）。这种相当严格的方法还考虑了各个欧盟成员国的异质性，以及快速建立起新政策框架的稳定导向声誉的需要（Buti，Eijffinger，and Franco，2003）。

2. 从大衰退中得到的教训

对欧洲经济货币联盟成立后的观察以及大衰退时期的经历，导致人们重新审视马斯特里赫特分配背后的一些假设。特别是当你透过马斯格雷夫式的镜头观察这些变化时，你会发现每一次分配都有值得学习的地方。关于效率，很明显，金融市场并不总是有效的，有时会放大经济冲击（Rodrik，2010）。此外，大衰退表明，经常账户余额的扩大可能代表会阻碍欧洲经济货币联盟平稳运行的失衡（Baldwin et al.，2015）。这些见解促成了银行业联盟、资本市场联盟和宏观经济失衡程序（macroeconomic imbalance procedure，MIP）的设立。人们对稳定性的看法也发生了变化，因为我们认识到，非正常的经济状况可能伴随我们相当长一段时间，并伴随着巨大的财政乘数（Blanchard and Leigh，2013；Gros，2014；Furman，2016），这促使欧元区更加重视稳定政策和协调。与此同时，公共财政可持续性的重要性变得更加明显，因为高额的政府债务会减缓经济增长（Chudik et al.，2017），延长危机后的复苏过程（Jordà，Schularick，and Taylor，2016）。但即使是在危机开始时政府债务水平相对较低，对一些成员国来说也没有能力应对大衰退（Gosh，Ostry，and Qureshi，2011），因为政府债务可能会因银行与主权政府之间的关系而爆炸式增长（Beck，2012）。这促使欧盟强化了财政规则框架，并设立了银行业联盟。

特别是，欧盟和欧元区领导人从 2011 年开始采取了若干措施来修补欧盟制度架构的漏洞。

（1）欧盟的财政框架从几个方面得到了改善。一是强化欧盟财政治理框架。事实证明，在大衰退之前的几年里，有利的宏观经济条件并没有被充分利用来建立财政缓冲（Schuknecht et al.，2011）。一些成员国似乎更多的是将赤字参考值视为一个目标，而非上限，并没有大幅降低高负债率。此外，规则设计问题和治理失败都导致了《稳定与增长公约》执行不力（Eyraud and Wu，2015）。因此，2011 年所谓的"六部法"（six-pack）改革旨在促进经济景气时期的财政调整（通过引入"重大偏差"程序）。此外，引入债务基准来支持债务削减，惩罚机制从原则看也变得更加自动化。最后，2013 年所谓的"两部法"改革规定，欧元区成员国有义务在各国议会通过预算草案之前，向欧盟委员会（European Commission）和欧洲理事会（European Council）提交预算草案。

二是财政框架的国家自主权得到加强。各国的预算讨论与欧洲经济货币联盟的监督之间的落差，是该框架的一个根本性弱点（Buti and Carnot，2012）。尽管欧盟成员国在年度稳定和融合计划中所报告的财政预测通常是按照规定完成的，但执行时往往会偏离原定计划。为了强化国家自主权，2011 年，通过在国家级就会计和统计、预测、独立机构监督的财政规则和透明度等方面制定强制性要求，国家财政框架变得更有力。此外，2012 年签署的《稳定、协调与治理条约》（Treaty on Stability，Coordination and Governance，TSCG）规定，国家预算必须按照该条约的相关定义保持平衡或盈余。

三是财政规则的实施更加灵活。这反映了在应对奥尔巴赫（见第六章）所指出的巨大冲击时，人们更接受相机抉择的财政政策的作用。特别是在货币政策受到约束的情况下，此时溢出效应可能更大，乘数更高（Blanchard，Dell'Ariccia and Mauro，2013；Blanchard and Leigh，2013）；或在经济冲击比较严重时，需要相机抉择的财政政策作为补充（Christiano，Eichenbaum，and Rebelo，2011）。因此，欧洲经济货币联盟出台了一项集体"免责条款"，允许（但不规定）在欧盟或整个欧元区出现"严重经济衰退"时暂停这些规则。2013

年的改革直接将更多注意力放在了欧元区层面的支持性财政政策立场上。最后，在 2015 年，该框架被进一步改进，更好地考虑了单个成员国的商业周期。

（2）治理框架将政策监督扩大到涵盖宏观经济发展。财政失衡肯定不是欧洲大衰退严重的唯一原因。相反，宏观经济失衡在这次危机中发挥了重要作用。在欧洲经济货币联盟成立的头十年，大量资本从欧元区的中心流向外围，结果证明这是不可持续的。外围国家的投资尤其流向非贸易部门，这导致西班牙和爱尔兰等国的住房部门出现不可持续的发展（Buti and Turrini，2015）。此外，外围国家的强劲增长导致许多成员国忽视了结构性改革的必要性。劳动力和产品市场的僵化延缓了恢复竞争力的进程。因此，欧盟委员会建立了宏观经济监测机制，即宏观经济失衡程序。宏观经济失衡程序旨在尽早识别潜在的宏观经济风险，防止有害的宏观经济失衡的出现，纠正已经存在的失衡。

（3）建立了一个永久性的危机解决机制。在欧洲经济货币联盟成立的头十年，由于越来越多的人认为救助条款不可信，金融市场对欧洲经济货币联盟成员国的主权资产几乎不加区别（De Grauwe and Ji，2012）。当市场终于恢复约束力时，"突然停止"威胁到欧洲经济货币联盟作为一个整体的可行性。因此，欧洲稳定机制（European Stability Mechanism，ESM）于 2012 年成立，其主要目的是在满足严格政策条件的前提下，通过一系列金融援助工具（尤其是对国家的贷款）向"正在经历或受到严重融资问题威胁"的欧洲稳定机制成员国提供稳定支持。该机制已经通过向希腊、爱尔兰、葡萄牙和塞浦路斯提供财政支持证明了自身价值。

（4）金融监管得到加强。欧盟成员国的银行与其政府之间的恶性循环加深、加快了危机（Beck，2012；Jordà，Schularick，and Taylor，2016）。这一"厄运循环"因银行融资的主导地位——它将银行部门的问题转移到范围更广的经济中——而进一步强化（Baldwin et al.，2015）。为了应对主权国家-银行关联衍生出的危机，欧盟正式推出了和银行业联盟有关的一些关键要素，包括单一监管机制（Single Supervisory Mechanism，SSM）、单一解决机制（Single Resolution Mechanism，SRM）、单一救助基金（Single Resolution Fund，SRF）等。另外，共同存款保险计划也正在酝酿之中。

二、欧洲经济货币联盟的财政框架仍缺失什么？

1. 设计财政框架时内在的权衡过程

在第六章中，奥尔巴赫将欧洲经济货币联盟的财政框架描述为"可能现存最详尽的财政规则"。我知道不能把这当成是赞美。然而，它提出了一个有趣的问题，即在设计任何财政框架时都不可避免地要进行权衡，尤其是在简洁性、适应性和可预测性之间的权衡（见图 8-1）。

一套非常简单的规则（例如，只关注总体赤字阈值）很容易理解和预测结果，但容易被批评不够灵活，无法应对不断变化的经济环境。相反，引入更加详细的规则子系统来满足每种情况，必然会增加复杂性并降低透明度——这可以看作追求"完备合同"。

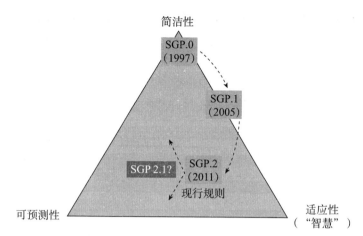

图 8 - 1　欧洲经济货币联盟财政框架设计中的权衡

注：SGP 代表《稳定与增长公约》。

在《稳定与增长公约》的发展过程中，从最初的概念开始，这些权衡之间的矛盾就是显而易见的。《稳定与增长公约》已经逐渐从一种相对简单的、基于结果的方法转向一种更复杂的、基于输入的方法，这样成员国就不会因它们无法控制的事件而受到惩罚。

此外，为了限制顺周期财政政策的风险，越来越多的注意力被放在与经济情况有关的要求是否适当方面，包括与未预见的发展有关的要求（"要求的适应性"）。然而，这是以增加复杂性为代价的，正如奥尔巴赫所指出的那样，复杂性会降低透明度，并招致人们对其主观性的指责。

目前有一种日益增长的看法，认为应该更加强调可预测性和（相对）简洁性，而不是适应性。这意味着向图 8 - 1 中三角形的左侧移动，如果用图形表示就是向 SGP 2.1 移动。

2. 未来会如何？寻找正确的平衡

我们需要的是各种因素的协调统一，以获得足够的政治支持，同时为一个稳定而有效的欧洲经济货币联盟奠定基础。欧盟委员会的欧洲经济货币联盟反思文件（2017）在对欧洲经济货币联盟未来的更广泛反思中讨论了整体财政架构。它列出了可行路径，但对如何平衡集权和分权没有给出答案（见图8-2）。

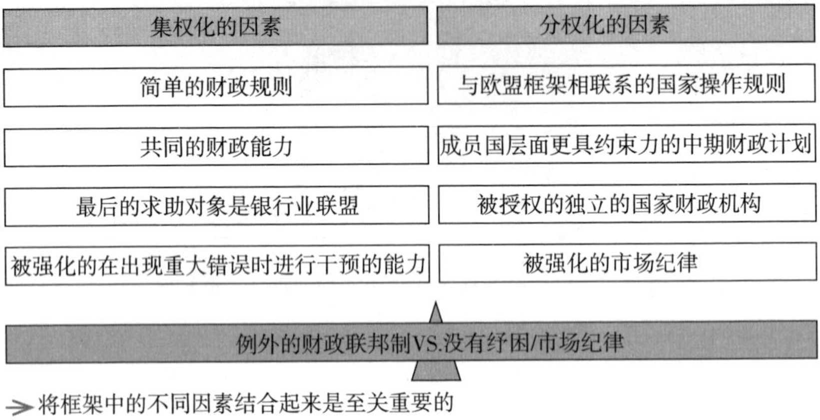

集权化的因素	分权化的因素
简单的财政规则	与欧盟框架相联系的国家操作规则
共同的财政能力	成员国层面更具约束力的中期财政计划
最后的求助对象是银行业联盟	被授权的独立的国家财政机构
被强化的在出现重大错误时进行干预的能力	被强化的市场纪律

例外的财政联邦制VS.没有纾困/市场纪律

➤ 将框架中的不同因素结合起来是至关重要的

图8-2　欧洲经济货币联盟框架：在集权和分权之间寻求正确的平衡

（1）完整的金融联盟：建立银行和资本市场联盟对最终打破银行-主权国家联系很关键。虽然已经取得了很大进展，但依然有必要进一步推进。特别是，银行业联盟尚未组建完成，各国金融部门的主权风险敞口仍然很高。限制银行资产负债表中主权债务的规模并且令其多元化，将有助于打破银行和政府之间的不良循环。此外，对单一救助基金提供可信的财政支持，对使欧盟新的银行处置框架有效并避免给纳税人施加成本至关重要。

（2）确保财政治理框架得到有效实施：与任何财政规则一样，欧盟修订后的治理框架只有得到实施才会有效。奥尔巴赫指出，欧盟的财政规则没有可靠的执行机制，而且的确在民主选举产生的政府中难以执行这些规则。此外，迄今为止的经验表明，同辈压力的有效性是有限的。有两种极端的解决方案看上去可以确保该框架的有效执行。一种解决方案是"例外的联邦制"（Trichet，2012）。这意味着，一旦出现威胁到欧元区平稳运行的"重大错误"，欧盟将被准许接管主权国家的预算权力。这种解决方案可以简化框架，以减少不一致性，并促进与公众的沟通。另一种解决方案是加大市场压力，将其作为不可持续财政政策的最终制裁机制。这一解决方案将更多地依靠分权的办法，并将使国家一级的独立财政机构获得权力。它更接近没有纾困条款的最初构想，可能需要对金融监管进行改革，尤其是在对待银行体系中国家主权风向敞口的问题上，以及在可能的情况下，对国家债务提供一种安全资产替代方案。

（3）形成财政能力：欧元区缺乏承受更多大规模冲击的能力。潜在的脆弱性与如下事实有关：欧洲稳定机制仍依赖于各国国库，而这反过来又会延缓决策过程。此外，缺乏共同的稳定能力意味着没有适当的工具来消除不对称冲击，并有助于在出现大规模对称冲击时形成适当的欧元区财政立场。正如我们所看到的，缺乏共同的工具来应对最近的财政危机意味着对称的金融冲击会导致不对称的债务冲击，而后者的应对难度要大得多。特别是，这使采取及时的相机抉择财政措施来应对冲击变得非常困难，这与奥尔巴赫在第六章中提到的美国证据相反。

（4）减轻欧洲央行的政策支持负担：协调恰当的财政立场以支持欧元区的货币政策，本身就意味着更大的脆弱性。我们看到的是，自下而上的协调，即聚合各个成员国的财政状况，可能无法形成欧元区层面的最佳立场。其结果是，稳定欧元区经济的重担落在了欧洲央行的肩上。因此，奥尔巴赫所倡导的货币政策和财政政策之间的协调是欧元区缺失的一个关键部分，一种可能的解决方案是在欧元区层面形成财政能力，以实现宏观经济和金融稳定。

三、结　论

大衰退暴露了马斯特里赫特分配的一些设计缺陷。自 2010 年以来的制度变革已经极大地改善了欧洲经济货币联盟的架构，但要确保一个可持续的欧洲经济货币联盟治理框架，还需要做更多的工作。

一个可行的欧洲经济货币联盟财政框架离不开在欧盟与成员国改革能力之间、规则/机构与市场纪律之间的正确平衡。在这方面，我饶有兴趣地注意到奥尔巴赫的建议，即在国家层面找到财政委员会的最佳设计，比在超国家层面继续完善现有的财政规则更值得尝试。

最终，正如奥尔巴赫所说，任何框架的关键问题都是如何平衡潜在的对财政政策稳定和承诺财政可持续性的竞争性需求。这是我们在欧元区仍在努力的事情。

参考文献

Alesina, A., and P. Perotti. 1996. "The Political Economy of Budget Deficits." *IMF Staff Papers* 42: 1 - 31.

Allen, F., and D. Gale. 2000. "Financial Contagion." *Journal of Political Economy* 108 (1): 1 - 33.

Baldwin, R., et al. 2015. "Rebooting the Eurozone: Step 1—Agreeing a Crisis Narrative." *CEPR Policy Insight* 85, November.

Barro, R. 1979. "On the Determination of the Public Debt." *Journal of Political Economy* 87 (5): 940 - 971.

Barro, R., and D. Gordon. 1983. "A Positive Theory of Monetary Policy in a Natural Rate Model." *Journal of Political Economy* 91: 589 - 610.

Beck，T. 2012. *Banking Union for Europe：Risks and Challenges*. VoxEU. org.

Beetsma，R.，and L. Bovenberg. 1998. "Monetary Union without Fiscal Coordination May Discipline Policymakers." *Journal of International Economics* 45 (2)：239 – 258.

Blanchard，O.，Dell'Ariccia，G. and P. Mauro. 2013. "Rethinking Macroeconomic Policy Ⅱ：Getting Granular. IMF Staff Discussion Note 13/03." Washington，DC：International Monetary Fund.

Blanchard，O.，and D. Leigh. 2013. "Growth Forecast Errors and Fiscal Multipliers." NBER Working Paper 18779. Cambridge，MA：National Bureau of Economic Research，February.

Buti，M.，and N. Carnot. 2012. "The EMU Debt Crisis：Early Lessons and Reforms." *Journal of Common Market Studies* 50 (6)：899 – 911.

Buti，M.，S. Eijffinger，and D. Franco. 2003. "Revisiting the Stability and Growth Pact：Grand Design or Internal Adjustment?" CEPR Discussion Paper 3692. Washington，DC：Center for Economic and Policy Research.

Buti，M.，and A. Turrini 2015. "Three Waves of Convergence：Can Eurozone Countries Start Growing Together Again?" VoxEU. org (CEPR)，April 17. https：//voxeu. org/article/types-ez-convergence-nominal-real-and-structural.

Christiano，L.，M. Eichenbaum，and S. Rebelo. 2011. "When Is the Government Spending Multiplier Large?" *Journal of Political Economy* 119 (1)：78 – 121.

Chudik，A.，K. Mohaddes，M. Pesaran，and M. Raissi. 2017. "Is There a Debt-Threshold Effect on Output Growth?" *Review of Economics and Statistics* 99 (1)：135 – 150.

De Grauwe，P.，and Y. Ji. 2012. "Mispricing of Sovereign Risk and Macroeconomic Stability in the Eurozone." *Journal of Common Market Studies* 50 (6)：866 – 880.

European Commission. 2017. "Reflection Paper on the Deepening of the Economic and Monetary Union." Brussels：European Commission，May 31.

Eyraud，L.，and T. Wu. 2015. "Playing by the Rules：Reforming Fiscal Governance in Europe." IMF Working Paper WP 15/67. Washington，DC：International Monetary Fund.

Furman，J. 2016. "The New View of Fiscal Policy and Its Application." VoxEU. org (CEPR)，November 2.

Gosh，K.，J. Ostry，and M. Qureshi. 2011. "Fiscal Space，Fiscal Fatigue and Debt Sustainability." NBER Working Paper 16782. Cambridge，MA：National Bureau of Economic Research，February.

Gros，D. 2014. "A Fiscal Shock Absorber for the Eurozone? Lessons from the Economics of Insurance. " VoxEU. org (CEPR), March 19.

Issing, O. 2000. "How to Achieve a Durable Macro-economic Policy Mix Favourable to Growth and Employment?" Paper presented at the conference "Growth and Employment in EMU," organized by the European Commission, Brussels Economic Forum, Brussels, May 4 and 5.

Jordà, Ò. , M. Schularick, and A. Taylor. 2016. "Sovereigns versus Banks: Credit, Crises, and Consequences. " *Journal of the European Economic Association* 14 (1): 45 – 79.

Kydland, F. , and E. Prescott. 1977. "Rules Rather Than Discretion: The Inconsistency of Optimal Plans. " *Journal of Political Economy* 85 (3): 473 – 492.

Musgrave, R. 1959. *The Theory of Public Finance: A Study in Public Economy.* New York: McGraw-Hill.

Rodrik, D. 2010. "The End of an Era in Finance?" Project Syndicate, June 3.

Rogoff, K. 1985. "The Optimal Degree of Commitment to an Intermediate Monetary Target. " *Quarterly Journal of Economics* 100: 1169 – 1189.

Sargent, T. , and N. Wallace. 1981. "Some Unpleasant Monetarist Arithmetic. " *Federal Reserve Bank of Minneapolis Quarterly Review* 5 (3): 1 – 17.

Schuknecht, L. , P. Moutot, P. Rother, and J. Stark. 2011. "The Stability and Growth Pact: Crisis and Reform. " ECB Occasional Paper 129.

Trichet, J. -C. 2012. "European Economic Governance: Towards an Economic and Fiscal Federation by Exception. " Lecture, December 6.

第九章 财政政策：美国的税收与支出乘数*

奥尔巴赫在第六章中关于财政政策的讨论，对每一个关注发达国家在长期面临的财政挑战以及在短期财政政策在稳定经济方面所起的作用的人来说，都是必读篇目。本章阐明了与以下四个主要领域有关的一些问题：（1）财政规则；（2）稳定政策的潜力；（3）低利率环境下的财政政策；（4）货币政策和财政政策的协调。在诸多重要的见解中，奥尔巴赫提出，将财政规则建立在可观察到的公共债务之上，忽略权益计划中累积的更为重要的无资金准备的债务，这种做法忽略了未来潜在债务问题的主要来源。在这里，我主要关注财政政策作为稳定政策的潜力。

关于这一论点，我以美国为例进行了评估。以下三句话概括了我的观点：

---

  * 本章作者为瓦莱丽·雷米（Valerie Ramey）。

（1）在大多数情况下，支出刺激乘数可能小于 1。

（2）关于基础设施乘数效应的证据有好有坏。

（3）最有力、最稳健的证据是，税率变化的乘数效应最大。

为了论证这些说法，我将首先考虑与支出乘数相关的证据。无论是二战后的数据还是 20 世纪的历史数据（如 Ramey and Zubairy，2018）都表明，美国的总支出乘数通常略低于 1。在一篇重要的论文中，Auerbach 和 Gorodnichenko（2012）讨论了平均值是否掩盖了乘数随时间推移的重要变化，特别是在衰退和扩张期间。他们发现，在衰退期间，乘数要高得多。下面我们更仔细地看看这些估计。

Auerbach 和 Gorodnichenko（2012）对 5 年乘数做了基线估计，衰退时为 2.2，扩张时为 -0.3。在构建这些估计时，他们做了两个关键的假设。首先，他们假设经济衰退至少会持续 5 年，也就是 20 个季度。其次，他们认为政府支出无法使经济走出衰退。当他们放宽第二个假设时，他们发现衰退期间的乘数为 1~1.5。然而，即便这些乘数也受到他们的第一个假设——衰退至少会持续 5 年——的影响。在他们的样本中，衰退持续时间的中位数只有 3 个季度，而根据他们的定义，即使是大衰退也只持续了 2 年。做出一个与他们估算所用样本的经验差异如此之大的假设，对他们的乘数估计有很大的影响。特别是，由于衰退通常是短暂的，这些估计意味着，随着经济从衰退阶段的缓慢增长中复苏，未来的产出增长将不断提高。当人们以反事实的方式假定经济仍处于衰退状态多年时，他们就会累积这些比当前增长更快的预测，从而预测产出将继续相对于趋势无限攀升。

Auerbach 和 Gorodnichenko（2013）在他们对 OECD 乘数的研究中引入了另一种方法，即 Jordà（2005）的局部投影法，该方法根据样本的衰退和扩张的平均时间长度来估计政府支出的影响。这种方法不允许人们做出与分析数据相反的假设。然而，奥尔巴赫和戈罗德尼琴科（Gorodnichenko）从未将这种方法应用于美国的数据。在 Owyang、Ramey 和 Zubairy（2013）以及 Ramey 和 Zubairy（2018）中，我和我的合作者将霍尔达（Jordà）局部投影法应用于美国数据，包括历史数据与 Auerbach 和 Gorodnichenko（2012）中所用的二战后的样本。在这两种情况下，我们发现即使在经济衰退或失业率高的时候，乘数也小于 1，都在 0.8 左右。这些估计值是用一系列军事新闻作为冲击得出的；当我们使用 Blanchard 和 Perotti（2002）的识别方法时，我们发现衰退时期的乘数甚至更低（尽管它们比扩张时期估计的接近零的乘数大）。因此，将奥尔巴赫和戈罗德尼琴科目前青睐的霍尔达局部投影法应用于美国数据，得出的乘数估计值即使在衰退时期也小于 1。总之，美国经济衰退期间乘数高这一初始发现是站不住脚的。

在 Ramey 和 Zubairy（2018）中，我们还研究了零利率下限时期乘数的大小。当我们使用整个历史样本时，我们没有发现零利率下限约束时期乘数升高的证据。然而，在我们排除二战时的定量配给时期后，我们发现了一些零利率下限时期乘数约为 1.5 的证据。当我们使用军事新闻识别而不是布兰查德和佩罗蒂识别时，这些结论是成立的。在后续对日本经济的研究中，Miyamoto、Nguyen 和 Sergeyev（forthcoming）也发现了在零利率下限约束的几十年期间，乘数为 1.5 左右甚至更高的证据。因此，有证据表明，在零利率下限约束期间，一些样本的乘数更高。

总而言之，在衰退或萧条时期，乘数高于 1 的总体估计往往是脆弱的。最稳健的估计是那些乘数略小于 1 的估计。另外，越来越多的证据表明，零利率下限约束时期的乘数可能会大于 1。

已经有大量论文使用跨州或跨地区的数据估计乘数，或使用通过个人层面数据估计得到的边际消费倾向（marginal propensity to consume，MPC）构建乘数。由于简便的自然实验，在家庭或国家层面识别外源性冲击往往更容易。有趣的是，个人层面的估计往往意味着较高的边际消费倾向，而国家层面的估计往往意味着较高的乘数（GDP 乘数为 1.5~2，就业乘数约为每工作年 5 万美元）。然而，正如许多论文所指出的那样，由这些截面估计得到总水平并非易事。

为了确定直接使用截面估计值作为总体估计值是否有意义，可以进行简单的合理性测试。我在这里介绍两个相关研究。第一个直接来自 Sahm、Shapiro 和 Slemrod（2012），关注边际消费倾向；第二个是我自己的，基于大衰退期间刺激的跨州估计。

先来看看 Sahm、Shapiro 和 Slemrod（2012）对近期个人层面的基于临时退税的边际消费倾向估计的合理性测试。2008 年，一项根据家庭规模从 300 美元到 1 800 多美元不等的临时退税政策于 2 月生效，并主要在 4—7 月期间退还。幸运的是，对经济研究人员来说，退税资金的发放时间是由社会保障号码随机决定的。Parker 及其合作者（2013）与美国劳工统计局（Bureau of Labor Statistics）合作，在《消费者支出调查》的基础上进行了补充，以研究退税对消费者支出的影响。他们研究了各种各样的类别，有一个惊人的发现——这也是 Sahm 及其合作者（2012）关注的一个发现，那就是，平均来说，消费者将退税支票的 40% 用于购买汽车。Sahm 及其合作者（2012）用这个估计进行了一项简单的反事实研究：忽略任何一般均衡乘数或价格变化，如果没有退税，2008 年的汽车支出会是多少。他们在论文最后给出了表 14 的结果。我将结果绘制在图 9-1 中，因为这样更容易看到反事实路径的本质。[①]

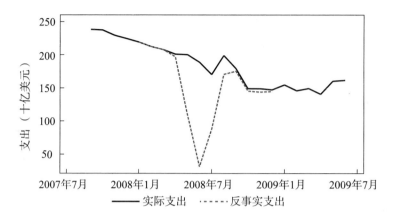

图 9-1 用于购置汽车的实际支出与反事实支出

注：反事实支出来自 Sahm、Shapiro 和 Slemrod（2012）的表 14。

图 9-1 展示了一个惊人的反事实结论。如果将 Parker 及其合作者（2013）估计的汽车退税的边际消费倾向应用于总数据，这意味着 2008 年夏季的大部分汽车支出可以归因于退税引起的支出。这意味着，在没有退税的情况下，汽车支出将从 2008 年 3 月的年支出 2 080 亿美元锐减至 2008 年 6 月的年支出 310 亿美元。此外，它还意味着，在没有退税的情况下，当雷曼兄弟破产时，汽车支出本应大幅反弹。这种反事实结论是荒谬的，它警示了我们关于截面估计和总体估计之间的复杂联系。

我进行的第二个合理性测试与《美国复苏与再投资法案》（American Recovery and Reinvestment Act，ARRA）刺激支出的效果有关。Chodorow-Reich（forthcoming）最近的一篇论文综合并标准化

[①] 图 9-1 中的数据与原表 14 的数据的唯一区别是，我把当前的古董车购置支出数据拓展到 2008 年前后，作为背景。

了文献中关于《美国复苏与再投资法案》对各州影响的各种估计。他更偏爱的估计是，每 5 万美元创造了一个持续一年的工作（"工作年"）。如果以 GDP 乘数的形式表述，他估计乘数为 2。然而，Chodorow-Reich（forthcoming）继续辩称，基于带有零利率下限约束的新凯恩斯模型和一些粗略计算，跨州乘数估计是零利率下限时期总乘数的下界。

本着萨姆等人（Sahm and co-authors）的反事实练习的精神，我利用霍多罗夫-赖克（Chodorow-Reich）的估算对《美国复苏与再投资法案》进行了反事实练习。特别地，我使用了他文中的图 B.1，这是 2008 年 12 月至 2010 年 12 月刺激法案通过后就业的脉冲响应。我还引用了他的估计，即到 2010 年 12 月，《美国复苏与再投资法案》已经花费了 6 000 亿美元。接下来，我计算了如果我们认为跨州估计是总体的下界，那么他的估计对总体水平上的引致月度就业的下界意味着什么。我通过将引致就业加到实际失业人数中，将其转化为反事实失业率。结果如图 9-2 所示。

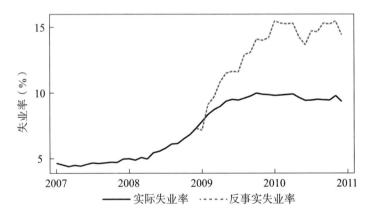

图 9-2　实际失业率与反事实失业率

注：反事实失业率基于作者的估计。

图 9-2 显示，将霍多罗夫-赖克跨州的《美国复苏与再投资法案》就业估计数据应用于总体，意味着如果《美国复苏与再投资法案》没有通过，失业率将上升到 15.5%。实际失业率较 2008 年 12 月上升 2.7 个百分点，达到 10%的峰值。霍多罗夫-赖克估计的反事实路径显示，失业率原本不是上升 2.7 个百分点，而是上升 8 个百分点，达到 15.5%的峰值。因此，将他的跨州估计应用到总体上意味着，在那两年里，失业率上升的幅度将是实际上升幅度的约 3 倍。虽然这个结论不像萨姆等人的发现那样古怪，但这种反事实的结论确实让人难以置信。

总结一下我对美国政府支出乘数的观点，大多数估计低于 1，少数高于 1 的估计通常是不稳健的。此外，在截面水平上对乘数的估计在直接应用于总体时得到的结论往往是令人难以置信的。这并不是说增加政府支出不会提高 GDP，只是说它所带来的 GDP 增幅小于政府支出的增幅。

我的第二个观点是关于基础设施支出。与未被用于公共资本的政府支出相比，基础设施支出不仅有可能通过标准的凯恩斯乘数来刺激经济，而且有可能通过供给侧效应来刺激经济。最近评论人士为此主张增加基础设施支出。然而，几乎无法确定基础设施乘数的规模。研究美国州际高速公路系统等总支出项目的影响面临的挑战是确定哪一部分总产出受到这一波高速公路支出的影响。Fernald (1999) 研究了州际高速公路项目对依赖交通运输的一些行业的不同影响，结果表明影响很大。然而，这些影响是相对的行业效应，而不是总体效应，而且，正如弗纳尔德（Fernald）所指出的那样，初期高速公路项目的巨大效应并不能保证后续项目的巨大效应，因为后续项目的回报可能会出现递减。

Leduc 和 Wilson（2012）对截面研究做出了新的更大贡献，他们分析了近几十年来各州高速公路建设的影响。他们谨慎地处理建设公告的性质和时间以及支出的每一个细节。然而，他们的研究结果的某些方面让人对基础设施支出在中短期内刺激经济的能力产生了质疑。例如，考虑他们对某个州的基础设施支出对就业的影响的估计。我之所以关注就业，是因为这个变量的结果最为明显。图 9 - 3 摘自他们论文中右上角的图 4。注意，这些影响在第 0 年基本为零，然后在第 5 年变为负值，最后在第 6 年至第 9 年变为正值，接下来在第 10 年恢复正常。从图上看，公路建设对就业的十年期累积影响甚至可能是负的。

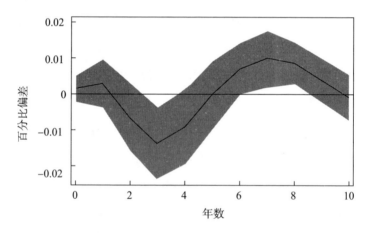

图 9 - 3　州高速公路建设对本州就业的影响

注：阴影部分为 90% 的置信区间。

资料来源：Reproduced from one graph of figure 4 of Leduc and Wilson（2012）.

如果对政府支出乘数的大多数估计都很低，那是不是表示财政政策就没有刺激经济的作用了？不一定。最大、最强劲的乘数效应似乎是减税，尤其是那些涉及税率削减的政策。Romer 和 Romer（2010）使用讲故事的方法来说明美国税收变化的原因与当前经济状况无关，并发现乘数（从数量级来看）高达－3（负号是由于税收的减少提高了 GDP）。Cloyne（2013）在英国也发现了类似的结果。Mertens 和 Ravn（2014）展示了罗默等的发现在美国是稳健的，他们使用其他方法估计得到的乘数在－2.5 和－3 之间，并解释了为什么 Blanchard 和 Perotti（2002）通过对税收冲击的识别施加限制而得到的乘数估计值较低。Mertens 和 Ravn（2013）将罗默等的税收变化分解为个人所得税税率和企业所得税税率的变化。他们估计，平均个人所得税税率降低一个百分点，将导致实际 GDP 增长 1.4%，三个季度后最高增长 1.8%。这意味着个人所得税的乘数高达－2.5。企业所得税税率下调一个百分点，将导致实际 GDP 增长 0.4%，一年后增长 0.6%。值得注意的是，莫滕斯和拉文（Mertens and Ravn）无法计算出企业所得税减免的税收乘数，因为他们估计，企业所得税减免不会降低税收收入。也就是说，企业所得税的削减对 GDP 的刺激作用是如此之大，以至于税收收入不会下降。

总之，文献中最稳健的结果是税收变化。这些估计意味着减税在刺激经济方面的巨大潜在作用。因此，在讨论财政政策刺激经济的方式时，税收政策至少应该与政府支出政策同等重要。

参考文献

Auerbach, Alan, and Yuriy Gorodnichenko. 2012. "Measuring the Output Responses to Fiscal Policy." *American Economic Journal: Economic Policy* 4 (2): 1 - 27.

Auerbach, Alan, and Yuriy Gorodnichenko. 2013. "Fiscal Multipliers in Recession and Expansion." In *Fiscal Policy after the Financial Crisis*, ed. Alberto Alesina and Francesco Giavazzi. Chicago: University of Chicago Press.

Blanchard, Olivier, and Roberto Perotti. 2002. "An Empirical Characterization of the Dynamic Effects of Changes in Government Spending and Taxes on Output." *Quarterly Journal of Economics*

117: 1329 - 1368.

Chodorow-Reich, Gabriel. Forthcoming. "Geographic Cross-Sectional Fiscal Spending Multipliers: What Have We Learned?" *American Economic Journal: Economic Policy.* https://www. aeaweb. org/ articles?id=10. 1257/pol. 20160465 &.&.from=f.

Cloyne, James. 2013. "Discretionary Tax Changes and the Macroeconomy: New Narrative Evidence from the United Kingdom. " *American Economic Review* 103 (4): 1507 - 1528.

Fernald, John G. 1999. "Roads to Prosperity? Assessing the Link between Public Capital and Productivity. " *American Economic Review* 89 (3): 619 - 638.

Jordà, Òscar. 2005. "Estimation and Inference of Impulse Responses by Local Projections. " *American Economic Review* 95 (1): 161 - 182.

Leduc, Sylvain, and Daniel Wilson. 2012. "Roads to Prosperity or Bridges to Nowhere? Theory and Evidence on the Impact of Public Infrastructure Investment. " *NBER Macroeconomics Annual* 27 (1): 89 - 142.

Mertens, Karel, and Morten O. Ravn. 2013. "The Dynamic Effects of Personal and Corporate Income Tax Changes in the United States. " *American Economic Review* 103 (4): 1212 - 1247.

Mertens, Karel, and Morten O. Ravn. 2014. "A Reconciliation of SVAR and Narrative Estimates of Tax Multipliers. " *Journal of Monetary Economics* 68: S1 - S19.

Miyamoto, Wataru, Thuy Lan Nguyen, and Dmitriy Serfeyev. Forthcoming. "Government Spending Multipliers under the Zero Lower Bound: Evidence from Japan. " *American Economic Journal: Macroeconomics*. https://www. aeaweb. org/articles? id=10. 1257/mac. 20170131&.&.from=f.

Owyang, Michael T. , Valerie A. Ramey, and Sarah Zubairy. 2013. "Are Government Spending Multipliers Greater during Periods of Slack? Evidence from Twentieth-Century Historical Data. " *American Economic Review* 103 (3): 129 - 134.

Parker, Jonathan A. , Nicolas S. Souleles, David S. Johnson, and Robert McClelland. 2013. "Consumer Spending and the Economic Stimulus Payments of 2008. " *American Economic Review* 103 (October): 2530 - 2553.

Ramey, Valerie A. , and Sarah Zubairy. 2018. "Government Spending Multipliers in Good Times and in Bad: Evidence from U. S. Historical Data. " *Journal of Political Economy* 126 (2): 850 - 901.

Romer, Christina D. , and David H. Romer. 2010. "The Macroeconomic Effects of Tax Changes:

Estimates Based on a New Measure of Fiscal Shocks. " *American Economic Review* 100 （June）：763 - 801.

Sahm，Claudia R. ，Matthew D. Shapiro，and Joel Slemrod. 2012. "Check in the Mail or More in the Paycheck：Does the Effectiveness of Fiscal Stimulus Depend on How It Is Delivered?" *American Economic Journal*：*Economic Policy* 4 （August）：216 - 250.

第十章　反思财政政策[*]

全球金融危机引发了关于如何重新看待宏观经济学和宏观经济政策的大量讨论。它还催生了大量关于财政政策有效性和各国如何选择使用财政政策的信息。

过去十年的一个重要教训是，财政政策在存在零利率下限约束时比不存在该约束时更有效——当存在零利率下限时，财政政策可以有效地带来额外的经济活动。这并不意味着我们不应该考虑在给定条件下财政政策的成本与收益，财政刺激计划的成本非常重要，但似乎有证据清楚地表明，在零利率下限约束水平上，财政乘数远高于零，可能远远超过 1。这意味着，在经济低迷时，额外的财政支出或减税可以催生经济活动。

我们还了解到，我们可能会发现自己遭遇零利率下限约束的频

---

　　* 本章作者为杰伊・香博（Jay C. Shambaugh）。

率远远超出我们之前的想象。我在这里使用"零利率下限"作为以下说法的简称：有效下界（在某些情况下，中央银行将短期利率降至零以下）或者货币政策对经济产生影响的能力有限或受到抑制的点。如果我们更多地触及货币政策的这些局限性，似乎就会使正确理解财政政策的影响和在零利率下限约束中的使用变得更加重要。

我认为我们还学到了其他一些东西，一些更令人惊讶的东西。我们已经看到，在某些情况下，当经济相当疲弱，面临零利率下限约束，但偿付能力不一定受到质疑时，有些国家不愿使用财政政策来催生更多的经济活动。我认为这需要经济学家认真对待——不管是在构建财政规则还是在构建自动稳定器时——这样一种担忧，即在需要积极使用财政政策的经济危机时期，政治系统将无法提供足够的财政刺激或者将在不恰当的时候转向财政紧缩 。

这表明，首要问题是确保财政刺激措施在应该实施的时候得到实施。考虑到罗伯特·鲁宾在本书中所讨论的所有成本（参见第七章），这一点是可以理解的。也就是说，在某些情况下，财政刺激可能代价高昂，尤其是在不需要刺激经济的情况下，赤字支出是有成本的。但是，有时财政刺激是必要的，重要的是要确保它的实施。

拉里·萨默斯（Larry Summers）最近在播客中表示："相对于当前的现实，动态不一致的央行，屈从于通胀的诱惑，缺乏可信度以及因此导致的利率过高等理论上担忧的问题，似乎并不遥远"（Beckworth，2017）。就财政政策而言，这似乎是一个有用的类比。在许多关于财政政策的论文中，摘要包括这样的内容："我们研究了一个模型，在这个模型中，政府在公共支出方面存在现时偏差。"公平地说，这是一个严重的担忧，而且可能比担心央行会因动态不一致而试图过度膨胀更严重。我们或许应该担心一个存在现时偏差的财政代理人，我们在历史上看到过这样的例子，它们会产生更长期的问题。但似乎过去十年的证据是，经济学应该认真对待相反的问题：根据我们对存在零利率下限约束时的财政政策和零利率下限给货币政策带来的约束的了解，在经济下行期的某些情况下，财政代理人可能没有充分表现现时偏差，可能在提振经济活动方面做得不够。

奥尔巴赫在本书中的贡献是对经济学家在财政政策方面需要考虑的许多问题——特别是低利率和财政政策如何相互作用的问题——做了一次精彩回顾。第六章第二节强调了财政政策在多大程度上可以有效地催生经济活动，特别是在存在零利率下限约束时。这似乎表明，如果我们考虑财政规则，我们需要确保这些规则不会受限于在必要时使用刺激措施。出于其他很多原因，我们可能需要制定规则，但我们不希望当我们认为需要进行经济刺激时被这些规则阻止。

Chodorow-Reich 及其合作者（2012）、Feyrer 和 Sacerdote（2011）、Nakamura 和 Steinsson（2014）、Auerbach 和 Gorodnichenko（2012）的研究都证明了这一点。这项工作增进了我们对财政政策有效性的理解，也是我们应该重新思考财政政策作为管理经济工具的原因之一。其他研究更进一步：DeLong 和 Summers（2012）以及 Auerbach 和 Gorodnichenko（2017）的研究结果表明，刺激措施甚至可以降低债务-GDP 比率。在次贷危机期间，主权债券利差对糟糕的增长预测的反应似乎比对财政预测的反应更为负面，因为 GDP 的变动对债务-GDP 比率的影响可能与赤字变动一样重要。还有一些研究——例如

Blanchard 和 Leigh（2013）的工作——表明，紧缩的财政政策可能对 GDP 产生相当大的收缩作用，尤其是在货币政策和汇率无法抵消其影响的情况下。

除了了解到财政政策可以在零利率下限时发挥作用外，我认为，我们还看到了大量证据，表明即便在经济衰退时期，人们也对财政刺激存在很大的抵触，而在次贷危机的头几年，财政刺激力度不足。在美国，我们会看到有人坚决反对《美国复苏与再投资法案》，反对者不断要求压缩刺激计划的规模，从法案中移除有效的刺激措施，以换取替代性最低税（alternative minimum tax，AMT）救济，从而降低了法案的整体有效性。2009 年年末，参议院否决了一项基础设施和新增就业税收抵免法案，而刺激经济的其他尝试也常常被叫停（尽管一些尝试，比如工资税削减，确实通过了）。

在欧洲，有几个国家要么不愿花钱，要么大幅转向紧缩。在某些情况下，可能有来自市场的压力使财政支出变得困难，但在其他一些情况下，转向紧缩只是可选方案之一。在某些方面，二十国集团需要鼓励各国增加支出，实施刺激措施。2009 年 4 月，二十国集团领导人做出了刺激经济的承诺，这是二十国集团取得的一项重要成就。但很快，二十国集团自身在 2010 年 6 月就偏离了这一立场。

从布鲁金斯学会哈钦斯中心的一项财政影响衡量指标可以看出，到 2011 年，财政政策已经拖累了美国经济。尽管美联储将利率维持在零水平并将维持数年，而且产出缺口相当大，但经济仍在萎缩。如图 10-1 所示，部分问题与州和地方政府的紧缩行动有关，但到 2011 年，联邦政策也开始转向紧缩。相对于衰退的规模和随之而来的产出缺口，美国转向紧缩的速度很快。

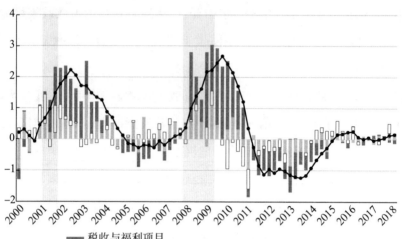

图 10 - 1　哈钦斯中心财政影响测度：组成部分

注：阴影区域表示经济衰退期。

资料来源：Hutchins Center on Fiscal and Monetary Policy at the Brookings Institution，Washington，DC. Calculations from Bureau of Economic Analysis data.

国际货币基金组织（2013）对各国进行了调查，以了解在全球衰退后政府支出通常是如何演变的。他们发现，在发达经济体中，2008—2009 年大衰退期间最初的刺激力度实际上比以往全球衰退期间（1975 年、1982 年和 1991 年）略大，但一年后，当前的支出模式明显低于前几次衰退。财政政策对经济的负面影响在欧元区表现得更为明显，欧元区最初的支出与其他衰退时期没有什么不同，但迅速转向紧缩意味着衰退后几年的支出会大幅下降。在衰退开始后的四年里，欧元区外围国家的支出远远少于其他衰退时期，这可能是造成负面经济结果的原因之一。

或者，我们可以看看各国结构性盈余的变化（如图 10 - 2 所示）。2010—2013 年，尽管失业率仍相当高，但主要经济体仍在大幅削减结构性财政余额。以西班牙为例，尽管失业率超过 20％，但赤字-GDP 比率仍控制在 7％以上。总的来说，这些数据表明，尽管有证据表明，财政政策可以非常有效地促进零利率下限约束时期的经济活动，但各国在使用财政政策方面犹豫不决。各国似乎并没有扮演现时偏差的财政代理人角色——恰恰相反。它们似乎经常以一种避免财政支出的方式行事，而这种支出在经济上本来是有益的。

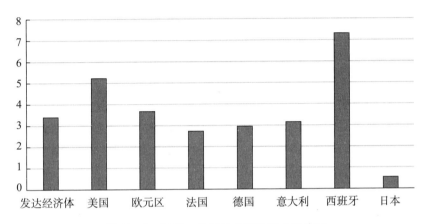

图 10－2　2010—2013 年结构性盈余的变化

注：作者的计算基于国际货币基金组织的结构性财政数据。

各国收到的财政政策方面的政策建议也相当强硬。2010 年 6 月，国际货币基金组织为二十国集团峰会准备的背景文件称，"总的来说，二十国集团发达经济体迫切需要财政整顿"（IMF，2010）。国际货币基金组织内部可能有各种各样的观点，但官方声明支持财政紧缩，而货币政策受困于零利率下限约束，产出缺口巨大。OECD和欧盟委员会也表达了类似的观点。2011 年，欧盟委员会表示，"大多数成员国没有空间实施新的财政刺激，因为它们需要把财政整顿放在首位"（European Commission，2011）。

有趣的是，政策建议在 2016 年发生了转变，尽管发达经济体的状况比 2011 年要好得多。二十国集团表示，"我们的财政战略旨在支持经济"（G-20，2016）。国际货币基金组织总裁克里斯蒂娜·拉加德（Christine Lagarde）表示："很明显，货币政策不再是复苏的全部。事实上，在结构性和财政因素的支持下，它将更加有效"（Lagarde，2016）。OECD（2016）表示："许多国家都有财政扩张的空间来提振需求。应侧重于具有强大短期效益并有助于长期增长的政策。"有趣的问题是，如果经济再次大幅下滑，是否会向各国给出同样的建议？各国是否愿意听取这些建议？

奥尔巴赫的另一个值得注意的贡献是关于低利率和财政政策的相互作用的讨论。除了利息成本的变化如何影响财政计算这一常规考虑外，还有财政政策和货币政策协调的问题。正如最近 10 年（或者 20 年，如果我们包括日本的经验）的事件所显示的，走出低通胀衰退或低通胀缓慢增长是相当困难的。有杰出创造力的央行非常努力地摆脱这种困境，这突出了一个事实，即财政政策可能需要发挥支持作用，使通胀回到目标水平。美联储的《货币政策报告》——根据 1978 年《汉弗莱-霍金斯全面就业法案》（Humphrey-Hawkins Full Employment Act）的规定，美联储主席每六个月向国会提交一次陈述和证词——清楚地表明，美联储需要一些帮助来推动经济向前发展。在日本，日本银行建立了一个新的通胀目标，并努力使公众相信央行可以实现通胀目标，但随后财政代理人提高了消费税，这使得央行向更高通胀率转变的努力功亏一篑。零利率下限约束很难摆脱，但是如果财政政策提供支持，这个过程就会容易得多。

一种可能的建议是，各国建立一种规则，让伴随量化宽松政策而来的利息储蓄自动被花掉。也就是说，如果在零利率下限时实施量化宽松政策，并为财政部节省了一定数量的利息成本，那么财政部将承诺将这部分节约的资金花出去（或者作为红利分配给纳税人）。不管机制如何，当央行试图摆脱零利率下限约束时，财政代理人不与货币代理人对抗似乎很重要。

总结一下，我们可能需要重新思考财政政策。

● 至关重要的是，财政规则不应干涉必要时实施的财政刺激。

● 我们还需要考虑不同级别的政府，这样美国和欧洲国家的行动就不会与整个经济领域的宏观经济财政需求背道而驰。欧洲层面没有财政政策，因此财政政策是分散运行的。问题在于，那些有能力消费的人不想消费，而那些想消费的人却因财政规则而无法消费，其结果是，财政政策的有效程度存在真正的限制。

● 这些对刺激不足的担忧在必要时也表明，我们确实需要强有力的自动稳定器。自动稳定在美国可能包括很多方面，从衰退期间会自动扩展的失业保险（而且不需要国会不断采取行动就能继续下去）到类似于 TIGER 的基础设施基金，它们在经济衰退期间会扩张从而自动推动更多的钱在需要的时候流向经济。

● 重要的是，各国要有相应的体系，让它们在必要时做好实施刺激措施的准备。在奥尔巴赫的第六章中有一小部分内容，对这个问题做了很重要的论述。在对政府支出的需求上升时，确保政府已经做好了有效支出的准备，是确保刺激性政府支出不浪费且能够迅速落实的关键之一。

一些人已经开始进行反思。Jason Furman（2016）和 Alan Blinder（2016）的研究均表明，需要准备好在适当的时候使用财政政策来帮助经济，并从过去十年的经验中吸取教训。在很多方面，并不需要大量的学术工作，这些教训就足以改变我们的看法。答案就蕴藏其中。我们需要的是将这些答案转化为行动，这样，下一次当宏观经济需要财政政策的时候，就可以建立政策框架，推动经济恢复健康。

参考文献

Auerbach，Alan J.，and Yuriy Gorodnichenko. 2012. "Measuring the Output Responses to Fiscal Policy." *American Economic Journal：Economic Policy* 4（2）：1 - 27.

Auerbach，Alan J.，and Yuriy Gorodnichenko. 2017. "Fiscal Stimulus and Fiscal Sustainability." Paper presented at the symposium "Fostering a Global Dynamic Economy," sponsored by the Federal Reserve Bank of Kansas City. Jackson Hole，WY，August 24 - 26.

Beckworth，David. 2017. "Is Larry Summers a Fan of Nominal GDP Level Targeting?" Interview. *Macro Musings*（blog and podcast），episode 75. http：//macromarketmusings. blogspot. com/2017/09/is-larry-summers-fan-of-ngdp-level. html.

Blanchard，Olivier J.，and Daniel Leigh. 2013. "Growth Forecast Errors and Fiscal Multipliers." *American Economic Review* 103（3）：117 - 120.

Blinder，Alan. 2016. "Fiscal Policy Reconsidered." Hamilton Project Policy Proposal 2016 - 05. Washington，DC：Brookings Institution.

Chodorow-Reich，Gabriel，Laura Feiveson，Zachary Liscow，and William Gui Woolston. 2012. "Does State Fiscal Relief during Recessions Increase Employment? Evidence from the American Recovery and Reinvestment Act." *American Economic Journal：Economic Policy* 4（3）：118 - 145.

DeLong，J. Bradford，and Lawrence H. Summers. 2012. "Fiscal Policy in a Depressed Economy." *Brookings Papers on Economic Activity*，Spring，233 - 297.

European Commission，2011，"Communications from the Commission：A Roadmap to Stability and Growth." Brussels，October 12.

Feyrer，James，and Bruce Sacerdote. 2011. "Did the Stimulus Stimulate? Real Time Estimates of the Effects of the American Recovery and Reinvestment Act." NBER Working Paper 16759. Cambridge，MA：National Bureau of Economic Research.

Furman，Jason. 2016. "The New View of Fiscal Policy and Its Application." Speech at the conference "Global Implications of Europe's Redesign." New York，October 5.

G-20. 2016. "Communiqué：G20 Finance Ministers and Central Bank Governors Meeting." April 15. https：//www. imf. org/en/News/Articles/2015/09/28/04/51/cm041616.

IMF. 2010. "G-20 Mutual Assessment Process—Alternative Policy Scenarios." Report prepared by IMF staff for the G-20 Toronto Summit, June 26 – 27.

IMF. 2013. *World Economic Outlook*. Washington, DC: International Monetary Fund.

Lagarde, Christine. 2016. "Decisive Action to Secure Durable Growth." Lecture at Bundesbank and Goethe University, Frankfurt, April 5.

Nakamura, Emi, and Jón Steinsson. 2014. "Fiscal Stimulus in a Monetary Union: Evidence from U. S. Regions." *American Economic Review* 104 (3): 753 – 792.

OECD. 2016. "OECD Economic Outlook, Interim Report." February.

③

| 第三部分 |

金融政策

第十一章　反思金融稳定[*]

2017 年会议的主题是"反思宏观经济政策"。谈到金融稳定，这个主题再合适不过了。全球金融危机促使人们对金融稳定和实现金融稳定的政策进行了全面反思。在过去十年的大部分时间里，我们进行了一场深刻而广泛的国际监管改革，这场改革和大萧条以来的其他改革一样伟大：广，反映了问题的多重性质，市场失灵，以及

---

　　[*] 本章作者为戴维·艾克曼（David Aikman）、安德鲁·霍尔丹（Andrew G. Haldane）、马克·因特施维格（Marc Hinterschweiger）和苏吉特·卡帕迪亚（Sujit Kapadia）。本章是彼得森国际经济研究所在华盛顿特区举办的"反思宏观经济政策"会议上发表的论文的节选版。本章中的言论仅代表作者本人观点，不代表英国央行或其委员会或欧洲央行的观点。我们感谢 Andrew Bell、Olivier Blanchard、Alex Brazier、Paul Brione、Markus Brunnermeier、Marcus Buckmann、Oliver Bush、Patrick Calver、Shiv Chowla、Benoît Coeuré、Sebastian de-Ramon、Stephen Dickinson、Nic Garbarino、Andrew Gracie、Amit Kothiyal、Antoine Lallour、Nellie Liang、Katie Low、Damien Lynch、Clare Macallan、Alex Michie、Ali Moussavi、Casey Murphy、Tobi Neumann、Simon Pittaway、Adam Posen、Amar Radia、Ani Rajan、Katie Rismanchi、Fiona Shaikh、Tamarah Shakir、Jeremy Stein 和 Larry Summers 的评论和贡献。Philip Massoud 和 Karam Shergill 提供了出色的研究协助。

次贷危机期间金融体系存在的市场摩擦；深，反映了次贷危机对以及仍将对资产负债表、风险偏好和经济活动造成的严重打击。

在这一章中，我们总结了自全球金融危机爆发以来，我们在维护金融稳定方面积累的经验教训。本章的结构如下。第一节将回顾已经实施的各种监管改革，并通过银行资产负债表和衡量银行业风险的市场指标评估这些改革的影响。第二节和第三节将引用新的研究和证据。第二节讨论校准监管标准，平衡更严格监管的成本和收益；第三节讨论整个金融监管体系，平衡重复监管与监管真空，简单和复杂，相机抉择和规则，以及逃避监管的激励。

金融体系是动态的，具有适应性的。因此，任何金融监管制度本身都需要具有适应性，才能将风险控制在这个体系之内。用Greenwood 及其合作者（2017）的话来说就是，弹性必须是动态的。过去的证据表明，过于僵化的监管体系很快就会失效。在一些地区和国家，已经有人呼吁重新思考和改写那些墨迹未干的监管规则。[①]这既是机遇，也是挑战。考虑到这一点，我们在第四节对一些问题进行了思考，这些问题可能会对未来监管政策相关研究产生有益的影响。

一、国际监管改革

我们首先对过去十年国际政策制定者进行的监管改革进行总结和简化。[②] 我们将改革尝试分为微观审慎和宏观审慎两部分，但是

① 例如，参见 Calomiris（2017）、Greenwood 及其合作者（2017）以及 Duffie（2017）。

② 关于这类改革的详细介绍，参见 Sarin 和 Summers（2016）、Carney（2017b）、Duffie（2017）、FSB（2017a）、Greenwood 及其合作者（2017）以及 Yellen（2017）。

二者经常是互相重叠的，其影响也往往是互相强化的。[1]

1. 微观审慎改革

在《巴塞尔协议Ⅲ》的框架下，微观审慎监管的国际改革集中在四个关键领域：资本、杠杆、流动性和处置。我们依次讨论。

基于风险的资本标准改革的重点是提高银行针对其资产风险敞口所保持的资本数量和质量。对银行"核心"（普通股）资本的最低监管要求已从《巴塞尔协议Ⅱ》的2%提高到《巴塞尔协议Ⅲ》的4.5%，即使对最小的银行也是如此。在资本质量方面，银行现在被要求从普通股权益中扣除商誉和递延所得税资产等项目。符合损失吸收资本（包括一级资本）条件的金融工具种类也已大幅收紧。例如，某些混合资本工具不再符合要求，因为它们在次贷危机期间被证明在压力情况下无法吸收损失（Moody's 2010；Tucker，2013）。

令人鼓舞的是，国际上几乎所有国家都全面实施了这些资本标准改革［Financial Stability Board (FSB)，2017a］。对改革前后的监管资本进行比较并非易事。但是，如果将资本数量和质量的变化考虑在内，据估计，《巴塞尔协议Ⅲ》将全球系统重要性银行的基于风险的资本标准提高了10倍左右（Cecchetti，2015）。

《巴塞尔协议Ⅲ》的第一个新内容是用风险未加权杠杆率补充风险加权资本标准。由于这项措施不要求银行或监管机构对银行资产的风险程度做出判断，因此它在原则上更简单、更透明，风险权重套利的可能性更小（Haldane and Madouros，2012）。事实上，这也

---

[1] 我们在这里集中讨论国际银行监管问题。我们不考虑保险监管或国际会计准则或全国性的监管改革，如美国的沃尔克规则（Financial Stability Oversight Council，2011）和英国的"维克斯框架"（Independent Commission on Banking，2011）。我们也不讨论市场基础设施的国际改革——例如，清算——和金融市场工具（FSB，2017b）。最后，我们不涉及银行大规模风险敞口机制的变化以及一系列薪酬和治理改革。

是包括美国和加拿大在内的许多国家在次贷危机前实行杠杆率制度的原因之一。[①]《巴塞尔协议Ⅲ》的杠杆率——规定的最低水平为一级资本的 3%——将于 2018 年在国际上实施。

《巴塞尔协议Ⅲ》的第二个新内容是用基于流动性的标准增强偿付能力。银行的流动性一直是巴塞尔委员会关注的焦点（Goodhart，2011）。但在次贷危机期间，全球各大银行的大规模流动性挤兑，为制定国际社会一致认可的流动性标准提供了动力。根据《巴塞尔协议Ⅲ》，这类标准包括：（1）流动性覆盖率（liquidity coverage ratio，LCR），旨在确保银行拥有充足的高质量流动性资产，以满足其 30 天的流动性需求；（2）净稳定融资比率（net stable funding ratio，NSFR），旨在确保银行的融资状况是可持续的。大多数国家都全面实施了流动性覆盖率；净稳定融资比率将于 2018 年实施。[②]

在次贷危机期间，金融监管架构中缺失的一个关键因素是，能够以有序的方式对金融机构进行清场，也就是最大限度地减少对金融市场和经济的破坏，同时不让纳税人承担风险（FSB，2014）。已经采取或正在采取一些措施来填补这一空白，包括为金融公司引入更有效的国家处置机制，以及在处理面临压力的国际银行时加强跨境合作和协调（FSB，2017c）。

另一个要素是确保银行有足够的吸收损失的负债，在失败时可以"保释"，以防止损失由纳税人承担。金融稳定委员会已就全球系统重要性银行（global systemically important banks，G-SIBs）的此类总损失吸收能力（total loss-absorbing capacity，TLAC）的标准

[①] 包括英国在内的很多国家都在次贷危机后引入了杠杆率资本要求。

[②] 关于流动性覆盖率，参见 BCBS（Basel Committee on Banking Supervision，2013a）；关于净稳定融资比率，参见 BCBS（2014）。

达成一致。这些标准将在未来几年逐步实施，在 2019 年年初和 2022 年年初使得处置小组的风险加权资产水平最低要分别达到 16％ 和 18％，而且要分别达到 6％ 和 6.75％ 的杠杆敞口。

2. 宏观审慎改革

这些新的或扩大的微观审慎标准已得到一套新的宏观审慎措施的补充。这些措施的重点是维护整个金融体系的稳定（Tucker，2009；Bank of England，2009，2011）。其中最重要的改革集中在三个领域：宏观审慎资本缓冲、压力测试和影子银行。

历史上，资本标准一直是静态的要求。作为《巴塞尔协议Ⅲ》的一部分，银行资本中增加了一个新的时变成分——逆周期资本缓冲（countercyclical capital buffer，CCyB）。这表明，在整个信贷周期中，金融体系面临的风险各不相同，通常在峰值时达到最高，在谷底时达到最低。逆周期资本缓冲的目标是在一定程度上抵消时变风险，在经济上行期间需要额外的资本，在经济下行期间可以释放。设立逆周期资本缓冲是为了减少跨境套利的激励，这是一种国际互惠（BCBS，2010a）。该框架已在大多数司法管辖区实施。

同样，次贷危机带给我们的一个关键教训是，一些机构由于其规模、复杂性或相互关联性，给系统带来了更大程度的风险（FSB，2010）。《巴塞尔协议Ⅲ》认识到，对这些具有系统重要性的公司有必要在结构上提高资本金要求（目前最高为 3.5％），以帮助减轻它们给金融体系带来的额外风险。附加资本要求适用于 30 家指定的全球系统重要性银行和大约 160 家国内系统重要性银行，这些银行将在 2016—2019 年分阶段落实这一要求。

监管机构在次贷危机前曾使用压力测试来评估银行是否有足够的资本来承受不利的尾部事件，但这些测试往往既不全面，也不透明。2009年，美国当局对美国主要银行进行了全面的压力测试，并公布了结果。未通过测试银行的行为受到了监管限制。对一些人来说，这标志着美国金融体系的转折点。美国目前正在进行一项全面的年度压力测试。[1] 最近，英国和欧盟等也加入了美国的行列。[2]

末了，危机前金融体系的显著特征之一是所谓影子银行体系的出现。在美国，根据某些定义，影子银行的规模已经超过传统银行系统的规模（Pozsar et al.，2010）。自次贷危机以来，监管改革主要集中在两个领域。首先，在危机期间被发现存在缺陷的行业已经实施了具体的改革，例如货币市场共同基金（IOSCO，2012）。其次，金融稳定委员会已经建立了一个框架来定义和衡量影子银行实体，公布有关它们的数据以加强市场纪律，并帮助当局识别和制定政策工具来减轻它们可能带来的风险（FSB，2013a）。金融稳定委员会最近提出了解决资产管理部门结构性弱点的一揽子建议（FSB，2017d）。

3. 资产负债表的影响

那么，这些监管改革措施对银行的整体弹性有何影响？一套简单的弹性指标是根据银行的资产负债表来测算银行的偿付能力和流动性。因为变量的定义和银行样本都随时间推移发生了变化，所以很难对国际银行的资产负债表进行比较。我们考虑了2016年由金融稳定委员会指定的全球系统重要性银行或国内系统重要性银行的一个国际银行小组。这个小组有30家全球系统重要性银行和大约160

---

[1] 综合资本分析和审查（Comprehensive Capital Analysis and Review，CCAR）。

[2] Dent、Westwood和Segoviano（2016）对全球性并行的压力测试实践做了一个比较。

家国内系统重要性银行。① 对每家银行，我们考虑两个基于偿付能力的指标（杠杆率和风险加权资本）和两个基于流动性的指标（简单的流动性资产比率和贷存比）。这些措施并不完全符合巴塞尔委员会的定义。②

图 11-1 显示了衡量银行一级风险加权资本比率的方法。在我们的样本中，全球系统重要性银行和国内系统重要性银行的比例在过去十年中显著上升，几乎翻了一番，从大约 8% 上升到 14%～15%。杠杆率的情况也非常类似（见图 11-2）。在过去十年中，这一比例也几乎翻了一番，从 3.5% 左右增长到 6% 左右。从这些指标看，过

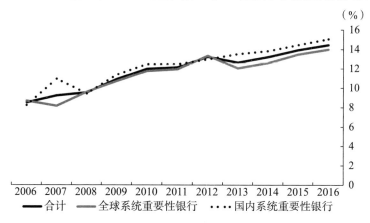

图 11-1　全球系统重要性银行和国内系统重要性银行的一级资本比率

注：根据 2016 年的 189 家系统重要性银行的数据加权平均得到。这里的年份是指各银行报告的财政年度。一级资本比率＝一级资本/风险加权资产。

资料来源：S&P Global Market Intelligence；Bank of England calculations.

① 这些银行是根据公开的系统重要性公司名单确定的，包括 (1) 截至 2016 年 11 月 21 日金融稳定委员会的全球系统重要性银行名单；(2) 截至 2016 年 4 月 23 日通知欧洲银行管理局的其他系统重要性金融机构 (O-SIIs)；(3) 截至 2014 年 3 月，接受美联储年度综合资本分析和审查的美国银行控股公司；(4) 被瑞士国家银行确定为具有系统重要性的金融集团的银行；(5) 澳大利亚四大银行；(6) 加拿大最大的五家银行。这些公司包括银行控股公司及其主要经营公司（如适用）和明确指定对某一特定国家具有系统重要性的外国子公司。

② 数据来自标普全球市场财智（S&P Global Market Intelligence）数据库。

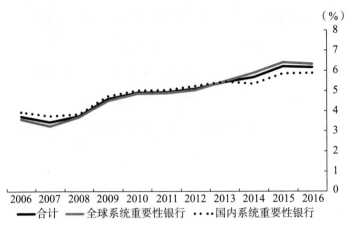

图 11 - 2　全球系统重要性银行和国内系统重要性银行的杠杆率

注：根据 2016 年的 189 家系统重要性银行的数据加权平均得到。这里的年份是指各银行报告的财政年度。

资料来源：S&P Global Market Intelligence；Bank of England calculations.

去十年，在具有系统重要性的银行中，基于偿付能力的标准得到了实质性的加强。总损失吸收能力指标也是如此（英国银行样本见图 11 - 3）。

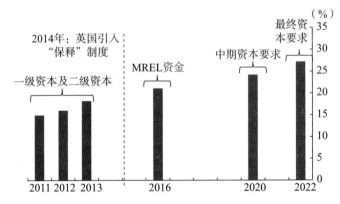

图 11 - 3　英国主要银行的监管资本、MREL 资金及资本要求
［在 RWA 中的占比（2011—2022 年）］

注：MREL（minimum requirement for own funds and eligible liabilities），自有资金与合格债务的最低要求；RWA（risk-weighted assets），风险加权资产。

资料来源：Financial Services Authority（UK）regulatory returns and MREL＋returns；and Bank of England calculations.

　　流动性指标也显示出类似的改善特征。例如，流动资产比率——高质量流动资产占总资产的比例——从 2008 年的约 7％上升到 10％以上（见图 11-4）。与此同时，贷存比也有所改善，与次贷危机前相比，贷款得到了更大比例的稳定资金来源的支持（见图 11-5）。

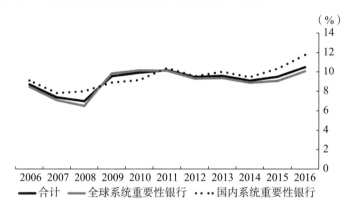

图 11-4　全球系统重要性银行和国内系统重要性银行的高质量流动资产比率

注：根据 2016 年的 189 家系统重要性银行的数据加权平均得到。这里的年份是指各银行报告的财政年度。流动资产比率＝(现金等价物＋政府债券)/总资产。

资料来源：S&P Global Market Intelligence；Bank of England calculations.

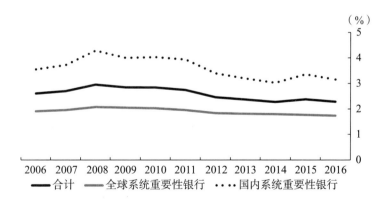

图 11-5　全球系统重要性银行和国内系统重要性银行的贷存比

注：根据 2016 年的 189 家系统重要性银行的数据加权平均得到。这里的年份是指各银行报告的财政年度。贷存比＝银行发放的贷款/银行获得的稳定存款。假设稳定存款在总存款中的占比保持不变。

资料来源：S&P Global Market Intelligence；Bank of England calculations.

4. 基于市场的指标

衡量银行偿付能力和流动性的第二套指标关注的是金融市场对银行风险的看法。潜在的此类指标种类繁多，但各有缺陷，包括：信用违约互换利差、债券收益率和评级等违约衡量指标；衡量波动性的指标比如期权隐含波动率；以及盈利能力的衡量标准，如市盈率。Sarin 和 Summers（2016）对此进行了总结和评估。

图 11-6 给出了一组全球系统重要性银行的违约衡量指标——信用违约互换利差。它展示了一种人们熟悉的模式：危机前对风险的低估，危机期间对违约风险的迅速重新定价，以及随后的部分平仓。如今，信用违约互换利差大致位于危机前和危机中期的平均水平之间。银行债券利差和评级也反映了类似的情况。假设危机前的银行风险被严重低估，这一证据与监管改革增强了全球银行体系的弹性是一致的。

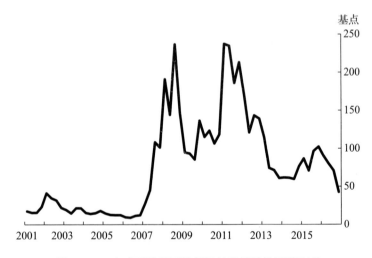

图 11-6　全球系统重要性银行的信用违约互换利差

注：根据 2016 年的 22 家全球系统重要性银行的数据加权平均得到。
资料来源：Bloomberg Finance L. P.；Bank of England calculations.

与此同时，从衡量银行波动性和盈利能力的指标看，复苏迹象有所减少。图 11-7 显示了全球系统重要性银行和国内系统重要性银行的市净率。这一指标目前远低于历史平均水平，在 1 上下。换句话说，如果我们使用股票的市场价值而不是账面价值来衡量银行的资本比率，结果将表明，在衡量银行的偿付能力和弹性方面，改善的程度要小得多（见图 11-8），尽管针对国内系统重要性银行的结论没有这么强烈。

Sarin 和 Summers（2016）通过呼吁银行特许经营价值的变化调和了这些市场波动。偿付能力标准的提高降低了银行违约风险感知。但与较低风险同时出现的是，由于更严格的监管、不当行为罚款、低利率水平和竞争加剧的综合影响，银行活动的收益率较低。这使得银行对享有剩余利润求偿权的股票投资者来说比次贷危机前更具风险。但总体而言，偿付能力标准的提高降低了银行债券持有人和储户的风险。

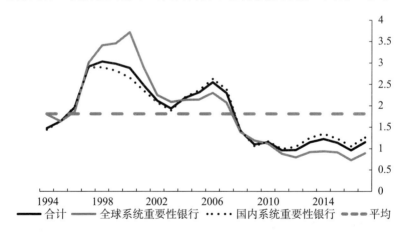

图 11-7　全球系统重要性银行和国内系统重要性银行的市净率

注：样本为 2016 年被认定为全球系统重要性银行或国内系统重要性银行的 103 家银行。

资料来源：Bloomberg Finance L. P. ；Bank of England calculations.

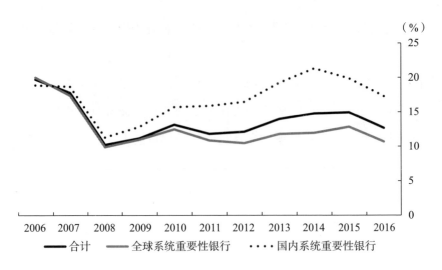

图 11 - 8　用股票的市场价值衡量资本比率

注：根据 2016 年的 189 家系统重要性银行的数据加权平均得到。这里的年份是指各银行报告的财政年度。市场资本比率＝市值/风险加权资产。

资料来源：S&P Global Market Intelligence and Bloomberg Finance L. P.；Bank of England calculations.

说"总体而言"是因为伴随银行资本标准改变的是违约损失被转移给了债券持有人。这可以从评级机构给予银行的隐含"支持评级"的演变中看出。2010 年，由于预期政府将提供支持，英国各大银行的债券持有人享受了约四个等级的隐性评级上调（见图 11 - 9）。到 2016 年，这一比例下降到不足一个等级。类似的模式在其他全球银行中也很明显。

二、校准监管标准

这些新监管标准的校准是过于严格、过于宽松还是刚刚好？这是过去十年监管辩论中最激烈的辩论之一。国际监管机构利用现有经

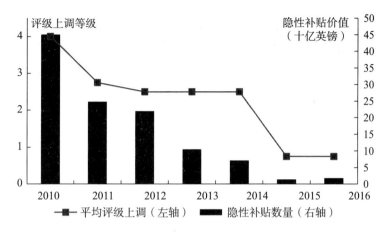

图 11 - 9　隐性补贴估计

注：包括巴克莱银行、汇丰银行、劳埃德银行集团和苏格兰皇家银行。计算方法为：用单独评级的指示性债券和有支持性评级的指示性债券的利差乘以对评级敏感的负债的规模；年终数据。由英国央行作为书面证据提交给财政部委员会（http：//data. parliament. uk/writtenevidence/committeeevidence. svc/evidencedocument/treasury-committee/capital-and-resolution /written /69208. pdf）。

资料来源：Moody's and Bank of America；Bank of England calculations.

验证据开展了一项详细、定量的工作，试图衡量收紧监管的社会成本和效益。巴塞尔委员会 2010 年的长期经济影响（Long-Term Economic Impact，LEI）研究是讨论监管标准适当校准的有益起点（BCBS，2010b）。

这项工作的主要结论是，在对可能的经济成本的保守假设下，大幅增加银行需要维持的资本对社会有积极的经济收益。虽然这项研究没有确定银行资本的最佳水平，但该研究的结论与一级风险加权资本比率在 16％～19％时社会收益达到峰值是一致的。[①] 这超出

---

① 这些数字是根据资本和风险加权资产的现行定义来表示的。长期经济影响报告中给出的估算值和上述估算值的映射是由 Brooke 及其合作者（2015）绘制的。Miles 及其合作者（2013）同时期进行的一项研究得出结论：如果考虑到更高的偿付能力标准的抵消风险和资本成本效应（Modigliani and Miller，1958），最优资本要求可能会更高——大约为 20％。

了大多数全球银行的当前资本比率。

在本节中，我们将根据后续研究重新审视长期经济影响研究背后的假设。定义一些符号可能有助于组织这些证据。假设政策的目标是使经济产出 y 尽可能接近潜在增长路径 $\overline{y}$。当局的目标是使损失函数最小化，这可以表示为

$$L = (y_t - \overline{y}_t)^2$$

让我们进一步简化，假设两个因素会导致产出偏离其潜在水平：首先，更高的资本要求 k，它将导致产出每期下降 δ；其次，金融危机的发生概率为 γ，金融危机导致的产出离散下降为 Δ。则有

$$y_t = \overline{y}_t - \delta k - \gamma(k)\Delta(k)$$

这表明，在短期内，更高的银行资本金要求可能会减少信贷供应，从而对经济活动产生负面效应。但通过增强金融体系应对未来冲击的弹性，更高的资本金要求也可能降低糟糕宏观经济结果的尾部风险。

银行资本水平会对危机的发生概率和严重程度产生负向影响，而且这种负向关系可能是凸的 $[\gamma'(k) < 0, \gamma''(k) > 0,\ \Delta'(k) < 0,\ \Delta''(k) > 0]$，也就是说，和银行的资本缓冲足够充足时相比，当银行的资本比率接近监管最低要求时，人们会预期资本比率每增加 1% 会对危机的发生概率以及危机的严重程度产生更大的抑制作用。

在以上程式化的设定下，定义银行最优资本水平的边际条件为

$$\delta = -\Delta \frac{\partial \gamma}{\partial k} - \gamma \frac{\partial \Delta}{\partial k}$$

δ 越低，最优资本水平越高，资本要求提高一单位所带来的经

济成本越大；γ 和 Δ 越大，危机的发生概率和严重程度越大；$\frac{\partial \gamma}{\partial k}$ 和

$\frac{\partial \Delta}{\partial k}$ 越大，资本要求提高给危机发生概率和危机严重程度造成的边际

影响越大。

在过去十年中，关于这些参数的大小，我们有多少了解呢？

1. 更高资本要求带来的收益

巴塞尔委员会的长期经济影响研究假设，平均每 20～25 年发生一次银行业危机；危机累积贴现成本的中位数约为危机前年度 GDP 的 60%；资本比率每提高 1%，会使银行危机的发生概率出现小幅下降，从 1.4%～1%（资本比率从 10% 增加到 11%）到 0.4%～0.3%（资本比率从 14% 增加到 15%）不等；最后，银行资本水平对危机的严重程度没有影响。

自长期经济影响报告以来，出现了大量关于危机爆发概率及其严重性（Δ）的决定因素的研究。这类研究中最具启发性的一些结论，得自一个长期的历史时间序列和多个国家的证据（Jordà，Schularick，and Taylor，2013；Taylor，2015）。主要发现如下。

第一，信贷繁荣可能是决定危机可能性和危机后复苏阶段经济表现的唯一重要因素（Schularick and Taylor，2012；Jordà，Schularick，and Taylor，2013）。信贷-GDP 比率持续上升 1 个百分点，将使每年发生危机的可能性从 4% 提高到 4.3% 左右。它还会加剧危机的严重性，5 年之后实际人均 GDP 几乎下降了 1%。[①] 英国央行的同行已经研究过，对危机后的经济表现来说，最重要的是危机之前的

[①] 这呼应并扩展了 Borio 和 Lowe（2002，2004）以及 Drehmann、Borio 和 Tsatsaronis（2011）的早期研究结果，后者发现信贷缺口衡量标准是危机风险的关键决定因素。

信贷水平还是其增速（Bridges，Jackson，and McGregor，2017）。他们发现，信贷增速在历史上一直是危机严重程度的重要预测指标，相对来说负债水平似乎不那么重要。

第二，并非所有形式的信贷的影响都是一样的。二战后，抵押贷款信贷增长一直是金融危机风险的主要驱动因素。抵押贷款的增长，而不是其他形式的信贷的增长，是拖累危机后复苏的关键决定因素（Jordà et al.，2017）。

第三，资产价格同样很重要，"杠杆泡沫"——房价和抵押贷款繁荣的同步化——则尤其危险（Jordà，Schularick，and Taylor，2015）。

综上所述，这一证据与以下结论是一致的：信贷危机的概率（γ）和产出成本（Δ）至少与最初长期经济影响研究中假设的一样大，也许更大——考虑到大多数国家的信贷-GDP比率仍然很高，以及相对于过去的平均水平而言当局目前可利用的货币和财政空间。Romer和Romer（2017）表明，政策空间是决定危机严重程度的重要因素。

提高银行资本在降低金融危机的可能性$\left(\dfrac{\partial \gamma}{\partial k}\right)$或其严重程度$\left(\dfrac{\partial \Delta}{\partial k}\right)$方面起着怎样的作用？至少就发生危机的可能性而言，后续证据往往相当不确定。使用总体经济协变量得出的历史证据表明，银行资本比率几乎没有预测主要发达经济体发生金融危机的能力，这一结论可能令人惊讶（Jordà et al.，2017）。也就是说，$\left(\dfrac{\partial \gamma}{\partial k}\right)$近乎为0。

然而，对银行失败与银行资本金之间关系的微观计量经济学研究发现了一种更具体的关系。例如，Vazquez和Federico（2015）发现，危机前资本和结构化流动性状况较好的美国和欧盟银行失败的可能性较小。Berger 和 Bouwman（2013）使用美国银行的长期数据得到了类似的结论。国际货币基金组织最近的一项研究发现，15%～23%的基于风险的资本比率足以吸收过去绝大多数发达经济体银行业危机中的损失（Dagher et al.，2016）。[1]

在巴塞尔委员会研究时期，几乎没有证据表明银行资本对危机严重程度 $\left(\frac{\partial \Delta}{\partial k}\right)$ 的影响，这就是为什么在定量校正中忽略了这个机制。但是情况已经发生了变化。Jordà 及其合作者（2017）发现，虽然银行资本不能阻止危机发生，但它对危机造成的后果至关重要。他们发现，如果银行资本在危机来袭时高于历史平均水平，那么在危机引发的衰退开始五年后，实际人均 GDP 会高出 5%。

自次贷危机以来的经验也证明了资本在减轻危机严重程度方面的益处。图 11-10 显示了次贷危机前国际银行的资本比率与随后的贷款增长之间的关系。这种关系在统计上有显著的上升趋势。平均而言，那些在次贷危机中资本金较高的银行，能够更好地继续放贷。平均来说，危机前的资本比率每增加一个百分点，银行在随后十年的累计放贷就会增加 20%以上。

这一发现得到了微观计量经济学证据的证实。Carlson、Shan 和 Warusawitharana（2013）发现，危机前资本比率较高的美国银行在次贷危机后贷款增长更强劲，在资本比率较低的情况下，这种影响尤其明显。Cornett 及其合作者（2011）以及 Kapan 和 Minoiu

---

① 与此相关，Demirgüc-Kunt、Detragiache 和 Merrouche（2010）以及 Beltratti 和 Stulz（2012）发现，在金融危机期间资本不足的银行的股票收益率较低。Boyson, Helwege 和 Jindraà（2014）发现，在最近的金融危机中，拥有更高资本的银行在危机期间不太可能遭遇资金枯竭。

（2013）认为，与其他银行相比，更依赖核心存款和股权资本等稳定资金来源的银行在次贷危机期间能继续放贷。Jiménez 及其合作者（2014）发现，在经济疲软时期，贷款申请被资本充足的西班牙银行拒绝的可能性更小。

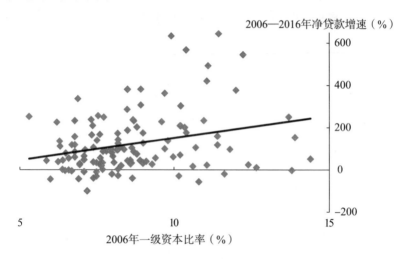

图 11 - 10　个体银行 2006 年一级资本比率与 2006—2016 年净贷款增速

资料来源：S&P Global Market Intelligence；Bank of England calculations.

英国央行最近的一篇论文给出了银行资本影响危机严重程度的一个独特机制（Tracey，Schnittker，and Sowerbutts，2017）。他们利用银行的不当行为罚款作为一种新工具，来识别外生的对银行资本的负面冲击。他们发现，正如新抵押贷款的贷款价值比和贷款收入比所衡量的，银行通过放松贷款标准来应对这种冲击。这可能会增加银行面对未来冲击时的脆弱性，加剧危机的严重性。

这些结果表明，在最初的长期经济影响研究中，提高资本要求带来的一些收益可能被低估了，从而影响了最优资本要求的取值范围。例如，假设在危机过后的每个时期，每增加一个百分点的附加资本都会使实际 GDP 水平增加 0.1%，那么在其他条件相同的情况下，最优资本比率将提高约两个百分点。[1]

但是，偿付安排和总损失吸收能力新标准方面的发展与此相反。长期经济影响研究没有考虑这些因素。但如果总损失吸收能力能够得到可信的纾困，包括对具有系统重要性的机构，那么未来危机发生的可能性和严重程度都会降低。[2] 总损失吸收能力也可以约束银行的管理，这样一来，管理层就不会在一开始就承担过多的风险。一些研究表明，这种市场约束效应可能是巨大的，能将金融危机的可能性降低 30%（Brandao Marques，Correa，and Sapriza，2013；Afonso，Santos，and Traina，2015）。

据英国央行的 Brooke 等人（2015）评估，如果对总损失吸收能力和可信处置机制的有益激励效应的估计是正确的，而且额外增加的偿付能力让危机的成本降低了约 60%[3]，那么英国银行系统的最优资本比率将比其他情况下低 5%[4]。

2. 更高资本要求的成本

更高银行资本要求的成本，来自可能出现的信贷供给收紧。银行可能会通过提高贷款利率和限制贷款规模来适应增加股本融资的需要。长期经济影响研究假设，资本比率每提高一个百分点，贷款

---

[1]　这个计算是基于先前给出的最优资本的边际条件。我们将关于危机概率和严重性的函数参数化如下：$\gamma = \exp(\beta_0 + \beta_1 k)/[1 + \exp(\beta_0 + \beta_1 k)]$；$\Delta = \theta_0 + \theta_1 k$。我们对这个模型进行校准，从而使得当 $\theta_1 = 0$ 时最优资本比率在 18% 左右，这是长期经济影响研究的情况。令 $\delta = 0.1$，$\beta_0 = 0.5$，$\beta_1 = -0.2$，$\theta_0 = 10$，我们可以得到上述结果；也就是说，相对于基准水平，危机导致 GDP 下降了 10%。如果我们令 $\theta_1 = -0.1$，此时资本比率每提高一个百分点将使得危机期间 GDP 下降 0.1%，最优资本比率将增加到 20% 以上。

[2]　参见 Cunliffe（2017）以及英国央行（2017）。

[3]　这一估计基于其样本中危机的估计成本的差异——这取决于危机是在可信度更高还是更低的处置机制下发生的。

[4]　联邦储备委员会最近的一项研究（Firestone，Lorenc，and Ranish，2017）也考虑了改善的偿付安排的影响。他们使用 Homar 和 van Wijnbergen（2017）的估计来模拟危机预期持续时间的缩减。总的来说，他们发现美国银行系统的最优资本水平为 13%～25%。

息差就会提高约 13 个基点。这意味着 GDP 相对于潜在水平下降了约 0.1%。①

自长期经济影响研究以来，我们对这些成本有哪些了解？Cecchetti（2014）研究了自《巴塞尔协议Ⅲ》引入以来，银行是如何调整其资产负债表和信贷供给的。他发现，在他的样本中，银行的资本比率显著提高，平均提高了 4 个百分点以上。净息差和盈利能力下降。但是，除了欧洲银行外，银行的资产增加，贷款息差缩小，贷款标准放宽，银行信贷-GDP 比率上升了。

国际清算银行最近的一篇论文（Gambacorta and Shin，2018）得出了类似的结论。它发现，未加权资本比率较高的银行，贷款增速往往较高，资本比率每增加一个百分点，后续贷款增速就会每年提高 0.6 个百分点。这一证据与更高银行资本的宏观经济成本低于巴塞尔委员会长期经济影响研究中的假设相符。实际上，从表面上看，这似乎表明，在全球银行体系（至少在大多数全球银行中）实现更高资本水平几乎没有成本。

尽管信贷状况自次贷危机以来已明显改善，但如果资本要求的提高幅度较小，贷款复苏可能会更强劲。为了分析这个问题，图 11-11 将《巴塞尔协议Ⅲ》出台以来银行资本的变化与随后大型国际银行的贷款增长进行了比较。平均而言，这一时期的贷款增速是正的，与 Cecchetti（2014）的发现一致。但在资本比率增幅最大的银行中，从统计上看，信贷增幅往往明显较低。平均而言，自《巴塞尔协议Ⅲ》出台以来，将资本比率提高一个百分点的银行提供的累计信贷

---

① Admati 和 Hellwig（2013）对这种成本假设的基础提出了有力的质疑，因为根据标准金融理论，银行的债务和股票融资成本会随着其资本状况的改善而下降。

减少了 4％（如果不包括欧洲银行，则减少了 3.5％）。这与宏观经济评估小组（Macroeconomic Assessment Group，2010）的发现非常相似，他们对这一结果的估计从－3.6％到－0.7％不等。

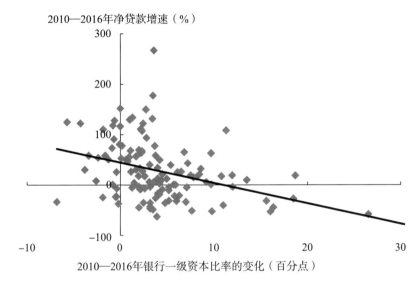

图 11 - 11　银行资本比率与贷款增速的变化（2010—2016 年）

资料来源：S&P Global Market Intelligence；Bank of England calculations.

当然，对这种负向关系有不同的解释。面对疲弱的宏观经济环境，银行可能只是看到了贷款需求的下降，并以自愿维持更高的资本缓冲作为回应。为了分析这些相互矛盾的解释，我们求助于最近的计量经济学证据。

Aiyar、Calomiris 和 Wieladek（2014，2016）发现，资本要求的变化对英国银行的贷款决策产生了巨大的负面影响。De-Ramon，Francis 和 Harris（2016）给出了类似的发现。Bahaj 及其合作者（2016）发现，在信贷扩张时期，更高的资本要求对贷款的影响微乎其微。但当信贷增长疲弱时，更高的资本要求可能导致贷款大幅减少。这与之前的研究结果相呼应，即银行减少放贷是为了应对负面资本冲击（Peek and Rosengren，1995）。

长期经济影响研究没有考虑的更高银行资本要求的第二个潜在成本是核心金融市场——例如回购和证券融资市场——的流动性下降的可能性。这种情况可能会增加这些市场用户的资金成本。当然，银行做市意愿以及更普遍的市场流动性可能受到次贷危机影响的原因还有其他几个，比如风险偏好降低和交易对手风险增加。此外，在一些金融市场，危机前的流动性可能过于充足、过于廉价，因此，流动性的数量和定价可能会出现一些调整，从福利的角度来看，这确实可能是可取的。

英国央行（Bicu，Chen，and Elliott，2017）试图利用交易层面的数据来确定杠杆率要求对英国国债（"金边债券"）和金边债券回购市场功能的影响。① 报告发现，杠杆率要求对各种流动性指标产生了一些因果效应，这种恶化在季度末尤为严重。值得注意的是，杠杆率约束最大的银行减少了在金融市场的活动。然而，与此同时，未受杠杆率要求影响的做市商也减少了流动性供应——而且减少程度更大。这表明，在这些市场中，可能是杠杆率以外的因素在限制流动性。

3. 最优资本的总体影响

与长期经济影响研究相比，这些研究结论会使最优银行资本比率发生怎样的变化? 表 11-1 对此做了一个总结，影响方向并不相同。从收益来看，关于信贷繁荣的成本及资本在繁荣后抑制经济衰退严重程度方面所起的作用，有了更有力的证据。该表还表明，

---

① 关于英国市场流动性的更广泛评估，参见金融政策委员会（Financial Policy Committee）2016 年 6 月的《金融稳定报告》（第 27～33 页）。美国证券交易委员会向国会提交的报告详细评估了《巴塞尔协议Ⅲ》和沃尔克规则对美国国债和公司债券市场的流动性的影响（Securities and Exchange Commission，2017）。

筹集附加资本的成本并不比最初预期的更高，反而很可能更低。这强化了宏观审慎当局在信贷繁荣期收紧资本要求时的力量。在其他条件相同的情况下，这还将提高对银行最优资本比率的定量估计。

表 11-1　现有研究结论对银行最优资本的总体影响

	对最优资本的影响
收益：	
危机的可能性和严重程度	↑
资本对危机发生概率的影响	→
资本对危机严重程度的影响	↑
总损失吸收能力和处置机制对危机发生概率和严重程度的影响	↓
成本：	
资本对信贷条件和信贷增长的影响	→
资本对正常条件下市场流动性（杠杆率）的影响	↓

另外，长期经济影响研究没有预见到两个因素。首先是总损失吸收能力在增加银行在压力情况下的资本基础方面的作用，这可能会降低危机发生的概率和严重程度。其次，更高的资本要求可能会给金融体系带来与流动性相关的成本，尽管它们的规模（以及它们是否为一种社会成本）仍有待讨论。包括英国在内的一些国家的政策制定者，在谈及资本要求应低于最初的长期经济影响研究时就使用了这些论点，尤其是关于处置能力的论点。例如，在评估表 11-1 中的所有因素和证据后，英国金融政策委员会认为，一级股本的适当结构化水平为风险加权资产的 13.5%（Bank of England，2015b）。

三、金融监管体系

如果我们把最近改革的各个部分放在一起，就会发现一个与过去截然不同的监管拼图或者金融监管体系。这一变化最重要的方面可能当属监管规则或约束数量的显著增加。除了基于风险的资本标准外，还增加了针对流动性、杠杆率和损失吸收资本缓冲的监管规则。在本节中，我们将探讨向多极监管体系转变的基本原理（Haldane，2015）；我们还将讨论它所带来的挑战，包括监管对象利用该体系进行套利的动机，以及如何在规则与相机抉择之间谨慎地进行适当平衡。

1. 多极监管体系的基本原理

对银行行为的关键持续经营监管约束包括风险加权资本要求、杠杆率、流动性覆盖率和净稳定融资率。最近有学者提出，这种多重约束体系可能被过度识别，可能对银行的业务模式和行为具有扭曲影响（Cecchetti and Kashyap，2016；Greenwood et al.，2017）。这些批评理由充分，是对正统监管理念的学术挑战，而这正是危机前时期所缺失的。尽管如此，依然有必要提醒我们自己，开始时为什么会以及是如何达成这样一个框架的。

在概念层面，有三个论据支持这种新的多管齐下的方法。首先，银行面临多种风险来源。历史经验表明，银行经营失败的原因多种多样。套用托尔斯泰的话来说，虽然健全的银行往往都是相似的，但不健全的银行往往各有各的不健全。这表明，需要不同的监管约束来应对不同的资产负债表问题：每一种市场失灵对应一个工具。

如果你同意，这就是适用于金融监管的丁伯根法则（Tinbrgen Rule）（Tinbergen，1952）。其次，不确定性和风险在金融体系中普遍存在。奈特式（Knight，1921）不确定性有多种来源——对银行面临的风险的测度，危机如何在金融系统中蔓延，以及监管如何影响行为，这仅是其中三个例子。一系列监管工具为防范这些不确定性提供了保障。如果你同意，这就是适用于金融监管的布雷纳德法则（Brainard Rule）（Brainard，1967）。最后，任何针对银行的单个约束都会刺激银行进行规避或套利。多重监管约束减轻了这种风险，尽管造成了自身的扭曲。

在提出一些新的经验证据之前，我们先讨论多重约束的概念性案例。表 11-2 总结了其中一些关键参数。

（1）资本与杠杆率。如果能够准确估计资产的真实风险——"已知的已知"（known known）——那么风险加权资本要求比杠杆率更适合用于防范偿付风险（Gordy，2003）。基于这一观点，Greenwood 及其合作者（2017）得出结论："社会最优可以通过一个单一的要求来实现，即每家银行保持足够的股权与风险加权资产的比例，前提是风险权重的选择是适当的。"

然而，这句话的最后是一个重要的附带条件。一个关键的问题是，金融体系中的风险能否被充分确定地知晓，从而得以准确地估计。历史表明，这种假设不能想当然。正如 Aikman 及其合作者（2014）所讨论的，至少有三个原因。首先，给金融危机或大型金融机构失败等罕见且影响巨大的事件分配概率尤其困难。其次，复杂而相互关联的金融系统的行为可能对初始条件和冲击中的微小变化非常敏感，通常会显示出难以事先预测的临界点（Anderson and May，1992；Gai and Kapadia，2010；Gai, Haldane, and Kapadia，

表 11 - 2　各个规则在解决不同形式风险方面的适用性评估

风险	最优缓释指标	次优缓释指标	不太有效的缓释指标
微观审慎偿付风险——"真正的"资产风险	RWCR: 要求利用损失吸收本来覆盖偿付能力风险。如果风险能被度量且监管当局可以恰当地选择风险权重，这种做法留出的余地最大	LR: 提供了损失吸收资本，但是从设计层面看没有留下任何风险余地	LCR 和 NSFR: 二者不能缓解损失风险
微观审慎偿付风险——奈特式不确定性下"未知的"资产风险	LR: 在风险不可知且人们无法确定需要关注的特定资产类别时是有效的，尤其是其在历史数据有限或者损失呈现肥尾分布时	RWCR: 提供了损失吸收资本，但是除样本情况外通常表现不够理想，且对模型风险权重校准错误（标准法）或模型风险（IRB法）非常敏感	LCR 和 NSFR: 二者不能缓解损失风险
对风险转移的敏感度	RWCR: 较大程度地降低了风险转移的大小	LCR 和 NSFR: 标准化的假设缓解了一部分转移风险，但是如果风险转移不准确，同样存在一定的扭曲空间	LR: 缺乏风险敏感性，因此风险转移导致的扭曲最大
对豪赌的敏感度	LR: 缺乏余地和自由度使得豪赌机会最小	LCR 和 NSFR: 一些模型假设为降低豪赌提供了一定保证	RWCR: 留给银行的较大自由度增加了它们的豪赌激励，特别是在 IRB 法下

续表

风险	最优缓释指标	次优缓释指标	不大有效的缓释指标
快速且不可持续的资产负债表扩张	LR：要求银行增加资本以便支持信贷创造，不管资产负债表组成如何	NSFR：有限依赖于短期和中期批发融资来支持资产负债表扩张	RWCR：易于展为为计量风险较低的资产。对债务融资完全没有约束。LCR：30天的时间期限只限制了由短期负债支撑的扩张
因企业特有的或者短期市场信用损失而引发的资金突然撤出	LCR：能确保流动资产缓冲以满足即时资本流出，使银行在第一阶段资本流出中存活下来并在适当时为清偿做好准备	NSFR：降低了可流出负债的比例，从而降低了暴露于资本流出的事前风险。但是并不能直接保证银行拥有可利用的短期流动性作为缓冲	RWCR和LR：更高的资本要求理论上应该能够帮助银行留任资金，但是一旦发生资本流出，并不能提供任何缓冲
融资因市场流动性压力而持续减少所导致的小火慢烧式偿付能力不足	NSFR：让资产的流动性与负债的稳定性相匹配，以确保银行对中期融资运行具有广泛的弹性	LCR：保证有可用的流动资产缓冲来满足即时的资本流出，但是期限转换超过30天时是不可持续的	RWCR和LR：要求负债中有一小部分是不可变现股权，但是相对于非流动性资产来说规模较小
系统性流动性风险明朗化导致的抛售、流动性囤积以及/或信贷收紧	NSFR：降低了银行对中期流动性风险的敏感度，从而降低了银行在压力条件下不得不快速去杠杆以保持流动性头寸的概率	LCR：降低了对最不稳定的短期负债的依赖。银行在压力下清算缓冲资金以应对资金外流的风险可能会加剧抛售	RWCR和LR：无法直接降低流动性问题带来的银行去杠杆的可能性

注：RWCR，风险加权资本要求；LR，杠杆率；LCR，流动性覆盖率；NSFR，净稳定融资率。

2011）。最后，由于金融系统中包含着人类行为者，他们对未来的信念决定了他们今天的行为，因此金融系统特别容易出现不稳定和太阳黑子（Tuckett and Taffler，2008；Tuckett，2011；Bailey et al.，2016；Shiller，2017）。

在这样一个充满奈特式不确定性的世界里，要精确地估计风险权重可能很困难。事实上，尝试这样做可能会导致"过度拟合"，增加样本外模型估计的潜在脆弱性。在不确定的设定中，人们发现在各种不同的环境中，更简单的加权方案可以更好地抵御"未知的未知"（Gigerenzer，2014）。这种逻辑是使用杠杆率来捕获偿付能力风险的原理之一，而且在某些情况下，杠杆率还具有预测优势。

（2）流动性与融资。从历史上看，大多数银行的倒闭都是由流动性不足造成的。由于资金的期限变换，当因银行特有的或市场性的信用损失而突然发生撤资时，银行很容易受到冲击。在这种情况下，如果银行拥有高质量的流动性资产作为缓冲，满足资金外流和其他流动性要求，并在必要时为当局准备处置争取时间，那么该银行将会更加稳健。《巴塞尔协议Ⅲ》流动性覆盖率的设计和尺度都考虑到了这些因素。

但过度的期限变换从长期看也会带来风险，比如次贷危机期间批发融资市场长时间关闭所引发的风险。这时就会凸显出融资指标的重要性，这类指标基于非流动性资产由不稳定融资支持的总体程度。《巴塞尔协议Ⅲ》的净稳定融资率设计考虑到了这些风险。它的设计者希望通过提高资金稳定性与较长期的资产流动性的匹配度来补充流动性覆盖率，使银行不那么容易贱卖资产，囤积流动性，在不利冲击来袭时削减贷款。净稳定融资率还可能通过要求获得更稳定的资金来源来遏制资产负债表的过快扩张。

数据在多大程度上证实了多极金融监管体系的这些概念性益处？下面我们要回答的就是这个问题。

（3）对监管指标的经验估计。为了检验这个问题，我们利用了 Aikman 及其合作者（2014）创建的全球银行危机前资产负债表特征数据库。该数据库涵盖了全球 25 个国家，截至 2006 年年底拥有超过 1 000 亿美元资产的几乎所有银行，共 116 家银行。对这些银行中的每一家，我们都计算了合并（集团）层面资产负债表指标的范围。将注意力放在那些可用来计算风险加权资本比率、杠杆率和净稳定融资率的数据上，使样本减少到 76 家银行。当我们关注风险加权资本比率、杠杆率和贷存比（作为净稳定融资率的简化指标，贷存比衡量的是零售贷款与零售存款的比率）时，样本量为 96 家银行。[1] 我们使用 Laeven 和 Valencia（2010）对失败的定义和分类，将样本分为 2007—2009 年年底"幸存"和"失败"的银行。[2]

有了这些数据，我们考虑了监管约束的各种组合在识别失败银行和幸存银行方面的成功度。[3] 为了修正思路，可以考虑一个基于 3% 杠杆率的预测阈值。2006 年，杠杆率低于这一门槛的银行被预测

---

[1]　数据库中包含了流动资产比率，但这是流动性覆盖率的一个相对较差的代理变量，因此我们在分析中没有考虑流动性覆盖率。

[2]　从技术上讲，次贷危机期间很少有银行违约，但如果没有政府的大力干预，很多银行都会违约，因此说失败必然带有一定的评判性。除了明确的违约或国有化案例外，Laeven 和 Valencia（2010）将银行"失败"定义为至少存在以下六种情况中的三种：(1) 广泛的流动性支持（5% 的存款和债务来自非居民），(2) 银行重组成本（至少占 GDP 的 3%），(3) 部分银行国有化（如政府资本重组），(4) 存在进行中的重大担保事项，(5) 重大资产购买（至少占 GDP 的一定百分比），(6) 存款冻结和公共假日。关于与此不同的对失败的分类，可以参见 Aikman and co-authors（2014）。

[3]　有关监管指标在识别次贷危机期间失败银行和幸存银行方面的表现的相关分析，请参见 Huang 和 Ratnovski（2009），Demirgüç-Kunt、Detragiache 和 Merrouche（2010），Bologna（2011），Arjani 和 Paulin（2013），Vazquez 和 Federico（2015），以及 Lallour 和 Mio（2016）。

会失败，而那些杠杆率高于这一门槛的银行被预测会幸存下来。"命中率"是指最终被证明预测正确的失败银行数量与失败的银行总数之比。"误报率"是指被证明预测不正确的银行数量占幸存下来的银行总数之比。如果3%的杠杆率可以完全区分失败银行和幸存银行，那么命中率将是100%，误报率将是0。

表11-3总结了与不同命中率相对应的包括杠杆率在内的指标的阈值，以及相应的误报率。图11-12以另一种方式展示了这一信息，它通过改变每个指标的阈值来绘制命中率和误报率的轨迹——这在文献中被称为受试者工作特性（receiver operating characteristic，ROC）曲线。能够更好地区分失败银行和幸存银行的指标，其受试者工作特性曲线位于图表的左上方。一个没有信息价值来区分失败银行和幸存银行的指标将会沿着这个图上的45度线延伸。

表 11-3　不同命中率下各个指标的阈值

目标命中率（%）	LR 值	与 LR 值对应的误报率（%）	RWCR 值	与 RWCR 值对应的误报率（%）	NSFR 值	与 NSFR 值对应的误报率（%）
70	3.82	29.3	8.61	58.5	0.99	70.7
75	4.14	39.0	8.66	58.5	1.05	82.9
80	4.15	39.0	8.71	61.0	1.06	82.9
85	5.00	75.6	9.04	68.3	1.12	87.8
90	5.66	82.9	9.83	73.2	1.17	87.8

注：LR，杠杆率；RWCR，风险加权资本要求；NSFR，净稳定融资率。

值得注意的是，杠杆率的门槛在4%左右时可以达到70%的命中率。这意味着，最后以失败告终的银行中约有70%无法满足次贷危机前4%的杠杆率要求。此外，相对较低的约30%的误报率表明，大多数幸存的银行在次贷危机前的杠杆率高于4%。综上所述，这些观察表明，这种杠杆率约束可能有助于减少银行的风险承担，降低它们失败的可能性。

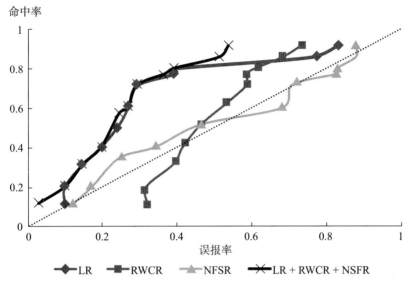

图 11 - 12　单一与组合监管工具的受试者工作特性曲线
（其中 NSFR 以 76 家银行为样本）

注：LR，杠杆率；RWCR，风险加权资本要求；NSFR，净稳定融资率。

资料来源：Calculations by Bank of England and Max Planck Institute for Human Development.

然而，当我们试图将命中率提高到这个水平之上时，边际收益与成本的平衡会急剧恶化。例如，达到 90％命中率所需的杠杆率阈值约为 5.7％，而与该阈值对应的误报率跃升至 80％以上。如果更高资本要求的成本呈非线性增长，这一点就很重要（Greenwood et al.，2017）。

如果我们单独评估风险加权资本要求和净稳定融资率的表现，这些要点也很明显。图 11 - 12 和表 11 - 3 显示，只有通过高误报率和严格校准这些指标才能实现 80％或 90％的命中率。总体而言，各个指标在平衡命中率和误报率方面的表现都不如杠杆率。如果考虑的是贷存比而不是净稳定融资率，结果也是类似的（未显示）。

现在假设监管机构可以使用一系列指标来识别失败银行。图 11-12 和表 11-4 给出了多约束模拟的结果。在目标命中率为 70% 的情况下,一系列监管措施的组合并不比杠杆率更能反映银行的压力。但当目标命中率超过 80% 时,情况就不同了。指标组合的受试者工作特性曲线位于所有与单个指标对应的指标的左侧。换句话说,当使用多个监管指标时,对相同的命中率,可以实现更低的误报率。组合中每个指标的取值也没有单独应用时那么严格。这表明,实施少量监管约束可以达到与任何单一约束相同的命中率,但社会和监管成本要低得多(以资本和流动性水平和/或监管错误预警来衡量)。

表 11-4　实现目标命中率所需的指标组合

目标命中率（%）	LR 值	RWCR 值	NSFR 值	与组合监管指标对应的误报率（%）
70	3.82	5.52	0.63	29.3
75	3.80	5.52	0.72	36.6
80	4.15	5.52	0.63	39.0
85	3.71	5.52	0.83	51.2
90	4.07	5.53	0.83	53.7

注:LR,杠杆率;RWCR,风险加权资本要求;NSFR,净稳定融资率。

为了理解组合指标的好处从何而来,考察在全球金融危机中失败的两家银行是很有启发意义的:美国国家金融服务公司(Countrywide)和比利时联合银行(KBC)。2006 年年底,美国国家金融服务公司的杠杆率为 7.7%,风险加权资本比率为 11.6%。即使 2006 年的资本监管更加严格,美国国家金融服务公司可能也不需要筹集资本。但其净稳定融资率仅为 0.76,表明其面临结构化流动性风险。通过将净稳定融资率纳入一套监管指标,或许就有可能捕捉到美国国家金融服务公司所承担的风险，而无须诉诸更严格的实质性资本监管。相比之下，比利时联合银行的净稳定融资率为 1.12，远远高于当前的指示性监管标准。其合理的风险加权资本比率为 8.7%，远高于样本中资本比率的中位数。但它的杠杆率是 3.5%。不包括杠杆率指标的监管体系将无法捕捉到次贷危机前比利时联合银行所承担的那种风险。

我们从这个简单的反事实操作中得出的结论是，多重监管指标可能有助于捕捉银行在次贷危机前展现出的多个脆弱性维度。事后来看，对基于风险的资本、杠杆率和净稳定融资进行组合限制，可以找出大多数失败银行，从而避免过高的误报率或惩罚性的监管标准调整。

2. 多极监管系统带来的挑战

上一节的实证研究考察了一套监管标准在反事实的情况下，如何在一组银行中发现压力。对任何此类反事实的做法都要非常慎重。其中最重要的一点是，它没有考虑监管体制的变化本身可能会重塑当时的冒险动机。① 卢卡斯批判不能遗忘。多重约束框架也提出了一个问题，即应该如何通过时间来设置和调整这些约束，是通过规则还是由监管机构相机抉择。我们依次简要地讨论这两个问题。

（1）激励与套利。金融监管就像税收一样，很可能会改变受其约束的一方的行为。金融监管的历史可以被视为一场持续演变的竞赛，调整监管规则以限制规避激励（Haldane，2013）。该竞赛被描述为"追逐灰狗的猎犬"（Eichengreen，2009）。监管机构既需要从

---

① 多重监管约束也可能降低金融体系的多样性（Greenwood et al.，2017）。金融体系的过度同质化造成系统性风险（Haldane，2009；Wagner，2010）。但是这些影响有多大，是一个程度的问题。如果监管约束对存在结构性缺陷的商业模式起到控制约束的作用，金融体系就会得到强化，即便（实际上，恰恰是因为）这样做限制了多样性。

过去的经验中学习，也需要预测未来的规避机会（Woods，2017）。

全球金融危机爆发前夕，猎犬面临的套利问题得到了很好的佐证。这包括金融活动和金融风险向不受监管的"影子银行"的转移（Adrian and Ashcraft，2012），评级结果硬性纳入监管引擎（Edmonds，2016），向银行的首席执行官发放股票作为薪酬的一部分，这会鼓励"复活的赌博"（gambling for resurrection）（IMF，2014），以及向"太大而不能倒"的金融机构提供隐形补贴，这会鼓励它们变得更大、更复杂，继续紧密勾连在一起（FSB，2013b）。

这类激励效应的另一个例子出现在资本监管领域。无论采用哪种风险加权方案，都可能产生调整资产头寸以实现利润最大化的激励。例如，如果监管约束以杠杆率的形式出现，被监管方就会有动机将资产构成向风险权重更高的资产转变——尽管关于这种"风险转移"的证据有好有坏（Sheldon，1996；Furlong，1988）。相反，如果资产是风险加权的，并由银行的内部模型决定，随着时间的推移，就会有降低模型风险权重的动机（Mariathasan and Merrouche，2014）。简而言之，在为银行设定资本标准时，存在一个双边激励问题。

在次贷危机之前，这两种动机都在发挥作用，尽管在全球金融体系的不同地区程度不同。在美国，杠杆率是有效的，通常是有约束力的约束，因此银行有动机去寻求高风险资产，而不是扩大资产负债表（见图 11-13）。在欧洲，没有杠杆率，但有基于风险的资本标准，银行有扩大资产负债表和掩盖下行的风险权重的动机。加拿大银行的动机介于两者之间。

最近的研究考虑了杠杆率如何影响了 650 多家欧洲银行的行为（Acosta-Smith，Grill，and Lang，2017）。作者发现，对那些新制度

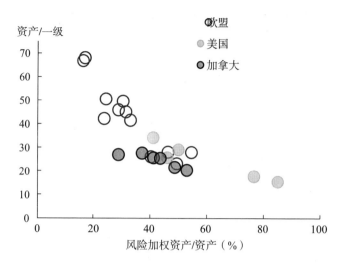

图 11-13 欧盟、美国及加拿大主要银行 2007 年平均风险权重、杠杆率与资本比率

注：数据截止到 2007 年年底，样本银行包括美国银行、巴克莱银行、蒙特利尔银行、法国巴黎银行、纽约银行、加拿大帝国商业银行、花旗集团、法国农业信贷银行、瑞士瑞信银行、德意志银行、哈里法克斯银行、汇丰银行、摩根大通、劳埃德银行、美国区域银行控股公司、加拿大皇家银行、苏格兰皇家银行、西班牙国际银行、加拿大丰业银行、法国兴业银行、美国道富银行、多伦多道明银行、瑞银集团、裕信银行、美联银行和富国银行。加拿大和美国银行的资产负债表规模根据国际财务报告准则（IFRS）进行调整。

资料来源：Bloomberg Finance L. P. and FDIC annual reports.

具有约束力的银行而言，它们的风险承担显著增加。这些银行离新的 3％ 门槛越远，承担的风险就越大：杠杆率为 1.5％、2％ 和 2.5％ 的银行，其承担风险的风险加权资产分别增加了 3.4、2.3 和 1.1 个百分点。这是风险转移渠道发挥作用的明显经验证据。

　　然而，这只是风险等式的一方面。另一方面则有两个缓和因素。首先，杠杆率的上升也会增加这些银行的资本。一旦转化为违约概率，Acosta-Smith、Grill 和 Lang（2017）发现第二个效应超过了第一个：杠杆率上升 1 个百分点，将通过风险转移使银行的优势比（处于困境的银行相对于安全的银行）提高 1％～3.5％。但较低的杠杆率可以让优势比降低近 40％～50％。其次，杠杆制度不是风险加权资本制度的替代品，而是对其的补充。资本制度对银行增加风险加权资产的程度设定了一个自动上限。换句话说，资本比率制度限制了风险转移的动机。相反，杠杆率可以作为一种有效的约束，激励投资者博弈或掩盖风险权重。实际上，冒险激励被杠杆和资本约束所终结。

此外，还有其他一些限制负向激励的方法。设定最低限额或对某些类别的资产使用标准化方法，可以限制博弈风险权重的动机。[①]一些国家已经在使用这些方法，包括美国、英国、德国、法国和西班牙。在许多国家运行的压力测试机制也是一种对银行使用的模型进行交叉检查和支持的方式。在一个充满不确定性和风险的世界里，拥有这些应对规避激励的方法组合——有些是相机抉择的，有些是类似规则的——是很有意义的。

（2）相机抉择与规则。新架构引入了一些措施，可能会提高监管标准制定过程中的监管或政策制定者的相机抉择权。这一点在监督判断、压力测试机制和宏观审慎政策的应用中表现得最为明显。就像在货币政策领域一样，现在的问题是，这种新的监管体制能否在监管规则及其运用过程中的相机抉择权之间取得恰当的平衡。

关于货币政策的规则与相机抉择权之间的平衡的争论中充斥着的时间不一致性问题（Kydland and Prescott，1977；Barro and Gordon，1983）在审慎政策中可能更加突出。这在一定程度上是因为不利的危机结果是高度非线性和代价高昂的，这使得预先承诺杜绝宽容和纾困变得更加困难。危机发生的可能性较低，这也可能意味着，在经济形势良好、以往危机的记忆已经远去的情况下，政策制定者在应对金融部门风险方面不够强硬（Reinhart and Rogoff，2009；

---

① 参见 BCSBS（2016）和 BCBS（2013b）。

Malmendier and Nagel，2011；Gennaioli，Shleifer，and Vishny，2015）。这可能造成放松监管以支持短期目标的政治压力。公共选择理论（Olson，1965）也表明，监管政策比货币政策面临更为尖锐的游说压力。金融行业范围很小但非常强大的利益集团承担着监管的私人成本。尽管通胀率很快就会高于目标，但由于难以量化未来发生金融危机的可能性，很难实时判断监管不够严格。

这些论点表明，有必要建立强有力的制度性框架，辅以明确的目标和工具，以实施金融稳定政策。宏观审慎政策尤其如此。对于宏观审慎政策，在阐明干预背后的动机和支持启用不同工具的环境方面，我们还有很多工作要做——简而言之，就是定义和细化宏观审慎政策的反应函数。英国金融政策委员会在这方面取得了一些进展，其中最引人注目的是制定了利用逆周期资本缓冲的战略（Bank of England，2016）。

从货币政策经验来看，走这条路的好处显而易见。增加政策的可预测性可以增强监管政策的事前信号机制和预期机制，正如已被货币政策所证明的那样（Bernanke and Mishkin，1997）。它加强了对政治和社会利益相关者的事后问责。它还减少了与相机抉择决策相关的潜在行为偏差，这些偏差在过去被发现会影响相机抉择的监管政策，包括监管捕获（Dal Bó，2006）和防御性决策（Gigerenzer，2014）。与此同时，显然需要达成一种平衡。Greenwood 及其合作者（2017）认为，严格的基于规则的系统很可能被银行套利和利用。例如，最近的理论研究和实验证据表明，可以对薪酬合同进行重组，以重现新规试图减少的过度冒险激励（Thanassoulis and Tanaka，2018；Harris et al.，forthcoming）。

这些观点使得不管出于怎样的理由支持制定严格的管理规则都

变得困难。这些观点指向的是我们需要一种前瞻性的、水平扫描式的，同时能为监管判断和宏观审慎判断留出余地的方法（BCBS，2017）。然而，随着时间的推移，这并不能消除寻求更明确的授权和监管反应函数所带来的潜在好处，尤其是在宏观审慎方面。

四、未来的研究与政策

自全球金融危机以来，金融监管经历了根本性的反思和改革。大多数评论和证据都证明，这使得金融系统比过去更有弹性，能更好地防止各种市场摩擦和失灵，更好地适应不同的负向激励效应，能更好地防范会危及整个金融系统的风险。这是一种"受约束的相机抉择权"框架，包括一系列经过校准（如果粗略计算）以使社会成本与收益相等的监管措施。这是相对简单的部分。

困难的是接下来会发生什么。尤其是考虑到过去十年监管改革的范围，新的监管框架显然需要在未来一段时间内根据新的证据、经验以及与该框架运行相伴随的激励进行调整。本章讨论了其中的一些问题。我们从一个可能很长的列表中选出了一些我们认为对未来的监管改革争论来说可能有价值的研究与探索方向。[1]

（1）最优资本水平。监管争论中最活跃、持续时间最久的一个领域是，资本标准是否得到了适当的校准。与危机前的长期经济影响研究相比，大多数国家当前的资本要求都低于这一标准。唯一最重要的原因是长期经济影响研究没有考虑到非股权资本来源特别是

---

[1] 也可以参见 Calomiris（2017）、Duffie（2017）以及 Greenwood 及其合作者（2017）。

总损失吸收能力在减少危机的影响和可能性方面所起的作用。因此，关键的问题是，在未来的压力形势下，当"保释"成为必要时，这些工具是否能吸收损失。当涉及具有系统重要性的某家机构或某些机构时，当保释（和救济金）的成本巨大且不稳定时，这个问题尤其相关。在当前这个早期阶段，还没有定论。一方面，在存在系统性压力的情况下，对不同类型的名义上吸收亏损的银行债务进行纾困的历史证据并不令人感到鼓舞，这反映出当局在这些案例中所面临的时间一致性问题的严重性。另一方面，新的法定处置安排比以往任何时候都要有力得多，而法定的总损失吸收能力要求现在是预先规定的。这意味着下一次可能会有所不同。由于其对资本整体校准的重要性，值得围绕这一问题开展进一步的实证和理论思考。

（2）多极监管。新的监管框架在约束的数量、复杂性和相机抉择性方面与之前的监管框架有所不同。这种组合方法在防范未来风险特别是不确定性方面，有很好的理论和经验基础。从风险和不确定性厌恶的社会福利的角度来看，如果近期的危机经验具有指导意义，那么总体来看一个边际高估的体系可能比一个边际低估的体系更好。实际上，这就是稳健控制的本质。然而，归根结底，过去并不代表将来。关于多重监管约束是否会导致金融体系过度同质化和效率低下，有一些合理的问题需要回答。套利是一种无处不在的威胁，即使存在多重监管指标。在这个领域，与新框架有关的进一步研究和实际操作经验对判断是否存在精简的余地至关重要，前提是相应监管框架对强烈的不确定性保持稳健，这些不确定性必然会影响金融系统等一些复杂的、适应性的系统。①

---

① 例如，FSB（2017e）描述了一个可以实现有效弹性的政策评估框架。

（3）金融稳定模型。在由货币政策、宏观审慎政策和微观审慎政策——它们都会对经济和金融系统产生影响——构成的世界里，越来越强调构建一个有助于我们理解这些（个别或整体）影响以及这些影响之间的相互作用的量化框架（Bank of England，2015a）。这就要求模型能够定量地捕捉货币、金融和监管的传导渠道以及它们之间的反馈机制。特别是自次贷危机以来，在开发宏观模型方面已经取得了进展，这些宏观模型包含明确的金融部门，能够获取经济和金融系统之间丰富的双向反馈（Brunnermeier，Eisenbach，and Sannikov，2012；Brunnermeier and Sannikov，2014）。在开发系统风险模型方面也取得了进展，这些模型突出了宏观经济因素和系统内部反馈的作用（Greenwood，Landier，and Thesmar，2014；Cont and Schaanning，2017）。然而，具体到下面这个问题时，我们可能依然位于山脚下：把这些因素集中在一个地方制定一个统一的框架，一个能捕捉实践中丰富的反馈和放大机制的框架，以及一个能作为三个政策武器中的每一个的试验台的模型。事实上，一个单一的圣杯式框架可能是不可行的，或者确实是不可取的。

（4）压力测试的未来。自金融危机以来，银行压力测试经历了相当大的演变，如今已成为许多司法管辖区监管制度的基石。充实这些测试并使其真正实现宏观审慎的必要方向是，纳入将在系统层面放大单个机构的行动的反馈效应（Brazier，2015；Demekas，2015；Tarullo，2016）——例如，来自贱卖资产、囤积流动性和交易对手风险的反馈。[①] 一个自然的结果是，我们可能需要扩展这类模拟的覆盖面，将非银行金融系统包括进来。在次贷危机期间，源于非银行部

---

① 例如，英国央行 2014 年压力测试的结果表明，在压力测试场景中，风险权重的顺周期性是资本比率变化的一个重要因素（Bank of England，2014）。

门的系统性风险被证明是强有力的，尤其是在影子银行中。随着监管对银行体系的挤压，金融活动进一步转移到影子地带，欧洲地区更是如此。银行公司资产负债表上曾经的信贷和融资风险正在转变为各类基金和投资工具的资产负债表上的市场和流动性风险（Stein，2013）。了解这些风险需要新的和增强的监测工具。可能需要系统的、针对整个市场的压力模拟，以捕捉新的市场和流动性风险及其在不同金融机构和市场之间的传播（Brazier，2017）。同样的考虑也适用于金融基础设施的关键部分，特别是中央对手方（Coeuré，2017；Duffie，2017）。作为一个潜在的"太大而不能倒"的新实体，它也需要接受压力测试，它的解决方案也需要得到同意和实施。这是一个全新的风险管理议程，工作才刚刚真正开始。

（5）市场融资。美国在次贷危机之前以及其他国家在危机之后涌现的庞大而多样化的影子银行体系，显然既为金融稳定带来了巨大的机遇，也带来了潜在的威胁。所谓的以市场为基础的融资为金融系统提供了第二个非银行可助其飞行的引擎，这在多样性的意义上可能是有益的。尽管如此，随着风险形态和风险点的变化，它也可能催生新的系统性风险和传染源。金融稳定委员会在推进针对此类问题的监管辩论方面取得了重大进展（FSB，2017e）。当然，这些趋势会影响到对监管的落实和央行的规程。一个市场和流动性风险更大的世界，可能需要不同于《巴塞尔协议Ⅲ》中基于银行的偿付能力和流动性指标的监管工具。基于市场的工具，如保证金要求，可能会发挥更大的作用（参见，例如，European Systemic Risk Board，2017）。它还可能要求央行采取不同类型的市场干预——不同的市场、不同的工具、不同的对手方。次贷危机已经见证了各国央行在设计流动性工具方面的一场小型革命。随着金融体系的形态发生变化，认为有必要进行进一步改革似乎是合理的。如果是这样，这种变化将受益于关于拓展监管范围和央行安全网的成本和效益的进一步研究。

（6）宏观审慎政策框架。作为一个新生事物，宏观审慎框架面临着广泛的问题。目前还没有确定的、切实可行的方法来界定宏观审慎框架目标的广度。例如，与家庭债务过剩相关的潜在总需求外部性，是否应该纳入宏观审慎当局的管辖范围？总的来说，也没有确定的方法来定义适当的宏观审慎工具集——无论是针对银行的还是特别针对非银行机构的——或者使用它们来解决新出现的脆弱性的最优策略。如果家庭债务的外部性在管辖范围内，那么下面两个选择中的哪个才是应对这种风险的更好方法呢：直接通过限制贷款收入比或贷款价值比来控制抵押贷款，还是通过将抵押贷款的风险权重纳入宏观审慎监管（Turner，2017）？缺乏固定方法有自身的好处，那就是我们可以获得不同的跨国经验。这相当于监管机构"干中学"。然而，这也是有代价的。没有特别明确的目标的体系可能会遇到更严重的时间不一致性问题。它还可能增加外部参与者关于可能的监管政策反应函数的不确定性。随着时间的推移，如果要使宏观审慎制度有效、稳健和透明，可能需要朝着某种程度上更明确的约束和某种程度上更受限制的谨慎行事的方向发展。

（7）金融监管的政治经济学。在次贷危机期间，分配给央行及监管机构的监管职责的大小和范围大幅扩大。与此同时，一些新的监管要求和实践在本质上是相当随意的，包括压力测试和其他一些宏观审慎措施。还有一些要求监管机构做出分配选择，例如在信贷获取方面。这使得央行和监管机构比其近期（乃至遥远的）历史上任何时候都更明确地进入了政治经济领域。这可能会导致一些人质疑中央银行的适当权限，其独立于政治进程和更广泛的社会的程度，以及适当的问责机制（Balls，Howat，and Stansbury，2016）。我们需要一场分析性的辩论——关于授予监管者的相机抉择权的"度"，既能确保他们保持应对事件所需的灵活性，同时确保他们的决策清晰、透明，不受行为偏差和时间不一致性问题影响。还有一些有趣的问题需要探讨，即监管机构如何向更广泛的社会公众解释说明它们的决定，尤其是当它们的决定会产生很强的分配后果时。这显然是未竟的事业。

（8）金融系统对经济和社会的贡献。过去几十年的一个显著特征是，金融服务在全部经济增加值中所占的比重不断上升，与此同时，在许多经济体中，金融部门总资产占 GDP 的比例也在不断上升。有时这被称为"金融化"。我们有充分的理由认为，随着经济的增长和发展，金融深度的增加是一个自然结果。事实上，有一篇相当完美的文献量化了金融深度对增长和生产率的促进作用，特别是对发展中国家而言（Levine，Loayza，and Beck，2000）。然而，最近有人提出了这样一个问题：是否有可能拥有太多好东西？一些人提出：为什么金融中介化的成本持续上升，这传递了关于金融服务行业效率的什么信号（Friedman，2009；Philippon，2015）？还有人指出，金融深度与生产率和经济增长之间可能存在 U 形关系（Cecchetti and Kharroubi，2012；Heil，2017）。这些问题关系到金融体系对经济和社会的贡献。它们也是监管政策的元问题。我们需要围绕这些问题展开进一步的研究。

（9）金融科技对金融稳定来说意味着什么。近年来，金融服务领域的技术创新或者金融科技发展迅速。金融稳定委员会近期的报告对这类创新做了一个有益的划分（FSB，2017f）。伴随这一发展而来的是消费者将有更多的选择，一些借贷者将获得更多的信贷，传统中介部门的效率和生产率将更高。金融服务供给的多样性也会带来潜在的弹性收益（Carney，2017a）。尽管该行业目前可能规模太小，尚不足以对金融稳定构成威胁，但历史上有太多因不对快速增长的行业的风险加以控制而导致该行业迅速出现大规模风险的经验教训。这类风险既包括与过度使用杠杆以及过度进行期限、流动性和信贷转换导致的传统脆弱性，也包括新的、高度互联的实体的出现以及网络（cyber）和其他操作风险。此外，如果传统全能银行被迫依赖不那么稳定的融资来源，这些新动向也有可能削弱它们的弹性。政策制定者面临的挑战是确保监管框架和更广泛的政策框架——包括央行流动性便利的规模——能够适应这些发展动向（Lagarde，2017）。

参考文献

Acosta-Smith, Jonathan, Michael Grill, and Jan Hannes Lang. 2017. "The Leverage Ratio, Risk-taking and Bank Stability." ECB Working Paper 2079.

Admati, Anat, and Martin Hellwig. 2013. *The Bankers' New Clothes: What's Wrong with Banking and What to Do about It*. Princeton, NJ: Princeton University Press.

Adrian, Tobias, and Adam B. Ashcraft. 2012. "Shadow Banking Regulation." *Annual Review of Financial Economics* 4 (1): 99 – 140.

Afonso, Gara, João A. Santos, and James Traina. 2015. "Do 'Too-Big-to-Fail' Banks Take on More Risk?" *Journal of Financial Perspectives* 3 (2): 129 – 143.

Aikman, David, Mirta Galesic, Gerd Gigerenzer, Sujit Kapadia, Konstantinos Katsikopoulos, Amit Kothiyal, Emma Murphy, and Tobias Neumann. 2014. "Taking Uncertainty Seriously: Simplicity versus Complexity in Financial Regulation." Bank of England Financial Stability Paper 28. London: Bank of England.

Aiyar, Shekhar, Charles W. Calomiris, and Tomasz Wieladek. 2014. "Does Macro-Prudential Regulation Leak? Evidence from a UK Policy Experiment." *Journal of Money, Credit and Banking* 46 (suppl. 1): 181 – 214.

Aiyar, Shekhar, Charles W. Calomiris, and Tomasz Wieladek. 2016. "How Does Credit Supply Respond to Monetary Policy and Bank Minimum Capital Requirements?" *European Economic Review* 82: 142 – 165.

Anderson, Roy M., and Robert M. May. 1992. *Infectious Diseases of Humans: Dynamics and Control*, rev. ed. Oxford: Oxford University Press.

Arjani, Neville, and Graydon Paulin. 2013. "Lessons from the Financial Crisis: Bank Performance and Regulatory Reform." Bank of Canada Discussion Paper 2013-4. Ottawa: Bank of Canada.

Bahaj, Saleem, Jonathan Bridges, Frederic Malherbe, and Cian O'Neill. 2016. "What Determines How Banks Respond to Changes in Capital Requirements?" Bank of England Staff Working Paper 593. London: Bank of England.

Bailey, Michael, Ruiqing Cao, Theresa Kuchler, and Johannes Stroebel. 2016. *Social Networks and Housing Markets*. Cambridge, MA: National Bureau of Economic Research.

Balls, Ed, James Howat, and Anna Stansbury. 2016. "Central Bank Independence Revisited: After the Financial Crisis, What Should a Model Central Bank Look Like?" M-RCBG Associate Working Paper Series 67. Cambridge, MA: Mossavar-Rahmani Center of the Harvard Kennedy School.

Bank of England. 2009. "The Role of Macroprudential Policy." Discussion Paper. London: Bank of England, November 2009.

Bank of England. 2011. "Instruments of Macroprudential Policy." Discussion Paper. London: Bank of England, December 2011.

Bank of England. 2014. "Stress Testing the UK Banking System: 2014 Results." London: Bank of England, December.

Bank of England. 2015a. "One Bank Research Agenda." Discussion Paper. London: Bank of England.

Bank of England. 2015b. "Supplement to the December 2015 Financial Stability Report: The Framework of Capital Requirements for UK Banks." London: Bank of England.

Bank of England. 2016. "The Financial Policy Committee's Approach to Setting the Countercyclical Capital Buffer." Policy Statement. London: Bank of England, April.

Bank of England. 2017. "The Bank of England's Approach to Resolution." London: Bank of England.

Barro, Robert J. , and David B. Gordon. 1983. "Rules, Discretion and Reputation in a Model of Monetary Policy. " *Journal of Monetary Economics* 12: 101 - 121.

Basel Committee on Banking Supervision. 2010a. "Guidance for National Authorities Operating the Countercyclical Capital Buffer. " Basel: Bank for International Settlements.

Basel Committee on Banking Supervision. 2010b. "An Assessment of the Long-Term Economic Impact of Stronger Capital and Liquidity Requirements. " Basel: Bank for International Settlements, August.

Basel Committee on Banking Supervision. 2013a. "Basel Ⅲ: The Liquidity Coverage Ratio and Liquidity Risk Monitoring Tools. " Basel: Bank for International Settlements, January.

Basel Committee on Banking Supervision. 2013b. "The Regulatory Framework: Balancing Risk Sensitivity, Simplicity and Comparability. " Discussion Paper. Basel: Bank for International Settlements.

Basel Committee on Banking Supervision. 2014. "Basel Ⅲ: The Net Stable Funding Ratio. " Basel: Bank for International Settlements.

Basel Committee on Banking Supervision. 2016. "Reducing Variation in Credit Risk-Weighted Assets: Constraints on the Use of Internal Model Approaches. " Consultative Document. Basel: Bank for International Settlements.

Basel Committee on Banking Supervision. 2017. "The Basel Committee's Work Programme," updated April 25. Basel: Bank for International Settlements. www. bis. org/bcbs/bcbs _ work. htm.

Beltratti, Andrea, and René M. Stulz. 2012. "The Credit Crisis around the Globe: Why Did Some Banks Perform Better?" *Journal of Financial Economics* 105 (1): 1 - 17.

Berger, Allen N. , and Christa H. Bouwman. 2013. "How Does Capital Affect Bank Performance during Financial Crises?" *Journal of Financial Economics* 109 (1): 146 - 176.

Bernanke, Ben S. , and Frederic S. Mishkin. 1997. "Inflation Targeting: A New Framework for Monetary Policy?" *Journal of Economic Perspectives* 11 (2): 97 - 116.

Bicu, Andreea, Louisa Chen, and David Elliott. 2017. "The Leverage Ratio and Liquidity in the Gilt and Repo Markets. " Bank of England Working Paper 690. London: Bank of England.

Bologna, Pierluigi. 2011. "Is There a Role for Funding in Explaining Recent US Banks' Failures?" IMF Working Paper 11/180. Washington, DC: International Monetary Fund.

Borio, Claudio, and Philip William Lowe. 2002. "Asset Prices, Financial and Monetary Stability: Exploring the Nexus. " BIS Working Paper 114. Basel: Bank for International Settlements, July.

Borio, Claudio, and Philip William Lowe. 2004. "Securing Sustainable Price Stability: Should Credit Come Back from the Wilderness?" BIS Working Paper 157. Basel: Bank for International Settlements.

Boyson, Nicole, Jean Helwege, and Jan Jindra. 2014. "Crises, Liquidity Shocks, and Fire Sales at Commercial Banks." *Financial Management* 43 (4): 857 – 884.

Brainard, William C. 1967. "Uncertainty and the Effectiveness of Policy." *American Economic Review* 57 (2): 411 – 425.

Brandao Marques, Luis, Ricardo Correa, and Horacio Sapriza. 2013. "International Evidence on Government Support and Risk Taking in the Banking Sector." IMF Working Paper WP/13/94. Washington, DC: International Monetary Fund.

Brazier, Alex. 2015. "The Bank of England's Approach to Stress Testing the UK Banking System." Speech given at London School of Economics Systemic Risk Centre, October 30.

Brazier, Alex. 2017. "Simulating Stress across the Financial System: The Resilience of Corporate Bond Markets and the Role of Investment Funds." Bank of England Financial Stability Paper 42. London: Bank of England, July.

Bridges, Jonathan, Christopher Jackson, and Daisy McGregor. 2017. "Down in the Slumps: The Role of Credit in Five Decades of Recessions." Bank of England Staff Working Paper 659. London: Bank of England.

Brooke, Martin, Oliver Bush, Robert Edwards, Jas Ellis, Bill Francis, Rashmi Harimohan, Katharine Neiss, and Caspar Siegert. 2015. "Measuring the Macroeconomic Costs and Benefits of Higher UK Bank Capital Requirements." Bank of England Financial Stability Paper 35. London: Bank of England.

Brunnermeier, Markus K. , Thomas M. Eisenbach, and Yuliy Sannikov. 2012. "Macroeconomics with Financial Frictions: A Survey." NBER Working Paper 18102. Cambridge, MA: National Bureau of Economic Research.

Brunnermeier, Markus K. , and Yuliy Sannikov. 2014. "A Macroeconomic Model with a Financial Sector." *American Economic Review* 104 (2): 379 – 421.

Calomiris, Charles W. 2017. *Reforming Financial Regulation after Dodd-Frank*. New York: Manhattan Institute for Policy Research.

Carlson, Mark, Hui Shan, and Missaka Warusawitharana. 2013. "Capital Ratios and Bank

Lending: A Matched Bank Approach. " *Journal of Financial Intermediation* 22 (4): 663 – 687.

Carney, Mark. 2017a. "The Promise of FinTech: Something New under the Sun?" Speech at the Deutsche Bundesbank G-20 conference, "Digitizing Finance, Financial Inclusion and Financial Literacy," Wiesbaden, September.

Carney, Mark. 2017b. "What a Difference a Decade Makes. " Speech at the Institute of International Finance's Washington Policy Summit, Washington, DC, April 20.

Cecchetti, Stephen. 2014. "The Jury Is In. " In *The New International Financial System: Analyzing the Cumulative Impact of Regulatory Reform.* World Scientific Studies in Economics, vol. 48, ed. Douglas D. Evanoff, Andrew G. Haldane, and George G. Kaufman, 407 – 424. Hackensack, NJ: World Scientific.

Cecchetti, Stephen. 2015. "The Road to Financial Stability: Capital Regulation, Liquidity Regulation, and Resolution. " *International Journal of Central Banking* 11 (3): 127 – 139.

Cecchetti, Stephen, and Anil K. Kashyap. 2016. "What Binds? Interactions between Bank Capital and Liquidity Regulations. " Working paper, University of Chicago Booth School of Business. http://faculty. chicagobooth. edu/anil. kashyap/research/papers/What _ Binds _ Interactions-between-bank-capital-and-liquidity-regulations _ 2016. pdf.

Cecchetti, Stephen, and Enisse Kharroubi. 2012. "Reassessing the Impact of Finance on Growth. " BIS Working Paper 381. Basel: Bank for International Settlements.

Coeuré, Benoît. 2017. "Central Clearing: Reaping the Benefits, Controlling the Risks. " In "The Impact of Financial Reforms 97. " *Banque de France Financial Stability Review* 21, April.

Cont, Rama, and Eric Finn Schaanning. 2017. "Fire Sales, Indirect Contagion and Systemic Stress-Testing. " https://papers. ssrn. com/sol3/papers. cfm? abstract _ id =2541114.

Cornett, Marcia Millon, Jamie John McNutt, Philip E. Strahan, and Hassan Tehranian. 2011. "Liquidity Risk Management and Credit Supply in the Financial Crisis. " *Journal of Financial Economics* 101 (2): 297 – 312.

Cunliffe, John. 2017. "Ten Years On: Lessons from Northern Rock. " Speech at the Single Resolution Board Annual Conference, Brussels.

Dagher, Jihad C. , Giovanni Dell'Ariccia, Luc Laeven, Lev Ratnovski, and Hui Tong. 2016. "Benefits and Costs of Bank Capital. " https://www. imf. org/external/pubs/ft/sdn/2016/sdn1604. pdf.

Dal Bó, Ernesto. 2006. "Regulatory Capture: A Review. " *Oxford Review of Economic Policy* 22

(2)：203 – 225.

Demekas，Dimitri G. 2015. "Designing Effective Macroprudential Stress Tests: Progress So Far and the Way Forward." IMF Working Paper WP/15/146. Washington，DC: International Monetary Fund，June.

Demirgüç-Kunt，Asli，Enrica Detragiache，and Ouarda Merrouche. 2010. "Bank Capital: Lessons from the Financial Crisis." World Bank Policy Research Working Paper 5473. Washington，DC: World Bank.

Dent，Kieran，Ben Westwood，and Miguel Segoviano. 2016. "Stress Testing of Banks: An Introduction." *Bank of England Quarterly Bulletin* (2016 Q3).

De-Ramon，Sebastian，William Francis，and Qun Harris. 2016. "Bank Capital Requirements and Balance Sheet Management Practices: Has the Relationship Changed after the Crisis?" Bank of England Staff Working Paper 635. London: Bank of England.

Drehmann，Mathias，Claudio Borio，and Kostas Tsatsaronis. 2011. "Anchoring Countercyclical Capital Buffers: The Role of Credit Aggregates." *International Journal of Central Banking* 7 (4)：189 – 240.

Duffie，Darrell. 2017. "Financial Regulatory Reform after the Crisis: An Assessment." *Management Science*.

Edmonds，Timothy. 2016. "Credit Ratings Agencies Regulation." House of Commons Library Briefing Paper SN05603，London，January 7.

Eichengreen，Barry. 2009. "The Financial Crisis and Global Policy Reforms." Paper presented at the Federal Reserve Bank of San Francisco Asia Economic Policy Conference.

European Systemic Risk Board. 2017. "The Macroprudential Use of Margins and Haircuts." Frankfurt: European Systemic Risk Board，European Central Bank，February.

Financial Stability Board. 2010. "Reducing the Moral Hazard Posed by Systemically Important Financial Institutions." FSB Recommendations and Time Lines. Basel，October 20.

Financial Stability Board. 2013a. "Strengthening Oversight and Regulation of Shadow Banking." Policy Framework for Strengthening Oversight and Regulation of Shadow Banking Entities. Basel，August 29.

Financial Stability Board. 2013b. "Progress and Next Steps towards Ending 'Too-Big-to-Fail' (TBTF)." Report of the Financial Stability Board to the G-20. Basel，September 2.

Financial Stability Board. 2014. "Key Attributes of Effective Resolution Regimes for Financial Institutions." Basel，October 15.

Financial Stability Board. 2017a. "Implementation and Effects of the G-20 Financial Regulatory Reforms. 3rd Annual Report." Basel, July 3.

Financial Stability Board. 2017b. "Review of OTC Derivatives Market Reforms: Effectiveness and Broader Effects of the Reforms." Basel, June 29.

Financial Stability Board. 2017c. "Ten Years On: Taking Stock of Post-crisis Resolution Reforms." *Sixth Report on the Implementation of Resolution Reforms*. Basel: FSB, July 6.

Financial Stability Board. 2017d. "Policy Recommendations to Address Structural Vulnerabilities from Asset Management Activities." Basel, January 12.

Financial Stability Board. 2017e. "FSB Chair's Letter to G-20 Leaders: Building a Safer, Simpler and Fairer Financial System." Basel, July.

Financial Stability Board. 2017f. "Financial Stability Implications from FinTech: Supervisory and Regulatory Issues That Merit Authorities' Attention." Basel, June 27.

Firestone, Simon, Amy G. Lorenc, and Benjamin Ranish. 2017. "An Empirical Economic Assessment of the Costs and Benefits of Bank Capital in the US." Finance and Economics Discussion Series 2017 – 034. New York: Board of Governors of the Federal Reserve System.

Friedman, Benjamin. 2009. "Overmighty Finance Levies a Tithe on Growth." *Financial Times*, August 26.

Furlong, Frederick. 1988. "Changes in Bank Risk-Taking." *Federal Reserve Bank of San Francisco Economic Review* 2: 45 – 56.

Gai, Prasanna, Andrew Haldane, and Sujit Kapadia. 2011. "Complexity, Concentration and Contagion." *Journal of Monetary Economics* 58 (5): 453 – 470.

Gai, Prasanna, and Sujit Kapadia. 2010. "Contagion in Financial Networks." *Proceedings of the Royal Society of London A: Mathematical, Physical and Engineering Sciences* 466 (2120): 2401 – 2423.

Gambacorta, Leonardo, and Hyun Song Shin. 2018. "Why Bank Capital Matters for Monetary Policy." *Journal of Financial Intermediation* 35 (PB): 17 – 29.

Gennaioli, Nicola, Andrei Shleifer, and Robert Vishny. 2015. "Neglected Risks: The Psychology of Financial Crises." *American Economic Review* 105 (5): 310 – 314.

Gigerenzer, Gerd. 2014. *Risk Savvy: How to Make Good Decisions*. London: Penguin.

Goodhart, Charles. 2011. *The Basel Committee on Banking Supervision: A History of the Early*

Years 1974 - 1997. Cambridge: Cambridge University Press.

Gordy, Michael B. 2003. "A Risk-Factor Model Foundation for Ratings-Based Bank Capital Rules." *Journal of Financial Intermediation* 12 (3): 199 - 232.

Greenwood, Robin, Augustin Landier, and David Thesmar. 2014. "Vulnerable Banks." *Journal of Financial Economics* 115 (3): 471 - 485.

Greenwood, Robin, Steen G. Hanson, Jeremy C. Stein, and Adi Sunderam. 2017. "Strengthening and Streamlining Bank Capital Regulation." *Brookings Papers on Economic Activity*, BPEA Conference Drafts, September 7 - 8.

Haldane, Andrew G. 2009. "Rethinking the Financial Network." Speech delivered at the Financial Student Association, Amsterdam, April 28.

Haldane, Andrew G. 2013. "Constraining Discretion in Bank Regulation." Speech delivered at the Federal Reserve Bank of Atlanta conference, "Maintaining Financial Stability: Holding a Tiger by the Tail(s)," Federal Reserve Bank of Atlanta, April 9.

Haldane, Andrew G. 2015. "Multi-polar Regulation." *International Journal of Central Banking* 11 (3): 385 - 401.

Haldane, Andrew G., and Vasileious Madouros. 2012. "The Dog and the Frisbee." Speech by Andrew G. Haldane at the Federal Reserve Bank of Kansas City's 366th Economic Policy Symposium, "The Changing Policy Landscape," Jackson Hole, WY, August 31.

Harris, Qun, Analise Mercieca, Emma Soane, and Misa Tanaka. Forthcoming. "How Do Bonus Cap and Clawback Affect Risk and Effort Choice? Insight from a Lab Experiment." Bank of England Staff Working Paper. London: Bank of England.

Heil, M. 2017. "Finance and Productivity: A Literature Review." OECD Economics Department Working Paper 1374. Paris: OECD Publishing.

Homar, Timotej, and Sweder J. G. van Wijnbergen. 2017. "Bank Recapitalization and Economic Recovery after Financial Crises." *Journal of Financial Intermediation* 32 (C): 16 - 28.

Huang, R., and L. Ratnovski. 2009. "Why Are Canadian Banks More Resilient?" IMF Working Paper WP/09/152. Washington, DC: International Monetary Fund.

IMF. 2014. "Global Financial Stability Report. Risk Taking, Liquidity, and Shadow Banking: Curbing Excess While Promoting Growth." Washington, DC: International Monetary Fund, October.

Independent Commission on Banking. 2011. "Final Report—Recommendations." London: Independent Commission on Banking, September 12. http://bankingcommission. independent. gov. uk.

International Organization of Securities Commissions. 2012. "Policy Recommendations for Money Market Funds: Final Report." IOSCO/MR/27/2012. Madrid, October 9.

Jiménez, G. , S. Ongena, J. L. Peydró, and J. Saurina. 2014. "Hazardous Times for Monetary Policy: What Do Twenty-Three Million Bank Loans Say about the Effects of Monetary Policy on Credit Risk-Taking?" *Econometrica* 82 (2): 463 – 505.

Jordà, Òscar, Björn Richter, Moritz Schularick, and Alan M. Taylor. 2017. "Bank Capital Redux: Solvency, Liquidity, and Crisis." NBER Working Paper 23287. Cambridge, MA: National Bureau of Economic Research.

Jordà, Òscar, Moritz Schularick, and Alan M. Taylor. 2013. "When Credit Bites Back." *Journal of Money, Credit and Banking* 45 (no. s2): 3 – 28.

Jordà, Òscar, Moritz Schularick, and Alan M. Taylor. 2015. "Leveraged Bubbles." *Journal of Monetary Economics* 76: 1 – 20.

Kapan, Tümer, and Camelia Minoiu. 2013. "Balance Sheet Strength and Bank Lending during the Global Financial Crisis." IMF Working Paper WP/13/102. Washington, DC: International Monetary Fund.

Knight, Frank H. 1921. *Risk, Uncertainty, and Profit*. Boston: Hart, Schaffner & Marx / Houghton Mifflin.

Kydland, Finn E. , and Edward C. Prescott. 1977. "Rules Rather Than Discretion: The Inconsistency of Optimal Plans." *Journal of Political Economy* 85 (3): 473 – 491.

Laeven, Luc, and Fabian Valencia. 2010. "Resolution of Banking Crises: The Good, the Bad, and the Ugly." IMF Working Paper WP/10/146. Washington, DC: International Monetary Fund.

Lagarde, Christine. 2017. "Central Banking and Fintech: A Brave New World?" Speech given at Bank of England conference, London, September 29.

Lallour, Antoine, and Hitoshi Mio. 2016. "Do We Need a Stable Funding Ratio? Banks' Funding in the Global Financial Crisis." Bank of England Staff Working Paper 602. London: Bank of England, May 20.

Levine, Ross, Norman Loayza, and Thorsten Beck. 2000. "Financial Intermediation and Growth: Causality and Causes." *Journal of Monetary Economics* 46 (1): 31 – 77.

Macroeconomic Assessment Group. 2010. "Assessing the Macroeconomic Impact of the Transition to

Stronger Capital and Liquidity Requirements. " Basel: Bank for International Settlements, December.

Malmendier, Ulrike, and Stefan Nagel. 2011. "Depression Babies: Do Macroeconomic Experiences Affect Risk Taking?" *Quarterly Journal of Economics* 126 (1): 373 – 416.

Mariathasan, Mike, and Ouarda Merrouche. 2014. "The Manipulation of Basel Risk-Weights. " *Journal of Financial Intermediation* 23 (3): 300 – 321.

Miles, David, Jing Yang, and Gilberto Marcheggiano. 2013. "Optimal Bank Capital. " *Economic Journal (Oxford)* 123 (567): 1 – 37.

Modigliani, Franco, and Merton H. Miller. 1958. "The Cost of Capital, Corporation Finance and the Theory of Investment. " *American Economic Review* 48 (3): 261 – 297.

Moody's. 2010. "Revisions to Moody's Hybrid Tool Kit. " July 1.

Olson, Mancur. 1965. *The Logic of Collective Action: Public Goods and the Theory of Groups.* Cambridge, MA: Harvard University Press.

Peek, Joe, and Eric Rosengren. 1995. "Bank Regulation and the Credit Crunch. " *Journal of Banking & Finance* 19 (3): 679 – 692.

Philippon, Thomas. 2015. "Has the US Finance Industry Become Less Efficient? On the Theory and Measurement of Financial Intermediation. " *American Economic Review* 105 (4): 1408 – 1438.

Pozsar, Zoltan, Tobias Adrian, Adam B. Ashcraft, and Haley Boesky. 2010. "Shadow Banking. " Federal Reserve Bank of New York Staff Report 458.

Reinhart, Carmen M. , and Kenneth S. Rogoff. 2009. *This Time Is Different: Eight Centuries of Financial Folly.* Princeton, NJ: Princeton University Press.

Romer, Christina D. , and David H. Romer. 2017. "Why Some Times Are Different: Macroeconomic Policy and the Aftermath of Financial Crises. " NBER Working Paper 23931. Cambridge, MA: National Bureau of Economic Research.

Sarin, Natasha, and Lawrence H. Summers. 2016. "Understanding Bank Risk through Market Measures. " *Brookings Papers on Economic Activity* 2016 (2): 57 – 127.

Schularick, Moritz, and Alan M. Taylor. 2012. "Credit Booms Gone Bust: Monetary Policy, Leverage Cycles, and Financial Crises, 1870 – 2008. " *American Economic Review* 102 (2): 1029 – 1061.

Securities and Exchange Commission. 2017. "Report to Congress. Access to Capital and Market Liquidity. " Washington, DC, August 2017.

Sheldon, George. 1996. "Capital Adequacy Rules and the Risk-seeking Behavior of Banks: A Firm-

Level Analysis. " *Schweizerische Zeitschrift für Volkswirtschaft und Statistik* 132 (4): 709 - 734.

Shiller, Robert. 2017. "Narrative Economics. " Cowles Foundation Discussion Paper 2069. New Haven, CT: Yale University, Cowles Foundation for Research in Economics.

Stein, Jeremy C. 2013. "Overheating in Credit Markets: Origins, Measurement, and Policy Responses. " Speech at Research Symposium sponsored by the Federal Reserve Bank of St. Louis, February 7.

Tarullo, Daniel K. 2016. "Next Steps in the Evolution of Stress Testing. " Speech at the Yale University School of Management Leaders Forum, New Haven, CT, September 26.

Taylor, Alan M. 2015. "Credit, Financial Stability, and the Macroeconomy. " *Annual Review of Economics* 7 (1): 309 - 339.

Thanassoulis, John, and Misa Tanaka. 2018. "Optimal Pay Regulation for Too-Big-to-Fail Banks. " *Journal of Financial Intermediation* 33: 83 - 97.

Tinbergen, J. 1952. *On the Theory of Economic Policy*. Amsterdam: North Holland.

Tracey, Belinda, Christian Schnittker, and Rhiannon Sowerbutts. 2017. "Bank Capital and Risk-taking: Evidence from Misconduct Provisions. " Bank of England Staff Working Paper 671. London: Bank of England, August.

Tucker, Paul. 2009. "The Debate on Financial System Resilience: Macroprudential Instruments. " Barclays Annual Lecture, London, October 22.

Tucker, Paul. 2013. "The Reform of International Banking: Some Remaining Challenges. " Speech at the Oliver Wyman Institute Conference, London, October 1.

Tuckett, David. 2011. *Minding the Markets: An Emotional Finance View of Financial Instability*. Basingstoke, UK: Palgrave Macmillan.

Tuckett, David, and Richard Taffler. 2008. "Phantastic Objects and the Financial Market's Sense of Reality: A Psychoanalytic Contribution to the Understanding of Stock Market Instability. " *International Journal of Psycho-Analysis* 89 (2): 389 - 412.

Turner, Adair. 2017. "Does the Model Remain Fit for Purpose? Financial Stability Considerations. " https://www. bankofengland. co. uk/events/2017/september/20-years-on.

Vazquez, Francisco, and Pablo Federico. 2015. "Bank Funding Structures and Risk: Evidence from the Global Financial Crisis. " *Journal of Banking & Finance* 61: 1 - 14.

Wagner, Wolf. 2010. "Diversification at Financial Institutions and Systemic Crises. " *Journal of Fi-*

nancial Intermediation 19（3）：373 – 386.

　　Woods, Sam. 2017. "Looking Both Ways." Remarks prepared for the May 2017 Building Society Association（BSA）Annual Conference.

　　Yellen, Janet L. 2017. "Financial Stability a Decade after the Onset of the Crisis." Paper presented at the Federal Reserve Bank of Kansas City Economic Policy Forum "Fostering a Dynamic Global Recovery," Jackson Hole, WY, August 25.

第十二章 货币政策在保证金融稳定方面所发挥的作用*

2007—2009 年的金融危机暴露了全球金融体系的脆弱性。因此，过去几年出现了旨在提高金融体系弹性的协同改革努力，也就不足为奇了。在第十一章中，艾克曼等对这些改革尝试做了一个综合回顾，勾勒出了重新设计全球金融体系背后的合理性，并试图衡量改革最终可能会如何影响整个金融体系的表现。我想以他们的重要工作为起点，深入探讨全球金融危机引发的经济思维演变。我将特别指出，人们对金融稳定与宏观经济管理之间相互关系的看法已经发生了转变，这在货币政策在保证实体经济和金融稳定方面的作用上表现得尤为明显。这些见解的关键在于用一个异质性代理人面临金融摩擦的环境来替代通常的代表性代理人模型方法。我的论点围绕着六大支柱展开，它们分别对应着不同

　　* 本章作者为马库斯·布伦纳迈尔（Markus K. Brunnermeier）。感谢 Olivier Blanchard、Thomas Pellet 和 Christian Wolf 对本章的反馈意见。

的经济思维转变。自始至终，我都试图将这些支柱与我们在实践中看到的改革努力联系起来。

1. 从水平的脉冲响应曲线到内生波动动力学和时变风险溢价

第一个支柱是关于冲击宏观经济的扰动的作用——一个从外生冲击演变为内生波动动力学的观点。在商业周期动力学的传统模型中，定常的外生冲击过程会扰乱经济。放大效应及其持久性通常用脉冲响应曲线来说明。[①] 许多标准的宏观模型通常使用对数线性化来求解，因此在确定性等价的情况下，代理人对这些冲击做出响应。因此，不足为奇的是这类模型的现存研究大多侧重于响应的真实数量和结构性冲击的总成本，而忽视了（1）随机波动动力学和（2）时变风险溢价——这当然是最近金融研究的前沿和中心。这方面的两个例子是预期假设和无抛补利率平价，尽管有足够的证据证明它们在实践中是错误的，但它们通常被认为是站得住脚的。然而，为了应对次贷危机，人们更加重视风险决定和风险动态。在现代宏观金融模型中，经济中的风险和风险溢价是（部分）内生和时变的。从某种意义上说，宏观文献已经加入了认为风险溢价比现金流变化重要得多的金融文献的行列。最近的宏观模型不仅研究了规模和流量的扩大，而且纳入了波动性的内生动态以及它们与宏观流量和存量之间的相互作用。

值得注意的是，随着风险或风险分配以及因此而产生的总风险承受能力随时间推移而变化，自然利率 r^* 以及非加速通胀失业率（non-accelerating inflation rate of unemployment，NAIRU）也随之变化。例如，无法投保的特殊风险增加，或者中介机构分散特殊风

---

①　在战略互补性十分明显的环境下，扩张性可以转化为多样性。在后一种情况下（非基本面因素），单是太阳黑子冲击就足以引发内生宏观数量的波动。

险的能力下降，都会提高预防性储蓄，并暂时压低重要的理论基准利率 r^*。①

2. 从节俭的悖论到审慎的悖论

传统的风险模型有效地将各个金融实体隔离开来。重点放在单个机构所面临的风险上，很少关注溢出风险。实际上，金融机构之间是有联系的，最明显的是通过直接的合同联系：个别银行违约会对其他机构产生连锁反应。它们随后可能也会违约，触发二阶和更高阶的效应，最终波及整个系统。头寸数据可以用来衡量这些由破产或违约造成的连锁损失的潜在危险。与此同时，还存在着重要的间接溢出效应：金融危机导致不利的价格波动，进而影响到其他拥有相同或类似敞口的机构。也就是说，即使不同的市场参与者彼此之间没有直接的风险敞口，也没有合约上的联系，冲击也会波及整个系统。流动性螺旋是这种放大效应的一个特别重要的例子。风险息差是否存在，关键取决于其他市场参与者的行为是像减震器还是像放大器；也就是说，结果取决于它们的响应函数。在一个战略互补性很强的世界，单个实体的冲击会被市场其他部分的反应放大。一种新的合成谬误可能出现。凯恩斯的节俭悖论关注的是家庭的消费（与储蓄相反的决策），每个家庭增加储蓄倾向的决定会导致整体储蓄减少，风险空间也会出现类似的悖论，Brunnermeier 和 Sannikov（2017）将其称为"审慎悖论"。当单个银行的微观审慎行为加剧了内生的系统性宏观风险，导致收益呈肥尾分布时，就是宏观不审慎的了。总体而言，监管机构最重要的任务是关注市场参与者的响应函数，以区分冲击放大器（表现出上述战略互补性的参与者）和减

① 在"货币理论 I"中（Brunnermeier and Sannikov, 2016a），中介机构将风险多样化的意愿取决于它们的资本总额。

震器（不表现出上述战略互补性的参与者）。一个响应指标是流动性错配。低流动性错配的市场参与者可能会将价格下跌视为廉价买入的机会，而流动性错配程度高的市场参与者则会抛售资产从而放大最初的冲击。

3. 从同时测量的风险到隐藏的风险积聚和顺周期性

第三个支柱是从关注同期风险措施到隐藏风险积聚的转变。在传统的模型中，扰动只是简单地出现，然后通过系统传播，而内部传播通常很弱。然而，作为金融危机的结果，人们已经认识到，风险的积累和最终爆发实际上可以是内生的，并随着时间的推移逐渐发生，在经济似乎运行良好的环境下。这种增强的背后，隐藏着战略可替代性向战略互补性的转变。举一个具体的例子，如果大多数市场参与者没有杠杆或在险价值约束，那么价格下跌（例如，由于某些市场参与者出售资产的行为）对市场的其余参与者来说意味着一个廉价购买机会。相反，当通过增加杠杆实现的战略可替代性转变为战略互补时，其他人的出售（这压低了价格）会收紧杠杆和在险价值约束，进而迫使大多数剩余的市场参与者也出售资产。这些力量的最终结果是波动性悖论：测量指标显示的低在险价值表明一切都很好，但这将导致金融机构采用更高的杠杆率（风险权重可以很低，金融体系似乎很稳定），从而使金融体系更容易受到冲击。从形式上讲，即使外生风险小得几乎为零，放大效应也会相应上升，使内源性风险从零上升，因此任何给定的外生冲击都可能被大幅放大。这些因素更细致地描绘了提高债务水平的可取之处。一方面，经验证据表明，更发达的经济体表现出更高的债务-GDP 比率，这是一种被称为"金融深化"的力量。另一方面，当同时测量的波动率较低时，由杠杆积累而导致的债务增加可能预示着未来的金融危机。

4. 从无风险的资产基准到泡沫安全的资产

第四个支柱是承认了安全资产的重要性。广泛观察到的"逃向安全地带"现象促成了这一转变。在传统的宏观模型中，最重要的基准是无风险利率。无风险资产在特定的预定时间范围内是无风险的，比如 1 个月、1 年或 30 年。相反，Brunnermeier 和 Haddad（2014）认为，在随机发生的危机期间，安全资产具有流动性和价值。安全资产就像好朋友。当人们需要它们的时候，它们就在身边。它们是很好的价值储存手段，是为了预防而储蓄的工具。第二个特性是"安全资产同义反复"。安全资产之所以安全，是因为人们认为它们是安全的。形式上，这指向多重平衡。安全资产可以表现为泡沫的形式，如 Samuelson（1958）的世代交叠模型或 Bewley（1980）以及 Brunnermeier 和 Sannikov（2016a，2016b）的不完全市场条件下的政府债务。例如，黄金被认为是一种安全的价值储存手段，但并非没有风险，因为它往往在危机时期升值。安全资产往往是信息不敏感的，通常由代理人持有，以防范和缓冲他们持有的风险。

安全资产也具有国际性。危害最大的避险事件会牵涉到国际跨境资本流动。造成这一现象的根本原因是，各国的安全资产供应不对称。外汇储备、国际货币基金组织的信贷安排和各国央行的互换安排，为防范潜在的跨境避险事件提供了一些保护。通过以主权债券支持证券（sovereign bond-backed securities，SBBS）形式的证券化创建安全资产，可以将逃往安全资产的资金从跨境流动重新引导到跨不同资产类别的流动。Brunnermeier、Langfield 及其合作者（2017）描述了欧元区主权债券支持证券/欧洲安全债券（European Safe Bonds，ESBies）的稳定特性，Brunnermeier 和 Huang（2018）描述了新兴市场经济体主权债券支持证券的稳定特性。

5. 从分离原则到宏观审慎政策与货币政策的互联

第五个支柱是宏观审慎与货币政策之间的联系。危机前的思维要求分离，而现在这些联系得到了明确承认。正如危机前宏观模型所反映的那样，人们普遍认为，货币政策和审慎政策应该保持分离，货币政策通过天赐的巧合确保了价格和产出的稳定，而宏观审慎政策则稳定了金融体系。这一观点的基础是标准的理念，即明确划分职责是跨不同政府机构的最佳制度安排。的确，在历史上，央行一直肩负着维护金融稳定的责任，但在次贷危机爆发前的几十年里，这些任务被移交给了新成立的特别机构。相比之下，近年来人们认识到货币政策具有再分配效应，对金融稳定具有重要影响（Brunnermeier and Sannikov，2013）。传统的降息会推高长期债券价格，而非常规的资产购买会推高资产价格，因此总体上货币政策的再分配效应会倾向于这些资产的原始持有者。这种隐秘的资本重组导致了较低的风险溢价，缓解了上文所述的通缩和流动性螺旋，从而稳定了经济。特别是，这种隐秘的资本重组即使在直接（财政）资本重组不可行的情况下——这通常是因为政治经济学约束——也能奏效。新兴经济体的例子进一步说明了宏观审慎与货币政策之间的交织关系。事实上，在这类经济体中，这些工具之间的区别甚至都不是很清楚。例如，在印度，银行持有政府债券的流动性要求被视为一种货币政策工具，而不仅是一种宏观审慎工具。

6. 从风险视角到弹性视角

第六个支柱涉及长期的考虑——经济衰退特别是那些与金融稳定相关的衰退对长期经济表现的影响。这是一场关于稳定与弹性的辩论。在传统模型中，经济在一个稳定的（外生的）长期增长路径上波动，外生冲击导致经济生产能力的暂时而非永久损失。[①] 因此，风险只具有二阶重要性，商业周期的成本与长期经济增长方面的考量相比显得微不足道。Lucas（1987）的结论是，宏观经济学家应该关注增长，而不是研究商业周期。然而，金融危机的余波（再次）向经济学家证明，事实上，衰退可能产生永久性的创伤效应。[②] 特别是金融危机有可能留下长期的创伤，并永久性地降低经济的长期增长率。因此，风险至关重要。所以，对政策制定者而言，关键的权衡在于，附加的监管可能会让经济更具弹性（从而防止由危机引发的大规模永久性产出损失），但代价是降低平均效率。总的来说，与其试图减少波动性——商业周期理论的传统重点——不如将研究重点放在均值回归和回归到以前的趋势线上。打个比方说，与其试图建造一堵"混凝土支撑墙"来防止经济下滑超过某个水平，还不如设计一个"蹦床"，让经济有可能进一步偏离，但随后反弹至长期趋势。

在不同程度上，上述几个方面都在一种新的宏观模型中得到了体现，这类模型明确将重要的金融部门纳入并考虑了全球动态，特别强调了危机的内生源头。金融稳定与宏观稳定相互交织；这些模型使我们能够理解这种交织关系的源头和相关的政策含义。然而，还需要做更多的工作，特别是在这些模型的量化方面。构建一个更符合实际的定量模型有望为最优决策提供帮助，并衡量过去几年实

[①] 关于长期趋势如何测度，经济学家并未达成一致意见：究竟是应该从顶点到顶点进行测度，将衰退视为对常态的偏离，反映了产出缺口，就像著名的弗里德曼采摘模型（Friedman plucking model）那样，还是说应该考虑一个经济在两个方向上发生偏离的（HP过滤的）趋势，即产出缺口可能是正的也可能是负的。

[②] Blanchard 和 Summers（1987）指出，正如人力资本随着失业持续而恶化，长期衰退将导致经济进一步滞后。

施的改革努力。

参考文献

Bewley，Truman. 1980. "The Optimum Quantity of Money." In *Models of Monetary Economies：Proceedings and Contributions from Participants of a December 1978 Conference Sponsored by the Federal Reserve Bank of Minneapolis*，ed. John H. Kareken and Neil Wallace. Federal Reserve Bank of Minneapolis.

Blanchard，Olivier，and Lawrence H. Summers. 1987. "Hysteresis in Unemployment." *European Economic Review* 31：288 – 295.

Brunnermeier，M. K.，and V. Haddad. 2014. "Safe Assets." https：//www. newyorkfed. org/medialibrary/media/aboutthefed/pdf/FAR _ Oct2014. pdf.

Brunnermeier，Markus K.，and Lunyang Huang. 2018. "GloSSBS：A Global Safe Asset from and for Emerging Market Economies." Paper presented at the 21st Annual Conference of the Central Bank of Chile，"Monetary Policy and Financial Stability：Transmission Mechanisms and Policy Implications，" Santiago，November.

Brunnermeier，Markus K.，Sam Langfield，Marco Pagano，Ricardo Reis，Stijn van Nieuwerburgh，and Dimitri Vayanos. 2017. "ESBies：Safety in the Tranches." *Economic Policy* 32（90）：175 – 219.

Brunnermeier，Markus K.，and Yuliy Sannikov. 2013. "Redistributive Monetary Policy." In *The Changing Policy Landscape：Proceedings of the 2012 Jackson Hole Economic Policy Symposium*，331 – 384. Federal Reserve Bank of Kansas City.

Brunnermeier，Markus K.，and Yuliy Sannikov. 2016a. "The I Theory of Money." NBER Working Paper 22533. Cambridge，MA：National Bureau of Economic Research.

Brunnermeier，Markus K.，and Yuliy Sannikov. 2016b. "On the Optimal Inflation Rate." *American Economic Review* 106（5）：484 – 489.

Brunnermeier，Markus K.，and Yuliy Sannikov. 2017. "Macro，Money and Finance：A Continuous-Time Approach." In *Handbook of Macroeconomics*，vol. 2，1497 – 1546. Amsterdam：North-Holland.

Lucas，R. E. 1987. *Models of Business Cycles.* New York：Basil Blackwell.

Samuelson，Paul. 1958. "An Exact Consumption-Loan Model of Interest with or without the Social Contrivance of Money." *Journal of Political Economy* 66（6）：467 – 482.

第十三章　关于金融监管已知的未知[*]

金融中介正处于一个十字路口。可以说，在历史上，银行从未像今天这样面临这么多的重大挑战。超低的利率和危机后更为严格的监管，正在给银行的盈利带来压力，有时还限制了它们充分利用资产负债表的能力。技术变革也在许多方面给现任者提出了挑战。尽管在过去，技术进步通常试探的是金融中介机构的适应性和灵活性，但当前创新的速度和范围有可能从根本上改变向家庭和企业提供金融服务的方式。

这些情况自然也给监管机构、央行和其他政策制定者带来了挑战。在次贷危机爆发10年后，现在是时候评估自危机爆发以来出台的大量规章制度的影响了。金融稳定委员会已将此作为重要工作方向，预计将对二十国集团金融监管改革的效果进行全面评估。

---

* 本章作者为伯纳特·科尔（Benoît Coeuré）。

艾克曼等在第十一章中列出的工作是这些评估的有力指引。他们的结论（在我看来是恰如其分的）是，关于更高的资本要求会导致更低的信贷的担忧似乎没有实现，这在一定程度上证明了资本要求可以在更高水平上进行校准的说法，尽管总损失吸收能力和资本要求带来的综合影响还有待充分理解（Admati and Hellwig，2014；Kashkari，2016）。此外，艾克曼等还强调了现有规则的互补性，并为当前的"多极"监管机制提供了经验证据。他们的工作进一步增强了对新监管框架进行审查的理由，不惜使之向保守主义倾斜，并承受来自既得利益集团的压力。

虽然我不能对艾克曼等人的所有想法都进行评价，但我打算做两件事。首先，我将详细论述他们关注的一个关键方面，即多极监管所涉及的潜在权衡。其次，我将谈到一个迄今为止受到较少关注的问题——金融监管对金融结构的影响，尤其是在快速技术变革时期。

一、看待金融监管权衡的历史视角

在过去的十年里，金融市场的格局发生了显著变化，无论是在风险转移的方式上，还是在风险集中和管理的方式上。在中介方面，非银行金融部门的市场份额大幅增加，从 2008 年的 43％增加到 2017 年年初的 55％。在风险管理方面，随着标准化场外（over-the-counter，OTC）衍生品强制集中清算的引入——正如 2009 年二十国集团在匹兹堡峰会上达成的协议——中央清算所应运而生。

这些变化也对金融监管的性质和覆盖面产生了影响。例如，金融稳定委员会朝着对市场化融资实施更严格监管的方向发展，而支付和市场基础设施委员会、国际证监会组织以及其他国际组织自2012年以来都在不知疲倦地努力建立一个监管框架，以使中央结算对手（central clearing counterparty，CCP）更有弹性，清算工作更简单（Coeuré，2017）。①

　　然而，一个更加多样化的金融业也意味着更有可能发生监管溢出，且这种溢出将更难识别。我将以中央结算对手及其与《巴塞尔协议Ⅲ》杠杆率之间的相互作用为例。由于清算服务要求客户提供抵押品，在杠杆率框架下不承认此类抵押品可能导致银行收缩其清算服务，因此可能导致不健康的清算服务集中。

　　换句话说，存在这样一种风险，即杠杆率可能会让我们的市场面临更大的风险，而不是更小的风险。一些人已经公开对这个问题做出结论，要求巴塞尔委员会考虑如何修改。其他机构仍在评估这些动态，包括由金融委员会牵头的对衍生品评估小组集中清算激励措施的评估。

　　因此，与针对银行等一类金融机构的监管不同，金融机构之间的监管溢出可能更令人担忧。在银行，由于艾克曼等解释的原因，规则重叠可能是可取的（丁伯根法则和布雷纳德法则适用于金融监管②）。

　　在理想情况下，定量模型将支持决策者描述和克服这种权衡。然而，这种方法面临两大障碍。首先，政策制定者需要更好地确定他们的损失函数，对不同的、可能相互冲突的目标赋予明确的权重。然而，这是一项非常微妙的工作。其次，即使我们能够详细说明我

---

① 关于市场化融资，可以参见金融稳定委员会2017年提出的旨在解决资产管理活动的结构化脆弱性问题的政策建议。

② 丁伯根法则认为，不同的政策目标需要不同的政策工具，而布雷纳德法则指出，工具的选择取决于与其影响有关的不确定性的类型（见第十一章）。

们的目标函数，我们的定量模型描述金融部门的方式也缺乏以足够精确的方式量化监管权衡所需的粒度（granularity）。所以，最后，我基本上同意艾克曼等人的结论，我们很可能会继续在黑暗中射击，这意味着要向同一个目标射出许多箭。

然而，最终，潜在的负面溢出效应不能成为打消自2009年以来所取得成就的借口。但当负面溢出效应明显时，如杠杆率和中央清算，我们应毫不犹豫地予以纠正。这也与某些管制领域缺乏国际合作的不良后果有关。依然以中央结算对手的监管为例。考虑到它们所服务的清算成员的范围，或它们所清算的市场和货币的范围，一些中央结算对手显然是全球性的。

因此，所有司法管辖区都应认识到，有必要让非本土监管机构和央行参与对此类全球中央结算对手的监督，并在相关情况下建立合作监督安排。一种承认非本土机构合法利益的监管方式，对应对潜在中央结算对手失灵造成的全球影响至关重要，包括其复苏和解决。

欧盟委员会修订欧洲市场基础设施法规（EMIR）的提议就是一个恰当的例子。在英国决定退出欧盟后，考虑到英国中央结算对手清算了欧元区银行约90％的欧元计价利率互换，继续实施目前欧盟对第三国中央结算对手的监管安排，将存在明显的风险。该提议为欧盟监管机构和存在相关问题的央行提供了必要的工具，以监控和应对欧盟金融体系面临的风险。①

---

①　关于中央对手方的认证流程和标准，参见 October 4，2017，ECB Opinion on a proposal for a regulation of the European Parliament and of the Council amending Regulation (EU) No. 1095/2010 and Regulation (EU) No. 648/2012（https://www. ecb. europa. eu/ecb/legal/pdf/en _ con _ 2017 _ 39 _ eu _ f _ sign. pdf）。2017 年 6 月，欧洲央行管理委员会（ECB Governing Council）一致通过了一项建议，对欧洲中央银行体系（European System of Central Banks，ESCB）和欧洲央行章程的第 22 条进行修订，使欧洲央行在中央清算领域拥有监管权限。

因此，更多而不是更少国际合作对维护金融稳定至关重要。这一点值得强调，特别是在公开讨论放弃国际商定标准的背景下。在一体化的全球经济中，金融监管必须依赖于国际商定的标准。让国际金融监管的时钟倒转，将重新引发不信任，造成金融碎片化，并可能引发监管套利和一场逐底竞争。

二、金融监管对金融结构的影响

现在，让我谈谈监管界面临的另一个挑战，即监管对我们经济金融结构的影响——不管人们是否希望如此。[①] 监管框架可能通过两种方式影响企业和家庭的融资组合。第一种是通过一些享有优惠待遇的融资形式发挥作用。第二种是通过保护现有企业免受新竞争者的冲击。这两种渠道可能是监管机构有意为之，也可能是无意中造成的结果，但它们最终都能引导一个经济体形成一种看上去可能与市场力量放任自流时不同的金融结构。

尽管存在这些配置效应，但监管很少以第一原则为基础。事实上，监管机构进退两难。忽视监管对我们经济金融结构的影响可能是幼稚的和痴心妄想的——我们可能不知道影响的速度和范围，但我们可以相对肯定的是，影响不会是中性的。与此同时，将这些影响内部化将导致区分审慎目标和行业目标变得越来越困难。这可能会产生错位激励，并可能带来无法完成金融稳定任务的风险。

---

① 关于金融结构，参见 Claessens (2016)。

好消息是，长期以来，学术研究一直表明，即使金融规则扭曲了最优配置，对增长和整个社会可能也不会产生太大影响。[①] 根据这一主张，银行和市场化融资都倾向于以类似的方式支持经济发展和生活水平。[②]

然而，最近的研究对这些发现提出了质疑。越来越多的证据表明，大型银行系统与更大的系统风险和更低的经济增长相关，特别是当国家变得更富有时（Demirgüç-Kunt，Feyen，and Levine，2013；Langfield and Papagano，2016）。另外一些研究则表明，更深层次的股票市场在使经济体更接近技术前沿方面更有效（参见 Hsu，Tian，and Xu，2014）。

因此，总的来说，经验研究越来越多地探讨银行在发达经济体中的作用和重要性，包括它们对增长的边际贡献和作为减震器的作用。这一点也反映在政治讨论中。欧洲推动建立资本市场联盟不仅反映了一个货币联盟对增强跨境风险分担的需要，也体现了如下看法：一个更为平衡的融资组合能够更好地帮助吸收经济冲击，这与艾伦·格林斯潘的"备胎"假说（Greenspan，1999）相一致。更深层次、更一体化的股票市场还有望支持欧盟的创新和生产率增长。

此外，我们可以看到，银行正日益受到技术变革的挑战。新的竞争对手正在迅速崛起，并有可能在银行的一些核心创收领域抢占市场份额。例如，众筹或个人对个人（peer-to-peer，P2P）贷款可能会影响银行信贷业务。与此同时，电子交易或机器人咨询可能会将银行挤出典型的投资管理或咨询市场。支付服务也是面临竞争的

---

① 关于这一问题的更广泛的讨论，参见 Popov（2017）。

② 这一结论得到了微观和宏观经济证据的支持，且在很多经济体和经济部门都是稳健的。例如参见 Arestis、Demetriades 和 Luintel（2001），Beck 和 Levine（2002），以及 Beck 和 Levine（2004）。

领域之一。

当然，这并不意味着银行就是多余的或者变成了社会的累赘。银行在汇集储蓄、转换期限和风险方面发挥着关键的社会作用，它们应该继续这样做。但现实确实提出了两个重要的问题。第一，我们是否正处于一个银行的未来将受到挑战的临界点？第二，监管机构应该关心这一点吗？也就是说，我们是否应该保护银行不受最近技术变化和新竞争者出现的影响？考虑到我之前提到的权衡，监管者是否应该对哪种金融结构对社会最有利有先入之见？

迄今为止，监管方法的基本假设是，向新的金融科技公司开放市场准入，将增加社会剩余，并刺激创新，这与我们在其他网络行业看到的情况类似。与此同时，保护现任者的规则依然存在。例如，金融科技公司无法获得提供更广泛的金融服务所需要的客户交易数据——银行可以用这些数据来交叉销售金融服务，其价格可能高于信息共享受到较少限制情况下的价格。

举例来说，欧盟成员国将于 2018 年 1 月实施的欧洲支付服务指令（PSD2）修订版，旨在要求银行共享账户信息，从而引入更多竞争。有了这些数据，金融科技公司可能会越来越多地撼动银行业。

在这种监管环境下，我认为未来会出现两种情况。在第一种情况下，现任者奋起迎接挑战。他们与初创公司联合，拥抱新技术，削减成本，创造新的收入来源。就在我们说话的时候，已经有些公司结成了伙伴关系。这种情况下的结果通常是良性的，因为首先，新技术可能会通过银行现有的网络更快地传播，从而提高生产率、促进经济增长，其次当前已经形成针对银行的审慎监管，从而维护了金融稳定。

然而，我已经看到监管机构面临的一个挑战，那就是让银行在不重现"太大而不能倒"风险的同时，收获数字技术固有的规模经济效益。这种情况还假设银行有足够的利润来进行必要的投资，在欧洲这包括降低成本和强有力地解决不良贷款。

在第二种情况下，银行会保持更多的防御，或者就像它们可能会说的那样，被监管和低利率环境扼住喉咙。因此，它们越来越有可能无法满足客户不断变化的需求。在数字化的世界里，客户希望随时随地都能获得金融服务。这个场景可能是一个真正的威胁，特别是已经获得大量客户数据的数码巨头如果准备瞄准银行业价值链的某些部分，这将限制银行交叉销售的能力，最终将银行挤出大片金融服务领域。

对整个社会来说，这种情况会更糟吗？企业和家庭可以受益于越来越多的金融产品和服务，更低的价格和更快速的供给。然而，问题在于，银行服务可能会向金融体系中监管较松的领域转移，在这些领域，许多非存款类金融科技机构仍在运作。[1] 这就是 Charles Goodhart（2008）所说的金融监管的"边界问题"。在这种情况下，为了避免监管者再次成为"追逐灰狗的猎犬"（Eichengreen，2009），当前的监管漏洞需要被填补，以确保银行部门以外的金融中介保持安全和健康。

然而，这就是规范性问题可能出现的地方。原因在于，金融监管可能会影响金融结构演变的方向和变化速度。一方面，以金融稳定的名义先发制人地攫取控制权，可能会扼杀创新，并阻止金融科技发展成为重要的规模经济。因此，这种做法也可能让小企业和家庭处于不利地位，因为如果能够保持安全，这些企业和家庭可能会

---

[1]　根据它们开展的活动的类型，许多金融科技公司已经受制于一项或多项欧盟行业金融服务法律法规。

受益于更快的技术进步。另一方面,允许风险在不受监管的部门累积,可能导致过度繁荣,重新给金融稳定带来威胁,并丧失此前监管努力带来的收益。

当然,找到正确的平衡点并实时识别风险本身就是一项困难的任务。我没有快速或简单的解决方案。但在我看来,我们应该做的是更系统地鼓励对这些重要问题进行更多的研究。

在这个过程中,央行并非无辜的旁观者。我们必须注意我们自己的决定对未来金融结构的影响。例如,数字货币可能会打破商业银行在创造内生货币方面的垄断权(He et al.,2017)。与此同时,尽管负利率在补充其他非常规货币政策工具以帮助央行克服零利率下限约束方面极为有效,但随着时间的推移,负利率可能对银行的盈利能力产生负面影响。到目前为止,负利率的一般均衡效应显然占据了主导地位。更普遍地说,很难相信央行在相当长的时间内保持非常庞大的资产负债表不会对金融中介产生影响。

展望未来,低生产率和老龄化社会可能意味着我们的经济已被低增长、低利率的环境所牢牢吸住,这可能会对银行利润和金融稳定产生更持久的影响。反过来,货币政策可能不得不更多地求助于非标准措施,以履行其价格稳定的职能。在这种情况下,我们需要警惕金融稳定面临的风险。例如,持续太长时间的资产购买可能会导致金融失衡加剧,对价格稳定造成潜在的不利后果。

三、结 论

与十年前或二十年前相比,维护金融稳定变得更加错综复杂。

这会深刻改变在主要金融市场参与者之间的监管权衡的平衡。更重要的是，金融体系正在迅速演变。大量的跨期权衡——此时政策制定者需要密切关注其监管决策带来的配置效应——会使非跨期权衡变得更糟。

在这种条件下，没有快速修复或简单的解决方案。但是，我们应该继续基于两项原则进行努力。首先是监管机构之间的合作，包括境内和境外的合作。只有联合起来，我们才能打破现存的藩篱，找到共同解决方案来应对我们面临的颇具挑战性的权衡问题。其次是政策制定者之间的合作。像今天这样的会议汇聚了来自不同领域的决策者——货币政策、财政政策和金融稳定。这迫使我们进行超越通常边界的思考，并有可能提高我们的意识和敏感性。

因此，我要衷心感谢布兰查德和彼得森国际经济研究所。

参考文献

Admati, A., and M. Hellwig. 2014. *The Bankers' New Clothes：What's Wrong with Banking and What to Do about It*, with a new preface by the authors. Princeton，NJ：Princeton University Press.

Arestis, P., P. Demetriades, and K. B. Luintel. 2001. "Financial Development and Economic Growth：The Role of Stock Markets." *Journal of Money，Credit，and Banking* 33：16-41.

Beck，T., and R. Levine. 2002. "Industry Growth and Capital Allocation：Does Having a Market- or Bank-Based System Matter?" *Journal of Financial Economics* 64：147-180.

Beck，T., and R. Levine. 2004. "Stock Markets，Banks，and Growth：Panel Evidence." *Journal of Banking and Finance* 28：423-442.

Claessens, S. 2016. "Regulation and Structural Change in Financial Systems." ECB Forum on Central Banking，June.

Cœuré, B. 2017. "Central Clearing：Reaping the Benefits，Controlling the Risks." *Financial Stability Review*（Banque de France）21（April）.

Demirgüç-Kunt, A., E. Feyen, and R. Levine. 2013. "The Evolving Importance of Banks and Securities Markets. " *World Bank Economic Review* 27（3）：476 – 490.

Eichengreen, B. 2009. "The Financial Crisis and Global Policy Reforms. " In *Proceedings of the Federal Reserve Bank of San Francisco Asia Economic Policy Conference*, 18 – 20.

Goodhart, C. 2008. "The Boundary Problem in Financial Regulation. " *National Institute Economic Review* 206：48 – 55.

Greenspan, A. 1999. "Do Efficient Financial Markets Mitigate Financial Crises?" Speech at the 1999 Financial Markets Conference of the Federal Reserve Bank of Atlanta, Sea Island, GA, October 19.

He, Dong, Ross B. Leckow, Vikram Haksar, Tommaso Mancini Griffoli, et al. 2017. "Fintech and Financial Services：Initial Considerations. " IMF Staff Discussion Note 17/05. Washington, DC：International Monetary Fund.

Hsu, P. , X. Tian, and Y. Xu. 2014. "Financial Development and Innovation：Cross-Country Evidence. " *Journal of Financial Economics* 112（1）：116 – 135.

Kashkari, N. 2016. "The Minneapolis Plan to End Too Big to Fail. " Speech at the event, "Too Big to Fail at the Economic Club of New York," Economic Club of New York, November 16.

Langfield, S. , and M. Pagano. 2016. "Bank Bias in Europe：Effects on Systemic Risk and Growth. " *Economic Policy* 31（85）：51 – 106.

Popov, A. 2018. "Evidence on Finance and Economic Growth. " In *Handbook on Finance and Development*, ed. T. Beck and R. Levine. London：Edward Elgar, forthcoming.

第十四章　金融稳定与宏观审慎政策*

　　在第十一章中，艾克曼等对当前有关金融稳定政策问题的研究进行了全面的回顾，并提出了日后在促进金融稳定方面需要进一步开展的工作。我将扩展两个与实施宏观审慎政策相关的研究领域。第一个涉及金融条件对经济增长影响——特别是对增长的下行风险的影响——的经验估计。这类研究将金融稳定风险转化为产出增长风险，从而使政策制定者能够在宏观审慎政策、货币政策或其他宏观政策方面使用一种共同的语言。第二个领域与宏观审慎政策的治理结构有关，这对实际采取行动至关重要。特别是，货币政策制定者能否假定存在有效的宏观审慎当局，以实施促进金融稳定的政策？货币政策制定者在自己的政策考虑中，能够安全地忽视金融稳定方面的考虑吗？

　　在本章中，我将把宏观审慎政策定义为具有时变参数的金融监

---

　　* 本章作者为梁内利（Nellie Liang）。

管政策。除了结构性非时变策略外，还有一些重要的论据支持使用动态策略。特别是，冒险行为是顺周期的，许多监管和模型也是顺周期的，静态监管可以套利，尤其是在非银行部门复杂的国家。这三个原因不仅是抽象的概念，它们本身就对静态的结构性政策提出了重要的限制，以促进金融稳定。

此外，宏观审慎政策的目标可以很宽泛。第十一章的作者指出，英国央行早在 2009 年就提出了这样一个问题：它是应该只针对金融企业和市场的弹性，还是应该更大胆地瞄准企业和家庭的信贷周期。在我看来，宏观审慎政策有很强的理论和实践依据，可以同时针对借贷双方，因为任何一方受到压力都会产生负外部性。显然，资本不足的金融公司使经济增长非常脆弱，而被迫去杠杆化的高负债借款人可能导致总需求崩溃，从而陷入流动性陷阱。

一、估计金融部门风险下的增长

尽管有强有力的理由支持用动态参数来实施宏观审慎政策，但这种做法也存在挑战。一个关键的问题是，什么时候风险大到了可以采取先发制人的行动？和应对危机——此时明显存在需要解决的问题——相比，这个问题更难回答。但这种时机问题在货币政策中也很常见，各国央行的目标是在通胀过高之前加息，而不是坐等通胀预期失控。按照这一思路，近期有一些早期的工作，旨在制定监控措施，将金融稳定风险与未来经济增长的风险联系起来。我将提到三个经验检验。

第一个经验检验是评估金融条件对经济增长的影响，以及它们是否随宏观金融失衡而变化，比如私人非金融信贷。人们发现，超过其长期趋势水平的私人非金融信贷，可以用来预测衰退和危机，现在许多国家都会定期审查这一指标，以设置反周期的资本缓冲。对于美国经济，我们测试了过度信贷对经济增长的重要性（Aikman et al.，2017）。特别地，我们使用阈值 VAR 来测试金融条件的影响是否随信用缺口的大小而变化。在我们的模型中，金融条件反映了资产价格和贷款标准的风险溢价。我们发现，更宽松的金融条件将在短期内提振 GDP，无论是在高信贷缺口时期还是在低信贷缺口时期，但这种增长在高信贷缺口时期的可持续性不如在低信贷缺口时期。也就是说，虽然金融条件的影响在短期内是积极的，但在中期，当信贷缺口高企时，它们会导致负增长。这些结果表明存在重要的非线性，这与会导致急剧不连续性的偶尔具有约束力的抵押品约束模型的结论相一致。在高信贷并不是其他因素比如衰退的近似的检验中，这一结论是稳健的。

国际货币基金组织 2017 年 10 月发布的《全球金融稳定报告》（*Global Financial Stability Report*）第三章介绍了第二个经验检验。作者提出了一种金融条件带来的增长风险的衡量指标，该指标提供了一种用经济增长来表示金融稳定性的方法。他们评估了金融部门的状况是否有助于预测未来 GDP 增长的概率分布［建立在Adrian、Boyarchenko 和 Giannone（2016）以美国为例所做工作的基础上］。使用分位数回归，他们显示了基于金融条件的对 21 个国家的年度 GDP 增长预测的第 5 分位数、中位数和第 95 分位数。结论表明，与未来一年的上行风险相比，金融条件收紧带来的经济增长下行风险更大。这些结果表明，只看增长中值可能会忽视一些关键的下行风险。

特别是，较宽松的金融环境预示着短期内——大约是一年内——经济下行风险较小。相比之下，借款人杠杆率上升（更宽松的金融环境），可能预示着中期（未来两三年）下行风险加大。也就是说，较宽松的金融环境在短期内降低了经济增长的波动性，但在中期内却增加了波动性，这意味着在较宽松的金融环境中存在一种跨期权衡。

这种衡量增长风险的方法，捕捉了 GDP 增长的预期路径、波动性和偏态，将金融稳定风险置于评估其他宏观政策所用的同一套话语体系中。各国可以在不同的时间范围内追踪这种增长风险的大小。该方法具有这样的潜力：衡量任何时候宏观审慎政策的必要性，并评估这些政策成功与否。

第三个经验检验是上述两者的结合，并通过调节金融条件对超额信贷的增长效应、检验非线性动力学扩展了风险增长检验。在针对 11 个发达经济体的前期工作中，我们发现，高信贷和宽松的金融条件结合——繁荣时期——导致中期增长波动性加大，表明可持续增长减弱，并强化了跨期权衡的结果。

这三个经验检验验证并发现了与如下框架相一致的结论：该框架将金融稳定视为系统吸收而非放大任何负面冲击的能力（Adrian, Covitz, and Liang, 2015）。脆弱性可以以一种可预见的方式形成，并因偶尔具有约束力的抵押品约束而导致更大的下行风险，这种约束会通过总需求外部性、抛售和投资者挤兑，导致急剧的不连续调整。

二、宏观审慎政策的治理结构

有效制定宏观审慎政策的一项重要工作是建立适当的治理结构

来评估风险并采取政策行动。在当前环境下，这个问题尤其有趣，因为许多发达经济体担心，通胀仍低于目标水平，而资产估值正迅速上升。与此同时，国际货币基金组织在 2017 年 10 月发布的《全球金融稳定报告》中指出，全球信贷规模不断扩大。当前的一个问题是，哪些实体正在监控高资产价格和不断扩大的信贷规模可能带来的系统性风险，并采取先发制人的行动，以防资产价格大幅下跌可能带来代价高昂的后果？

在 Edge 和 Liang（2017）的论文中，我们评估了新的宏观审慎当局，以回答由谁来制定动态宏观审慎政策这个问题。我们以 58 个国家为样本，构建了一个新的宏观审慎当局数据集。宏观审慎政策可能需要各监管机构之间的大量协调，并更多地关注时变风险或不受监管的机构，因此可能需要新的治理安排。该数据库反映了 2016 年的公共官方文件信息，我们正在将其提供给其他人（Correa，Edge，and Liang，2017）。

许多国家（41 个）已正式或事实上设立了跨部门的金融稳定委员会，15 个国家已指定一个单一机构作为宏观审慎当局。该机构几乎总是央行，对这些国家来说，央行也是审慎的监管者。以 GDP 对这些安排进行加权可以发现，较大的国家建立了金融稳定委员会，而较小的国家则依靠央行作为单一的权威（见图 14-1）。在我们的样本中，没有一个国家创建独立设置动态政策的新机构；相反，它们建立在已经存在的微观审慎监管结构之上。看起来，由于微观审慎监管机构不是用来实施宏观审慎政策的，各国选择通过包括央行和财政部在内的机构来建立金融稳定委员会。从什么支配着全球活动的角度来看，金融稳定委员会显然是值得关注的一种安排。

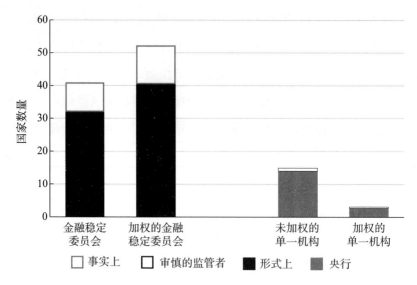

图 14 - 1　宏观审慎当局的类型：以 GDP 进行加权的国家数量

资料来源：Edge and Liang（2017）.

要评估这些委员会，我们首先要看其成员资格和领导能力。我们发现 41 个国家的金融稳定委员会通常有 3～5 个成员。成员资格很重要，因为不同的机构有不同的技能和目标，这将影响宏观审慎政策的选择。许多国际机构建议让央行在宏观审慎政策中发挥突出作用，因为它们对时变风险具有分析能力，在货币政策的执行中具有业务独立性。然而，由于一些宏观审慎政策可能涉及分配选择，财政部作为民选官员的代表可能需要为金融稳定委员会提供合法性，尽管它们可能不像央行那样愿意实施不受欢迎的政策。我们的数据显示，除了在 1 个国家外，央行都是金融稳定委员会的成员；在 12 个国家，央行又是金融稳定委员会的唯一主席。然而，与央行相比，财政部更有可能成为金融稳定委员会的唯一主席：在 21 个国家中，财政部（或政府）是唯一的主席；在另外 4 个国家，财政部是共同主席或轮值主席。审慎监管机构一直是金融稳定委员会的成员，但从来都不是唯一的主席，这可能是因为它们更关注微观审慎问题。

评判金融稳定委员会的作用会有些主观。但我们可以借用国际货币基金组织在 2014 年提出的三个同样重要的标准：协调、采取行动的能力、采取行动的意愿。

协调。所有的金融稳定委员会都表示它们致力于促进信息共享。金融稳定委员会在选择成员方面似乎是正确的。我们检验了金融稳定委员会的建立是为了促进协调而不是利用中央银行的技能这一假设，并发现证据显示该委员会反映了更大的协调需求。在这方面，金融稳定委员会是向前迈出了一步。

采取行动的能力。我们考察了金融稳定委员会自身是否拥有任何特定的工具，比如指导其成员行动的权力、反周期的资本缓冲、压力测试或贷款-价值比率。只有 2 个金融稳定委员会——英国和法国的——拥有硬工具，这意味着它们可以指挥其成员的行动。另外 9 个金融稳定委员会拥有"遵守或解释"的权力，这意味着该委员会可以公开表达某个机构应该采取行动的观点，但该机构并不是必须按照它们所说的去做，而是可以选择解释为什么不采取行动。这表明大多数金融稳定委员会（30 个）开会只是为了共享信息。

当然，独立的监管机构通常有权制定政策，央行可以提供时变分析来评估风险。但监管机构本身可能没有被授权维持金融稳定，因此，它们拥有的政策工具与维护金融稳定的责任之间可能存在脱节。

采取行动的意愿。这一标准是最难评估的，现在下结论还为时过早，因为大多数金融稳定委员会都是在 2010 年以后才建立的。但大多数金融稳定委员会没有政策工具，宏观审慎行动可能不受欢迎；在缺乏明确授权的情况下，很难看出新成立的委员会将如何采取强有力的行动来阻止金融稳定风险上升，尤其是在需要以当前的经济增长为代价的情况下。但随着时间的推移，行动意愿是一个需要跟踪的领域，因为现实情况需要委员会采取更多行动。①

与此同时，货币政策制定者不应想当然地认为，新成立的委员会将采取行动来对冲金融领域的顺周期性，以降低金融稳定的动态风险。虽然新金融稳定委员会是定期开会和就金融稳定交换意见的正式安排，但缺乏政策工具和政治独立性将限制新金融稳定委员会的行动能力。

三、结　论

自金融危机以来，各国在增强金融体系弹性方面取得了重大进展。尽管金融体系仍在调整，现在做出重大改变可能还为时过早，但政策制定者现在应该评估这一系列新规定对经济增长的净影响。

我们需要做更多的工作来构建实施动态宏观审慎政策的框架，因为制定这些政策可能会带来巨大收益。宏观审慎政策可以成为货币政策的重要补充，与单纯依赖货币政策相比，同时使用这两种政策的国家有可能实现更大程度的宏观经济稳定。在框架方面，我对根据未来经济增长风险确定目标的模型持乐观态度，但对已建立的新治理结构是否有能力并愿意采取行动则不那么乐观。对大多数大国来说，货币政策可能是唯一随时间变化的宏观稳定工具，货币政

---

① Lim 及其合作者（2013）基于 2010 年 31 个国家的样本，研究了央行扮演更重要的角色是否有助于采取更及时的宏观审慎政策行动。尽管他们发现了反应速度更快的证据，但他们并没有区分这一结果究竟是因为当央行是唯一监管当局时协调需求更少，还是因为央行具备更强的能力来实施时变政策。

策的决策者应认识到宏观审慎政策的局限性。

参考文献

Adrian, Tobias, Nina Boyarchenko, and Domenico Giannone. 2016. "Vulnerable Growth." Federal Reserve Bank of New York Staff Report 794.

Adrian, Tobias, Daniel Covitz, and Nellie Liang. 2015. "Financial Stability Monitoring." *Annual Review of Financial Economics* 7: 357 – 395.

Aikman, David, Andreas Lehnert, Nellie Liang, and Michele Modugno. 2017. "Credit, Financial Conditions, and Monetary Policy Transmission." Hutchins Center Working Paper 39. Washington, DC: Hutchins Center on Fiscal and Monetary Policy at the Brookings Institution (revised draft of "Financial Vulnerabilities, Macroeconomic Dynamics, and Monetary Policy," Finance and Economics Discussion Series 2016 – 055).

Correa, Ricardo, Rochelle M. Edge, and Nellie Liang. 2017. "A New Dataset of Macroprudential Policy Governance Structures." *IFDP Notes*. Washington, DC: Board of Governors of the Federal Reserve System, November.

Edge, Rochelle M., and Nellie Liang. 2017. "New Financial Stability Governance Structures and Central Banks." Hutchins Center Working Paper 32. Washington, DC: Hutchins Center on Fiscal and Monetary Policy at the Brookings Institution.

IMF. 2014. "Staff Guidance Note on Macroprudential Policy." Washington, DC: International Monetary Fund.

IMF. 2017. *Global Financial Stability Report October 2017: Is Growth at Risk?* Washington, DC: International Monetary Fund.

Lim, C., I. Krznar, F. Lipinsky, A. Otani, and X. Wu. 2013. "The Macroprudential Framework: Policy Responsiveness and Institutional Arrangements." IMF Working Paper 13/166. Washington, DC: International Monetary Fund.

第十五章 关于多极监管优势的一些思考[*]

　　我同意艾克曼等在第十一章围绕反思金融稳定提出的大部分观点，尤其是他们建议，即使是现在，经历过去几年的改革后，我们可能仍然处在银行资本水平理想范围的低端，并且那些听上去更富有戏剧性，认为更高资本要求会对信贷供给产生负面影响的主张并没有成为现实。在这里，我不再赘述我们的共识，我将重点讨论一个与 Aiken 等持不同看法的领域，即他们所称的多极监管的优点。在接下来的文章中，我要说的大部分内容都直接借鉴了格林伍德（Robin Greenwood）、汉森（Sam Hanson）和桑德兰（Adi Sunderam）最近的研究成果（Greenwood et al.，2017）。

　　艾克曼等所说的多极监管指的是一种"腰带加背带"的制度，在这种制度下，对同一项目即银行股权资本施加多种潜在的限制性

---

* 本章作者为杰里米·斯坦（Jeremy C. Stein）。

约束。这方面的主要例子是，传统的基于风险的资本要求（规定股本必须超过风险加权资产的一定比例）与相对激进的杠杆率校准版本［规定股本也必须超过未加权资产负债表总资产的一定（较低）比例］并存。

艾克曼等的"腰带加背带"方法的支持者，通常会指出标准的基于风险的资本要求存在两个问题。首先，这一要求既复杂又易受博弈影响——尤其是当风险权重是用银行自己的内部模型确定的时候。作为对这一论点的支持，艾克曼等的研究表明，基于风险的指标通常在预测危机期间哪些银行会倒闭方面不是很有用，而在失败预测方程中增加一个简单的杠杆率会显著增强其预测能力。这种经验模式可能反映了危机前基于风险的规则被套利的程度。其次，在一个充满奈特式（1921）不确定性的世界里，任何单一的风险模型都不可能是正确的。因此，这种观点认为，一个依赖多种不同规则——每一种规则都有自己的隐含风险模型——的系统可能更稳健。

尽管上述两种观点肯定是正确的，而且在监管制度的设计中具有至关重要的意义，但由此并不能那么明显地得出，我们需要一种具有多重潜在限制性约束的制度。就博弈而言，任何必须事先编纂成文的规则都很容易受到监管套利的影响；最主要的问题不是任何特定的风险加权方案或一组风险模型，而是时机。如果监管机构首先采取行动，制定严格的规则，然后银行根据这些严格的规则进行优化，它们将不可避免地发现这些规则的弱点，无论有多少套不同的规则。由此看来，危机前基于风险的指标在预测银行经营失败方面糟糕的表现可能反映了这样一个事实：这些恰好都是银行积极试图利用的指标，因为基于风险的资本标准是这一时期具有约束力的监管约束。正如 Goodhart（1975）定律所警告的那样，一旦杠杆率开始成为更多银行必须研究的测试标准，出于博弈的原因，它就可能丧失对银行失败的部分预测能力。因此，依靠这类历史证据来支持改变规则的性质多少有些冒险。

关于奈特式不确定性，毫无疑问，任何给定的风险模型都可能是错误的。虽然这表明应该考虑多个模型，但它不需要证明存在多个相互竞争的约束。相反，人们可以想象仍然有一个单一的基于风险的约束，但其中任何给定资产的风险权重都是——粗略地说——一系列看似合理的模型或场景下的平均权重。这种方法可能会对那些存在最大奈特式不确定性的资产产生增加风险权重的效果，而且可能会使几乎所有资产的风险权重都很难维持在接近零的水平。但是，需要注意的是，它不需要用一个包含多个相互竞争的约束的系统来实现。

此外，正如 Greenwood 及其合作者（2017）所证明的那样，施加多个潜在的限制性约束有一个明显的缺点。这是因为当银行拥有异质的业务模式时，在均衡条件下不同银行受到的约束并不相同。因此，两家银行在从事相同的活动时可能面临不同的风险权重，从而扭曲了它们的行为，就像不同的非金融企业在从事相同的两项活动时面临不同的相对边际税率一样。

举个例子，假设我们只有两个约束条件：传统的基于风险的比率和未加权的杠杆比率；有两家银行；还有两项活动，消费者贷款和国债经纪。在基于风险的机制下，消费者贷款的风险权重为100%，而持有美国国债的风险权重为0。相比之下，在杠杆约束下，这两项活动的风险权重都是100%。现在假设 A 银行（具体地说，是富国银行）拥有强大的消费者贷款业务，但没有特别理由持有大量美国国债。与此同时，B 银行（想想高盛集团）的经纪-交易商业务要求其持有大量美国国债，但在消费者贷款领域没有天然的竞争优势。在这种配置下，投资组合中消费贷款高度集中、国债比例较低的 A 银行，将更容易受到基于风险的机制的约束，而 B 银行则更容易受到杠杆率的约束。

因此，从边际来看，美国国债对 A 银行的吸引力要大于对 B 银行的吸引力。从 A 银行的角度看，在对其更具约束力的约束（基于风险的机制）下，持有美国国债不需要增量资本。相比之下，从 B 银行的角度看，在对其更具约束力的约束（杠杆率）下，消费者贷款和国债都需要相同的增量股本。因此，A 银行将有动机拿走 B 银行的部分经纪-交易商业务，因为 A 银行窖存美国国债的边际成本为零。相反，B 银行将有动机进入消费者贷款领域，尽管它并不擅长这一行。其结果是一种长期的"全能银行"均衡，趋向于所有银行都做同样的事情，而不是专注于那些它们拥有天然竞争优势的业务。在某种程度上，商业模式的这种趋同会降低金融体系对某些系统性冲击的弹性，因此监管机制不应人为地鼓励这种做法。实际上，Greenwood 及其合作者（2017）提出了一些初步证据，表明已经出现这方面的趋同趋势。

然而，即便多极化的"腰带加背带"系统不是解决监管套利问题的正确方式，此类套利仍是一个必须解决的首要挑战。那么，除了扩充规则外，还可以做些什么呢？同样地，将问题从根本上理解为时机问题，是在事前最初的时候不可能纳入规则的偶发事件问题，是有帮助的。例如，考虑这样一种情况：事后，监管机构注意到，银行对一种特定类型的贷款的放贷达到了意想不到的程度，而这种贷款在预先写下的规则下风险权重较低。此外，监管机构怀疑这是局部行为，因为贷款面临的是一种事前风险权重方案未能很好地捕捉的风险，也就是说，是事先无法收缩但是现在已经被银行的行动证明很重要的一种风险。

Greenwood 及其合作者（2017）认为，更好的应对措施不是在第一个规则的基础上附加另一个严格的事前规则，而是使用年度银行压力测试过程来填补事后可见的偶然性。例如，任何一年的压力测试都可以被设计成对过去一两年增长异常迅速的任何类型贷款的贷款损失做出特别悲观的假设。诚然，这种做法引发了对监管相机抉择权和缺乏透明度的合理担忧，但如果目标是打击监管套利，那么它可能比设置更多事前限制更有效。

从实际情况看，杠杆率不会被废除，而将其作为一种约束性较弱的约束——只有在不寻常的情况下才会发挥作用——保留在幕后是有道理的。但上述讨论表明，我们希望对其进行不那么激进的校准，从而降低其在正常时期对银行行为的影响。与此同时，杠杆率约束的支持者（如艾克曼等）所强调的对监管套利的担忧仍然绝对是非常重要的，也是监管机构今后要应对的主要挑战之一。

参考文献

Goodhart, Charles A. E. 1975. "Problems of Monetary Management: The UK Experience." In *Monetary Theory and Practice: The UK Experience*. London: Macmillan.

Greenwood, Robin, Steen G. Hanson, Jeremy C. Stein, and Adi Sunderam. 2017. "Strengthening and Streamlining Bank Capital Regulation." *Brookings Papers on Economic Activity*. BPEA Conference Drafts, September 7 – 8.

Knight, Frank H. 1921. *Risk, Uncertainty, and Profit*. Boston: Hart, Schaffner & Marx / Houghton Mifflin.

4

| 第四部分 |

不平等与政治经济学

第十六章　政策制定者应该关心不平等究竟对增长有利还是有害吗?*

　　不平等对经济增长有害的观点在世界各地的政策制定者中越来越流行。关于这一点，最强的一种表述是，严重的不平等会使持续增长变得不可能，甚至会导致衰退。相对弱一些的表述是，较低的不平等水平有利于增长。在政策制定者中，这种观点几乎完全取代了传统的经济学观点，即不平等与增长之间存在权衡，而更大的不平等可能是更高水平增长的代价。

　　本章并不是对不平等和增长的经验证据进行评估的新尝试，也不是对现有文献的总结。相反，讨论的主题是：政策制定者是否应该对这个传统形式的问题感兴趣？答案是响亮的"不"，原因有三。

　　第一，尽管最近的论文已经得出外生的严重不平等会导致较低的长期增长率的结论，但是许多研究已经发现更微妙和更复杂的结

---

　　* 本章作者为贾森·弗曼（Jason Furman）。

果：不平等的大小和重要性并没有高到值得作为一个解释变量的程度，而且一般来说，跨国增长回归在做出明确和稳健的因果判断方面的能力很有限。此外，不平等本身可能是内生的，不同的不平等来源可能对增长产生不同的后果。因此，关于不平等与增长之间关系的任何一般性表述都不太可能是正确的——即使有个别的表述是正确的，我们也不太可能确切地记录下来。

第二，也是更重要的一点是，跨国文献主要关注的是不平等对增长的影响，而不是减少不平等对增长的政策影响。前者引起了社会科学家和历史学家的兴趣，而后者与政策制定者有关。

第三，从根本上说，至少从政策制定者的角度来看，这个问题本身是错误的。从规范的角度来看，大多数政策制定者并不关心经济体中的平均收入——大多数文献使用的都是左边的变量——因为这种计算方法将穷人收入增加一美元和亿万富翁收入增加一美元看作是一样的。大多数社会福利函数会赋予穷人收入增加一美元更大的权重。当然，政治家通常喜欢谈论他们的政策对"中产阶级"或穷人或其他群体的影响，而不是简单地谈论整个人口的算术平均收入。因此，即使不平等对平均增长不利，但根据所使用的社会福利函数，它仍可能对福利有利。

很多文献提出的总体问题没有令人信服的答案，不是政策关注的焦点，从规范的角度看也不那么重要。相反，更多的研究应该放在构建并分析具有规范重要性的左边的变量上，从简单的诸如中位收入、底层五分位数收入、对数收入的均值到更复杂的总量数据，比如经济合作与发展组织构建的多维生活水平标准（Boarini et al.，2016）。此外，应关注的右边的变量不是总体上的不平等，而是可能增加或减少不平等的具体政策。

在促进增长的同时能够降低不平等的政策——存在许多——显然值得优先考虑。但在许多情况下，需要根据权衡的大小和社会福利函数来评估权衡的利弊。不同地区有不同的答案，但我提供的一些例子和证据表明，在发达经济体，一个只关注分配分析，且只有当不同政策具有相同分配效应时才考虑增长效应的字典式框架，在大范围的社会福利函数下通常可能是适当的。这是因为许多政策的分配效应至少比增长效应大一个数量级。这并不是说促进增长的政策不重要——它们确实重要。只不过，在一系列貌似合理的政策中，它们不太可能产生如此巨大的增长效应，以至于能够推翻只考察了分配效应的简单分析的结论。

在发展中国家，由政策和制度变化引起的增长率变化的程度要大得多，因此字典法不太可能广泛适用。

本章第一节讨论了标题中的问题，即为什么许多现有的评估不平等对经济增长影响的方法是错误的。在本章的第二节，我将讨论在降低不平等和促进增长方面相辅相成的一些政策领域，以及如何评估权衡（如果有），并评估在发展中经济体和发达经济体之间可能存在的差异。

一、不平等对经济增长影响的总量分析

一方面，许多调查考虑了不平等可能促进或阻碍增长的方式；这里就不做长篇大论了。传统上，更强调的是不平等支持增长的方式。从宏观经济的角度来看，Nicholas Kaldor（1955）认为，由于高收入家庭储蓄得更多，因此收入越不平衡，国民储蓄、资本积累以及产出水平就会相应增加得越多。传统的微观经济学观点认为，不平等刺激了对人力资本、冒险和创业的更多投资，而这些都对增长至关重要（Mirrlees，1971；Lazear and Rosen，1981）。

另一方面，大量研究提出了不平等妨碍经济增长的方式，包括切断部分人口接受实现创新所需的教育（Bell et al.，2017），降低彼此的信任从而需要更多低效的合同（Stiglitz，1974；Bowles，2012），因失败的后果更严重而加大了承担风险的难度，导向政治不稳定和经济上有害的政策（Alesina and Perotti，1996；Keefer and Knack，2002）。

大量论文试图凭经验估计这个问题的答案。总量分析从 Alesina 和 Rodrik（1994）开始，贯穿于 20 世纪 90 年代末和 21 世纪初的大量论文中，最近在国际货币基金组织和经济合作与发展组织的显著贡献下又被重新提起。总的来说，这些文献——其中很多已经在其他地方总结过了（Cingano，2014；Boushey and Price，2014）——研究发现，更常见的情况是，不平等对增长有害而非有益，尽管不同论文得出的结论差异很大。一些论文的研究结果还表明，一个国家的发展水平会产生不同的影响，不平等对较贫穷国家的增长有负面影响，而对较富裕国家的影响很小，甚至是积极的（Deininger and Squire，1998；Barro，2000；Forbes，2000；Knowles，2005；Castelló-Climent，2010），尽管最近的一些研究得出了相反的结论（Brueckner and Lederman，2015）。

这类文献，就像所有研究跨国增长的文献一样，在某种程度上已经做到我们在回答总体一般均衡问题上所能做到的最好水平。但与所有跨国增长回归一样，它也在努力从数据的相关性、噪声和可比性以及国家数量少于对不平等的解释时的自由度问题中理清因果关系。虽然研究人员使用工具变量找到关于不平等的似是而非的外生变量，但是工具变量的缺陷使得人们对结果持怀疑态度（Kraay，2015）。

此外，文献还可能面临被调查者没有如实回答这一问题。例如，如果不平等是由给予创新者的奖励增加造成的，那么它可能与更强劲的增长有关。但如果不平等是由限制竞争的寻租行为扩大造成的，那么它可能与较低的增长有关。在现实中，不平等可能是这些竞争性和非竞争性因素的混合结果，取决于具体的国家和具体的时期，因此不平等对增长的影响问题不可能有一个普遍的答案。

作为一个社会科学家，如果被迫回答不平等对增长的影响这个问题——认识到不可避免面临的证据有限、缺乏任何类似的令人信服的因果关系证明——我敢打赌，如果机会均等，不平等对经济增长是有害的，但如果机会不均等，我不会押下比这更糟糕的赌注。然而，作为一名政策制定者，我没发现这一结论对任何具体决定或更广泛的优先级排序特别有用。在某种程度上，这是因为缺乏确定性的证据以及这一影响的程度。在这些结果中，减少不平等并不一定是促进增长的最重要因素，合理减少不平等并不会导致经济增长的大幅增长。这并不是说减少不平等不好，只是这些经验性的估计并没有给出什么理由来证明减少不平等的动机是为了实现更高的增长。

然而，更重要的是，对跨国研究的解释受到另外两个问题的困扰：对造成不平等的右边的变量的解释和会受增长影响的左边的变量的含义。

1. 右边的变量：不平等

在几乎所有的实证研究中，右边的变量都是不平等本身，而不是再分配，除了 Ostry、Berg 和 Tsangarides（2014）以及 OECD（2015）这两个显著的例外，后两个文献通过市场收入的基尼指数与税后和转移收入的基尼指数之差来衡量不平等和再分配的影响。在某种程度上，这是数据限制的结果：直到最近，还没有包含再分配措施的综合数据集，即使是现在，这些措施依然存在严重的噪声问题（Wittenberg，2015）。然而，这也反映了研究人员对一个社会科学问题（为什么有些国家比其他国家增长更快？）而不是政策相关问题的关注。

为了说明这种差异，设想有一篇文章试图确定一个国家的资产-GDP 比是 75 好，还是债务-GDP 比是 75 好。毫无疑问，它会发现前者比后者更好。在其他条件相同的情况下，哪个国家不偏好拥有一笔可观的资产，而不是一笔债务？然而，我们并不能由此得出，对一个债务-GDP 比达到 75% 的国家来说，正确的政策是在最终达到 75% 的资产-GDP 比之前，保持巨额盈余。

关于不平等的总体影响，大多数文献和推测是相似的。Alesina 和 Rodrik（1994）就是一个例子，他们开创了关于经济增长对不平等影响的现代研究。那篇论文发现不平等会对增长产生具有统计意义、经济意义且稳健的负面影响——这是试图理解增长的社会科学家的结论。但该论文所基于的模型，为政策制定者提供了完全相反的教训。具体来说，阿莱西纳-罗德里克（Alesina-Rodrik）模型有两个特征。该模型的第一个特征是，再分配在经济上效率低下，降低了增长（在他们的模型中，这是因为再分配的工具是资本税）。该模型的第二个特征是，不平等程度越大，政府参与再分配的程度就越大（在他们的模型中，中间选民是决定性的，他们与平均选民的差异决定了再分配的规模）。

在阿莱西纳-罗德里克模型中，不平等之所以不利于经济增长，只是因为它导致政策制定者采取了不利于经济增长的政策。相同类型的特性一直持续到今天；例如，在 Halter、Oechslin 和 Zweimüller

（2014）的模型中，更大的不平等导致中间选民想要更多的转移支付，以减少对长期公共产品的投资，从而导致更低的长期增长率。他们也发现，从长远来看，不平等不利于增长。

如果认真研究这些模型，政策制定者可以从中得出两个教训。第一个教训是，如果你出生在一个不平等程度较低的国家，你的境况会更好。这种不平等程度就像建议人们起点是拥有巨额公共资产比拥有巨额公共债务更好一样有用。然而，第二个教训是，如果你的目标是实现最大程度的增长，你就不应该试图减少不平等——无论是通过税收系统（Alesina and Rodrik）还是通过转移支付系统（Halter，Oechslin and Zweimüller）——因为这不利于增长。这与人们对"不平等不利于增长"这一实证结论的天真解读恰恰相反。此外，这些特定的模型不承认一种"有效"的重新分配方式，即使承认，它们也将无法解释其关于不平等不利于增长的经验发现。实际上，这些模型存在卢卡斯批判问题，如果你试图利用他们在数据中发现的简化形式的关系，这种关系就会消失。

考虑另一种模型，该模型有两个特征：一是通过寻租和创造性破坏的丧失抵押品赎回权进行向上的再分配政策对经济增长有害；二是越是不平等，精英阶层的权力越大〔这与阿西莫格鲁等人的工作相差不太远，参见 Acemoglu、Johnson 和 Robinson（2001）〕。这个模型看上去相当于跨国增长文献中的阿莱西纳-罗德里克模型或霍尔特-奥克斯林-茨威穆勒（Halter-Oechslin-Zweimüller）模型。但是由该模型得到的结论却是截然相反的，不管是从政治经济学角度看（这意味着，为了实现增长最大化，精英阶层的权力应该受到限制）还是从政策角度看都是这样（加剧不平等的政策本身不利于增长）。

以上综述的目的并不是为了说明这些解释从什么样的立场看是

正确的，而是为了给出由总体研究得出的政策建议所存在的局限，鼓励围绕这些论点之间的特殊关系展开更多研究——或者至少进一步明晰哪些结论与社会科学家有关，哪些结论与政策制定者有关。

下一节将讨论一些政策问题，在这之前我想讨论左边的变量，即经济增长。

2. 左边的变量：经济增长

关于不平等对增长是好还是坏，一个更根本的问题是，增长本身作为公共政策指引的规范性作用有限。这在一定程度上是由于一个被广泛接受的、概念上简单明了的原因：增长与福利是两码事。一项通过每个人更加努力工作将 GDP 提高 1 个百分点的政策，在考虑失去休闲时间的成本后，不会令每个人的福利提高 1 个百分点。因此，公共财政和监管政策等领域的最优政策一般基于福利分析或成本效益分析，而不是简单的 GDP 最大化。正如下面所讨论的，这在评估税收政策时尤其重要——尤其是需要在增长和不平等之间进行权衡时——因为福利效应可能只有整体增长效应的 1/4 左右。

更重要的是，增长率是个人或家庭收入增长率的算术平均数。其背后是一个特殊的社会福利函数，在这个函数中，1 美元的收入无论是给了亿万富翁还是穷人，都是一样的。同样，在这种衡量标准下，如果一个亿万富翁的收入增加了 1 000 美元，而其他所有人的收入合计减少了 500 美元，那么这种政策将比所有人平均分配 400 美元收入的政策更可取。显然，这没有反映出大多数政策制定者将捍卫的社会福利函数，因为所倡导的政策往往是基于据称能给中产阶级带来收益。认为每一美元在所有收入水平上无差别的观点，也与个人看待风险和收入边际增加的方式不一致。

然而，遗憾的是，并不存在一个被明确认可的社会福利函数。

一个简单明了的统计数据是使用中位数收入，而不是平均收入，这对政策制定者来说是可以理解的，而且可能比平均收入更能捕捉到与幸福感相关的变化。当然，这样的衡量指标也提供了关于非中位人群收入如何变化的大量信息。

经济学家的第一反应可能是取对数收入的平均值。这是将增长和不平等结合起来的一种特殊方式，此时收入的均值保留展型（即更大程度的不平等）将降低该指标。特别是，它符合一个标准假设，即低收入家庭收入增加10%，等价于高收入家庭收入增加10%。有一些来自家庭层面和跨国数据的证据表明，这是描述人们看待自己的满意度的合理方式（Stevenson and Wolfers，2008）。然而，现有证据并没有排除效用函数曲率的其他可能性。

关于人们如何应对风险的大量文献发现，相对风险厌恶系数为1～4，2是一个普遍的共识值。这表明，在高收入国家，有人愿意放弃10%以上的收入，以保护低收入国家10%的收入损失。在某种程度上，这种个人经验被用来作为社会福利比较的基础，这表明对数收入的变化会低估不平等的成本。此外，长期存在的伦理争论提出了这样一个命题：人与人之间的比较应该建立在比人与人之间的经验关联度更大的风险规避上。在极端情况下，无限的风险厌恶会导致罗尔斯式的观点，即福利的变化应该根据状况最糟糕的人的福利变化来判断（Rawls，1971）。在实际操作中，这样一个福利指标可能与观察底层五分位人群的收入变化相对应，而且这个指标与中位数收入一样，优势在于对决策者来说是可以理解的。

Atkinson（1970）广义均值提供了一个包含前述所有可选指标的灵活框架。最重要的是，它允许决策者选择一个规范的、可以反映他们对不同群体收入分配的变化所赋予的权重的参数，此时收入分配的变化范围可以从 0（对应平均收入）到无穷（对应罗尔斯的情况），其中经常使用的取值为 1.5（大致相当于平均收入）和 50（大致相当于底层五分位数）（Boarini et al.，2016）。然而，这些指标的缺点是不易被决策者理解，也不容易获得。

经济合作与发展组织在阿特金森指数（Atkinson index）的基础上，将人们对长寿的重视和对失业风险的厌恶结合起来，形成多维生活水平标准（Boarini et al.，2016）。这一指标更接近与福利相关的指标，但其代价是对政策制定者来说直觉意义更小。此外，它很重视人的寿命——这可能正确地反映了个人的偏好，但不利的一面是取决于除传统的考虑因素外的其他很多因素。

如果所有这些措施总体上一起行动，那么这些因素将纯粹是理论上的。Dollar 和 Kraay（2002）发现，在大量样本国家中，GDP的水平和增速与底层五分位数的水平和增速高度相关。如果你只对中非共和国、巴西和美国底层的 20% 的人的相对幸福感兴趣，比较人均 GDP 会给你一个合理的近似值。但中非共和国、巴西和美国之间的差异远远大于政策选择所能带来的影响，尤其是在经济体制相对成熟的富裕国家。特别是在发达经济体，总增长率无法很好地代表替代性规范指标。

表 16-1 说明了这些不同之处，其中显示了七国集团国家 1995—2015 年或有可得数据的最近年份的增长率。美国与英国并列最高的人均 GDP 增长率，但从底层 20% 家庭、中位家庭的收入增长率以及经济合作与发展组织的两个多维生活水平标准指标看，美国的排名却几乎垫底。对数收入变化的衡量指标——在收入服从对数正态分布的假设下，以收入的变化以及基尼系数的变化来间接衡量（Stevenson and Wolfers，2016）——也显示出不同趋势。

表16-1 以经济增速的替代性衡量指标表示的七国集团国家年化增长率（1995—2015 年，%）

	人均GDP	底层20%家庭平均收入	中位家庭收入	经济合作与发展组织的多维生活水平标准		对数人均GDP 均值
				最穷的10%家庭	中位家庭	
加拿大	1.4	0.4	0.7	3.0	3.4	1.3
法国	1.0	0.7	0.6	2.4	2.7	0.9
德国	1.3	−0.2	−0.2	2.4	2.6	0.6
意大利	0.2	1.1	0.3	0.9	1.3	−0.1
日本	0.8	—	—	1.1	1.4	0.5
英国	1.5	2.0	1.8	2.8	3.4	1.7
美国	1.5	0.0	0.3	1.5	2.4	1.2

注：底层20%家庭和中位家庭收入，加拿大、法国和德国为1994—2010 年数据，意大利为1995—2010 年数据，英国和美国为1994—2014 年数据。对数人均GDP 均值，法国、德国、意大利和日本为1995—2014 年数据。

资料来源：Organisation for Economic Co-operation and Development，Gornick and others（2016），Solt（2016），and author's calculations.

此外，对政策制定者而言，相关问题不在于收入水平或收入增长是否与这些基于福利的措施的水平或增长相关。这仍然可以用中非共和国和美国的例子来说明。相反，相关的问题是：政策导致的变化对平均收入和其他福利措施的变化有什么影响？在某种程度上，人们考虑的是在增长和分配之间实现平衡的政策——这是这些问题中唯一需要考虑的问题——那么，政策驱动的增量在这些不同指标上的相关性可能低于总体数据中的相关性。

二、评估影响不平等与增长的特殊政策

在评估政策时没有绝对正确的度量标准。但最终，政策制定者关心的问题是，给定的政策干预如何影响底层五分位数人群或典型民众或大部分中产阶级的福祉，以及在某些罕见的情况下（新加坡极其理性的政策制定者？）如何影响平均对数收入。

这个问题把重点从更广泛的宏观经济考虑转移到对具体政策的更微观分析。以这种方式提出这个问题，很明显没人能回答这个问题。显然，有些政策既支持增长，也有助于降低不平等，教育就是一个被广泛接受的例子。还有一些有助于降低不平等的政策极大地降低了经济增长，很可能让每个人的境况都变得更糟——委内瑞拉就是最近最生动的例子。有些政策可能会导致增长率小幅下降（以传统方式衡量），但通过降低不平等，实际上会提高大多数公民的生活标准。现实世界的政策反映了上述所有因素的混合，这一事实也让我们有理由相信，对于不平等对增长是好是坏这个问题，没有一个统一而正确的答案。

1. "所有好事一起来"的政策

最简单的例子是"所有好事一起来"的政策，提高增长率（或带来产出水平的一次性增长），降低不平等。不管用什么标准来衡量，这样的政策都是值得的。此类政策的范围似乎很广，可能比政策制定者传统上考虑的范围更广。

教育领域是"所有好事一起来"政策最具说服力的例子之一。这显然指的是不需要花钱的改革，例如提高 K-12 教育质量的改革，或转向一种类似于澳大利亚的以收入为基础为高等教育付费的制度。许多需要花钱的改革，如美国扩大学前教育的改革，也可能产生超过无谓损失——与为这类改革提供资金的税收相关——的经济收益（Council of Economic Advisers［CEA］，2015）。

第二个领域可能是对有孩子的低收入家庭的援助。传统上，经济学家是从道德风险的视角来看待医疗和营养援助等公共项目的，他们认为这些项目相当于提供了消费平滑保险或再分配，但以降低人们的工作激励为代价。一些使用长期管理性数据来关注接受这些福利的家庭的儿童的较新文献发现，童年时期接受援助带来的是大学毕业率大幅长期增长、劳动收入提高以及死亡率下降［比如，学前教育援助相关的例子参见 Heckman 等（2010）以及 Ludwig 和 Miller（2007）；医疗救助相关的例子参见 Brown、Kowalski 和 Lurie（2015）；Hoynes、Schanzenbach 和 Almond（2016）；住房抵扣券相关的例子参见 Chetty、Hendren 和 Katz（2016）］。

　　第三个可能实施"所有好事一起来"政策的领域是竞争政策。具体来说，近期研究发现了劳动力或产品市场的不完全竞争导致不平等加剧的几种方式，即所谓的"租金上涨"（Stiglitz，2012；Furman and Orszag，2015；Barkai，2016）。此外，导致租金上涨的缺乏竞争也可能抑制投资和创新（Aghion et al.，2005；Gilbert，2006；Gutiérrez and Philippon，2017）。更大的竞争可以降低租金，提高收入分配和效率。

　　这类政策可能与产品市场有关，例如通过更有力的反垄断政策，不那么严格的知识产权政策，或增加消费者对其数据的所有权。也可能与劳动力市场有关，打击官商勾结，减少竞业禁止协议，或增加最低工资或工会化，这类政策从长远看不仅会降低不平等，而且会以一种效率中性甚至有助于效率改进的方式减少或重新分配租金。

　　改善增长（以传统方法衡量）而不影响收入分配的政策，或者相反，改善收入分配而不影响增长的政策也属于这一类。例如，与收入无关的营业税改革有可能提高产出水平，而不会对收入分配产生重大影响。促进增长的其他措施，如基础设施支出或扩大研究经费，可能会影响收入分配，但影响的方式很少有人研究，因此可以合理地将其视为实现这一目标的第二选择。

2. 评估权衡性政策——税收改革的例子

虽然人们可能会争论特定的政策是否真的属于"所有好事一起来"的范畴，但没有人会争论这类政策是否值得推行。当政策导致一种取舍时，就会出现更棘手的问题。为了理解如何在理论上评估权衡，以及如何在实践中进行权衡，我将研究一个税收政策的简单例子，它反映了公共财政文献中通常假定的产出与分配之间的典型权衡［尽管不一定具有普遍性；例如，有证据（Zidar，2017）表明，对低收入家庭减税可能比对高收入家庭减税对就业的影响更大］。

具体地说，在 N. Gregory Mankiw 和 Matthew Weinzierl（2006）提出的拉姆齐（Ramsey）框架中，假设劳动税税率下降 10%，其缺口由一次性税收扣除抵补。在这些参数下，该政策将使产出增加 1%，福利增幅相当于代表性代理人的长期消费增加 0.5%（福利增加较低，因为有放弃休闲的成本）。[1]

当然，代表性代理人案例与评估公共政策对分配的影响并不是特别相关。为此，我放弃了代表性代理人的假设，将这一税收政策应用于 2010 年美国收入的实际分配中。在这种情况下，基本上所有家庭的税前劳动收入都有所增加，正如表 16-2 所示的"代表性代理人"的情况一样。但是 2/3 的家庭发现他们的税收增加，因为抵补减税所需的 900 美元的一次性征税（扣除 12% 的动态反馈效应）大于 10% 的减

---

[1]　关于计算过程的更多细节，参见 Furman（2016）。

税幅度。例如，考虑第二个五分位数的家庭。平均而言，他们将会看到因转向一次性税收，他们的税收增加了 570 美元，这无法被他们工作时间增加带来的 180 美元的额外收入所抵消。

表 16 - 2　从假设的 25％的比例所得税改为 22.5％的劳动所得税、
25％的资本所得税和 900 美元的一次性征税所造成的经济效应

	家庭所占百分比（％）
税前收入增加	96
税收增加	67
税后收入增加	46
福利增加	41

注：总经济影响根据 Mankiw 和 Weinzierl（2006）给出的宏观经济模型计算得到。单个家庭的数值的变化幅度等于总数值的变化幅度。收入分配数据源自 2010 IRS Statistics of Income Public Use File。更详细的信息参见 Furman（2016）。效用用 log（税后收入）－$n^{(1+1/\sigma)}$ 来计算，其中 n 为由曼昆-魏因齐尔（Mankiw-Weinzierl）模型得到的劳动力供给值（假定劳动无效的等弹性规范）。

资料来源：Furman（2016）.

　　总的来说，如果把这两个因素都考虑进去，只有 46％的家庭税后收入有所增加。这不是衡量福利变化唯一要考虑的因素。以中产阶级为例，增加的收入和增加的税收大致相互抵消，但工作时间增加 1％，对效用的整体影响将相当于消费减少 0.6％。然而，平均而言，收入在前两个五分位的家庭情况会更好。

　　将这些结论映射到上面讨论的框架中，当税后平均收入增长 1％时，税后收入的对数下降了 1％，如表 16 - 3 所示。使用模型中假设的效用函数，并假设这些效用具有交互的、可加的可比性，那么福利也会下降。对具有如下特征的社会福利函数也是如此：该函数使用对数效用来有效地减少赋予高收入家庭而不是低收入家庭的效用的权重。

表 16 - 3 从假设的 25%的比例所得税改为 22.5%的劳动所得税、25%的资本所得税和 900 美元的一次性征税所造成的经济效应

	基准 （25%平头税）	替代方案（22.5%劳动所得 税＋900 美元一次性征税）	变化 百分比
收入			
平均税后收入	50 221	50 788	1.1
对数税后收入	10.2	10.1	−1.0
福利			
平均效用	10.00	9.89	
（效用＋1）的对数平均	2.39	2.36	

注：总经济影响根据 Mankiw 和 Weinzierl（2006）给出的宏观经济模型计算得到。单个家庭的数值的变化幅度等于总数值的变化幅度。收入分配数据源自 2010 IRS Statistics of Income Public Use File。效用用 log（税后收入）$-n^{(1+1/\sigma)}$ 来计算，其中 n 为由曼昆-魏因齐尔模型得到的劳动力供给值（假定劳动无效的等弹性规范）。更详细的信息参见 Furman（2016）。

资料来源：Furman（2016）.

上述结论并没有回答这个税收政策是否为一个好主意的问题。但我怀疑，原本被这一改革方案承诺会带来的更高增长率吸引的大部分决策者可能总体来看将拒绝这一方案，如果他们明白这种增长的实现要求 2/3 的家庭承担更高税赋，该政策将导致中位家庭更努力工作才能获得相同的税后收入。

重要的是，这些结论适用于一大类税收政策。一个极大简化了的发现是，在大多数模型中，只有降低税收制度的累进程度，才能实现更大的增长。传统的收入中性、分配中性的税收改革将保持劳动收入的有效税率不变。[①] 此外，税收变化的增长效应大约比

---

① 这样的改革降低了法定税率，但提高了个人希望购买的物品的税后价格，如抵押贷款、慈善服务或医疗保健。其结果是，有效税率基本不变——尽管具体情况取决于特定基数扩大者的收入弹性以及各个群体的实际应对方式。

税收变化的分配效应小一个数量级，而福利效应和分配效应之间的差距甚至更大。例如，美国财政部（2006b）对布什政府 2005年税制改革小组的简化所得税计划的分析发现，该计划在长期将使国民收入增加 0.2%～0.9%。Altig 及其合作者（2001）发现，包含过渡性救助的平头税在长期会使国民收入增加 2%。如表 16-4 所示，这些数字与官方组织对最近的税务提案所做的各种估计大致相当。

此外，表 16-4 中的数字是对增长率而不是对福利的估计。在某种程度上，增长是由休闲时间减少（即更长时间的工作）或消费下降（更多储蓄）带来的，福利的增长可能比增长数字所显示的要小得多。同样，通过增加外债来促进 GDP 增长的政策将导致未来GDP 的更大一部分被用来偿还外债——从而使国民生产总值或国民收入的增幅更小，这更接近与福利相关的指标。

表 16-4 税收改革对产出水平影响的选择估计

出处	政策变化	短期	长期
Gravelle（2014）	程式化改革：所得税税率下降 20%	NR	0.7～4.0
JCT（2014）	营地计划	0.1～1.6	NR
U. S. Department of the Treasury（2006b）	总统税收改革顾问组		
	简化的所得税	0～0.4	0.2～0.9
	增长与投资税	0.1～1.9	1.4～4.8
	累进消费税	0.2～2.3	1.9～6.0
U. S. Department of the Treasury（2006a）	2001/2003 减税计划永久化		
	以削减未来支出来抵补	0.5	0.7
	以未来增税来抵补	0.8	(0.9)

续表

出处	政策变化	短期	长期
JCT（2005）	削减联邦个人所得税税率（前十年为 4.0%，之后为 2.9%）		
	不进行抵补	0～0.5	*(0.2)～(0.6)*
	以削减未来支出来抵补	0.1～0.3	0.3～0.4
	联邦企业所得税削减 20%		
	不进行抵补	0.2～0.4	0～0.3
	以削减未来支出来抵补	0.2～0.4	0.5～0.9
Dennis et al.（2004）	联邦个人所得税削减 10%		
	以削减未来支出来抵补	0.2	*(0.4)*
	以未来增税来抵补	0.3	*(2.1)*
Altig et al.（2001）	程式化的收入中性税收改革		
	包含过渡性救助的平头税	0.5	1.9

注：产出使用以下指标衡量（如果报告了多个衡量指标，则按照优先顺序排列）：国民收入，实际国民生产总值，实际国内生产总值。不同研究所指的短期效应期限不同，但（在大部分情况下）为最初十年的几年的平均值。长期效应通常是产出的稳态水平的变化的估计值。NR（not reported）表示没有提供该数据。斜体表示负数。JCT 表示相应年份的 U. S. Congress, Joint Committee on Taxation。

资料来源：Furman（2016）.

相比之下，表 16-5 显示了 1986—2013 年税收和支出的累计变化对税后收入的影响，可以看出这些变化可以很容易地使收入增加或减少 6%，甚至 12%。例如，2009 年和 2010 年实施的扩大税收抵扣和医疗保险补贴，分别令收入最底层的两个五分位数人群的税后收入提高了 18% 和 6%（CEA，2016）。任何主流的税收计划模型都不会产生如此巨大的影响，更别说立即生效的税收计划了。

表 16 - 5　按收入百分位数划分的平均税率变化引起的
税后收入变化（1986—2013 年）

收入百分位数	变化百分比
0～20	6.6
20～40	7.1
40～60	6.5
60～80	4.5
80～90	2.7
90～95	0.7
95～99	−3.4
99～100	−12.4

注：净税率等于100减去平均税率。因平均税率变化而导致的税后收入变化等于净税率变化的百分比。

资料来源：Furman (2016).

上述结论的含义是，一位需要在效率和公平之间进行权衡的分析税收政策的福利经济学家，如果只看静态的分配表，而完全忽略任何动态影响，就无法走得太远。这对任何社会福利函数都是成立的，因为社会福利函数对底层家庭的绝对收益的重视程度高于顶层家庭。在这种方法下，政策制定仍然可以在字典式的过程中完成——因此，两个具有相同分配效应的税收计划将根据增长率更高的那个进行评估（例如，改革后的营业税系统与当前系统）。但在这种情况下，增长将是最后一个考虑因素，而不是首要考虑因素。

3. 税收改革的例子可以一般化地扩展到其他政策吗？

分析税收政策的优势在于，可以利用一套广泛的理论和经验模型，将产出、分配和福利结合起来。在大多数其他政策领域，我们没有任何类似的东西。然而，我推测，先考虑分配，然后再考虑增长的字典法，广泛适用于发达经济体面临的各类政策决策，而不适用于新兴经济体面临的政策决策类型。

发达经济体的政策制定者应该有效地优先考虑分配，而新兴市场的政策制定者应该在二者间进行平衡，这一猜测的基础是，成熟经济体的增长率变化相对较小，而不太成熟的经济体的增长率变化要大得多。图 16－1 描述了所有可获得数据的非石油生产国在1980—2014 年的年经济增长率与 1980 年人均收入水平的关系，低收入国家的人均年增长率表现出很大程度上无法用趋同解释的显著变化（Pritchett，1997）。相比之下，高收入国家的增长率要相似得多，而随着最初的低收入国家赶上高收入国家，即使是较小的差异也主要可以用趋同来解释。

总体而言，属于世界银行定义的中低收入国家范畴的国家，在这一时期初的四分位增长率区间为 2.1%，而高收入国家的四分位增长率区间为 0.5%。从人均增长率对人均初始收入的对数回归的残差来看，四分位区间也分别为 2.1%和 0.5%。

这些数字对政策转变的上限具有指示性意义。对一个发达国家来说，将税收、监管、法律、教育、贸易和其他政策从同类国家的第 25 百分位转变到同类国家的第 75 百分位将是一项困难的努力。事实上，这两个百分位之间的增长率每年相差几十个百分点，这表明很难从这样的政策中获得更大的增长效果。

这种做法并没有确定政策影响的界限。一方面，如果运气或禀赋对增长率有实质性的影响，这些区间可能夸大了政策变化的可能影响。另一方面，如果一国同时采取了具有抵消性的好政策和坏政策，那么仅是将所有政策转向好的方向这一点对增长造成的影响可能比在该国的实际样本中发现的更大。然而，这似乎与政策对发展中国家增长率的影响区间比对发达国家大得多的情况相一致。

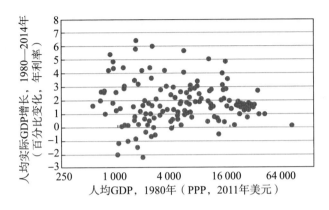

图 16-1　全球范围的绝对趋同

注：PPP＝purchasing power parity，表示购买力平价法。排除了石油生产国。

资料来源：Penn World table，version 9.0（https://www. rug. nl/ggdc /productivity/pwt）；author's calculations.

总体而言，尽管从大多数指标来看法国在监管方面的表现要差得多，但是美国和法国有几乎相同的生产力水平这一点是一个生动的例子，表明对有着成熟制度的成熟国家来说，不同政策所导致的增长率的差异远远低于人们所认为的。无论是基于对个别政策增长影响的自下而上的估计，还是这里提出的对发达国家增长率差异的自上而下的分析，这一点都是成立的。

三、结　论

不平等对增长究竟是好是坏，这个问题很有趣，也很重要，值得社会科学家花时间和精力去研究。不过，我对能否就这个问题给出一个明确的答案持怀疑态度，因为不平等的诸多不同的根源可能对增长有非常不同的影响。

政策制定者的关注点与社会科学家的关注点不同。政策制定者关心的不是他们无法选择的不平等本身，而是影响不平等的政策。他们不关注增长，或者至少宣称自己不关注增长，而是关注他们追求的政策如何影响其人民。他们希望搞清楚这些政策会如何影响中位收入、底层的五分位收入、底层90％人口的平均收入，或者能够从不同分配得出信息的其他指标。

2×2矩阵的所有象限中都有着政策选择：对增长和分配都有好处，对一方有利而对另一方不利，或者对双方都不利。其中两个象限很简单：政策制定者应该努力找出"所有好事一起来"的政策，避免相反的情况。在需要权衡的情况下，答案是不明显的，但作为一个经验问题，有些政策在发达经济体有一阶分布影响但对增长只有二阶效应是合理的，这表明，关注除平均收入以外的其他方面的政策制定者最好仅根据对分配的静态影响来评估相关政策。

例如，平头税可能有助于促进美国的经济增长，这似乎是合理的，但仅以每年10％或20％的速度增长，还不足以从根本上改变税收变化对收入的直接影响。相比之下，几乎所有人都会接受中国有更高的增长率和曾面临较高的不平等——包括自1980年以来中国有超过8亿人摆脱了极端贫困。

展望未来，当我们继续反思宏观经济学时，更好地将福利和分配方面的考虑纳入模型，并理解它们与具体政策工具之间的关系将是重要的。我们无法就适当的社会福利函数达成一致，这一事实并不能成为选择一种特定社会福利函数——平均收入——的理由，因为这与大多数决策者描述其最终目标的方式不一致。

参考文献

Acemoglu, Daron, Simon Johnson, and James A. Robinson. 2001. "The Colonial Origins of Comparative Development: An Empirical Investigation." *American Economic Review* 91 (5): 1369 - 1401.

Aghion, Philippe, Nick Bloom, Richard Blundell, Rachel Griffith, and Peter Howitt. 2005. "Competition and Innovation: An Inverted-U Relationship." *Quarterly Journal of Economics* 120 (2): 701 - 728.

Alesina, Alberto, and Roberto Perotti. 1996. "Income Distribution, Political Instability, and Investment." *European Economic Review* 40 (6): 1203 - 1228.

Alesina, Alberto, and Dani Rodrik. 1994. "Distributive Politics and Economic Growth." *Quarterly Journal of Economics* 109 (2): 465 - 490.

Altig, David, Alan J. Auerbach, Laurence J. Kotlikoff, Kent A. Smetters, and Jan Walliser. 2001. "Simulating Fundamental Tax Reform in the United States." *American Economic Review* 91 (3): 574 - 595.

Atkinson, Anthony B. 1970. "On the Measurement of Inequality." *Journal of Economic Theory* 2 (3): 244 - 263.

Barkai, Simcha. 2016. "Declining Labor and Capital Shares." Stigler Center New Working Paper Series 2. Chicago: University of Chicago, Booth School of Business.

Barro, Robert J. 2000. "Inequality and Growth in a Panel of Countries." *Journal of Economic Growth* 5 (1): 5 - 32.

Bell, Alexander M., Raj Chetty, Xavier Jaravel, Neviana Petkova, and John Van Reenan. 2017. "Who Becomes an Inventor in America? The Importance of Exposure to Innovation." NBER Working Paper 24062. Cambridge, MA: National Bureau of Economic Research.

Boarini, Romina, Fabrice Murtin, Paul Schreyer, and Marc Fleurbaey. 2016. "Multi-dimensional Living Standards: A Welfare Measure Based on Preferences." OECD Statistics Working Paper 2016/05. Paris: OECD Publishing.

Boushey, Heather, and Carter C. Price. 2014. *How Are Economic Inequality and Growth Connected? A Review of Recent Research.* Washington, DC: Washington Center for Equitable Growth.

Bowles, Samuel. 2012. *The New Economics of Inequality and Redistribution*. Cambridge: Cambridge University Press.

Brown, David W. , Amanda E. Kowalski, and Ithai Z. Lurie. 2015. "Medicaid as an Investment in Children: What Is the Long-term Impact on Tax Receipts?" NBER Working Paper 20835. Cambridge, MA: National Bureau of Economic Research.

Brueckner, Markus, and Daniel Lederman. 2015. "Effects of Income Inequality on Aggregate Output. " Policy Research Working Paper 7317. Washington, DC: World Bank.

Castelló-Climent, Amparo. 2010. "Inequality and Growth in Advanced Economies: An Empirical Investigation. " *Journal of Economic Inequality* 8 (3): 293 – 321.

Chetty, Raj, Nathaniel Hendren, and Lawrence F. Katz. 2016. "The Effects of Exposure to Better Neighborhoods on Children: New Evidence from the Moving to Opportunity Experiment. " *American Economic Review* 106 (4): 855 – 902.

Cingano, Frederico. 2014. "Trends in Income Inequality and Its Impact on Economic Growth. " OECD Social, Employment and Migration Working Papers 163. Paris: OECD Publishing.

Council of Economic Advisers. 2015. "The Economics of Early Childhood Investments. " Report. The White House, January. https://obamawhitehouse. archives. gov/sites/default/files/docs/early_childhood_report_update_final_non-embargo. pdf.

Council of Economic Advisers. 2016. "The Economic Record of the Obama Administration: Progress Reducing Inequality. " Report. The White House, September. https://obamawhitehouse. archives. gov/sites/default/files/page/files/20160923_record_inequality_cea. pdf.

Deininger, Klaus, and Lyn Squire. 1998. "New Ways of Looking at Old Issues: Inequality and Growth. " *Journal of Development Economics* 57 (2): 259 – 287.

Dennis, Robert, et al. 2004. "Macroeconomic Analysis of a 10 Percent Cut in Income Tax Rates. " CBO Technical Paper Series 2004 – 07. Washington, DC: Congressional Budget Office.

Dollar, David, and Aart Kraay. 2002. "Growth Is Good for the Poor. " *Journal of Economic Growth* 7 (3): 195 – 225.

Forbes, Kristin J. 2000. "A Reassessment of the Relationship between Inequality and Growth. " *American Economic Review* 90 (4): 869 – 887.

Furman, Jason. 2016. "Dynamic Analysis, Welfare, and Implications for Tax Reform. " Remarks at the National Bureau of Economic Research Conference "Tax Policy and the Economy," Washington,

DC，September 22.

Furman，Jason，and Peter Orszag. 2015. "A Firm-Level Perspective on the Role of Rents in the Rise in Inequality." Paper presented at "A Just Society" Centennial Event in Honor of Joseph Stiglitz，New York，October 16.

Gilbert，Robert. 2006. "Looking for Mr. Schumpeter: Where Are We in the Competition-Innovation Debate?" *Innovation Policy and the Economy* 6：159 – 215.

Gornick，Janet，Thierry Kruten，Branko Milanovic，David Leonhardt，and Kevin Quealy. 2016. LIS/*New York Times* Income Distribution Database (2016). April.

Gravelle，Jane G. 2014. *Dynamic Scoring for Tax Legislation：A Review of Models.* Washington，DC：Congressional Research Service.

Gutiérrez，Germán，and Thomas Philippon. 2017. "Declining Competition and Investment in the U. S." NBER Working Paper 23583. Cambridge，MA：National Bureau of Economic Research.

Halter，Daniel，Manuel Oechslin，and Josef Zweimüller. 2014. "Inequality and Growth：The Neglected Time Dimension." *Journal of Economic Growth* 19 (1)：81 – 104.

Heckman，James J. ，Seong Hyeok Moona，Rodrigo Pintoa，Peter A. Savelyeva，and Adam Yavitz. 2010. "The Rate of Return to the High/Scope Perry Preschool Program." *Journal of Public Economics* 94 (1)：114 – 128.

Hoynes，Hilary，Diane Whitmore Schanzenbach，and Douglas Almond. 2016. "Long-Run Impacts of Childhood Access to the Safety Net." *American Economic Review* 106 (4)：903 – 934.

Kaldor，Nicholas. 1955. "Alternative Theories of Distribution." *Review of Economic Studies* 23 (2)：83 – 100.

Keefer，Philip，and Stephen Knack. 2002. "Polarization，Politics and Property Rights：Links between Inequality and Growth." *Public Choice* 111 (1)：127 – 154.

Knowles，Stephen. 2005. "Inequality and Economic Growth：The Empirical Relationship Reconsidered in the Light of Comparable Data." *Journal of Development Studies* 41 (1)：135 – 159.

Kraay，Aart. 2015. "Weak Instruments in Growth Regressions：Implications for Recent Cross-Country Evidence on Inequality and Growth." World Bank Policy Research Working Paper 7494. Washington，DC：World Bank.

Lazear，Edward P. ，and Sherwin Rosen. 1981. "Rank-Order Tournaments as Optimum Labor Contracts." *Journal of Political Economy* 89 (5)：841 – 864.

Ludwig, Jens, and Douglas Miller. 2007. "Does Head Start Improve Children's Life Chances? Evidence from a Regression Discontinuity Design." *Quarterly Journal of Economics* 122 (1): 159 – 208.

Mankiw, N. Gregory, and Matthew Weinzierl. 2006. "Dynamic Scoring: A Back-of-the-Envelope Guide." *Journal of Public Economics* 90 (8): 1415 – 1433.

Mirrlees, James A. 1971. "An Exploration in the Theory of Optimum Income Taxation." *Review of Economic Studies* 38 (2): 175 – 208.

Organisation for Economic Co-operation and Development. 2015. "The Impact of Income Inequality on Economic Growth." In *In It Together: Why Less Inequality Benefits All.* Paris: OECD Publishing.

Ostry, Jonathan D, Andrew Berg, and Charalambos G. Tsangarides. 2014. "Redistribution, Inequality, and Growth." IMF Staff Discussion Note 14/02. Washington, DC: International Monetary Fund.

Pritchett, Lant. 1997. "Divergence, Big Time." *Journal of Economic Perspectives* 11 (3): 3 – 17.

Rawls, John. 1971. *A Theory of Justice.* Cambridge, MA: Belknap Press of Harvard University Press.

Solt, Frederick. 2016. "The Standardized World Income Inequality Database." *Social Science Quarterly* 97 (5): 1267 – 1281. SWIID Version 6. 0, July 2017.

Stevenson, Betsey, and Justin Wolfers. 2008. "Economic Growth and Subjective Well-Being: Reassessing the Easterlin Paradox." *Brookings Papers on Economic Activity* (1): 1 – 87.

Stevenson, Betsey, and Justin Wolfers. 2016. *Inequality and Subjective Well-Being.* Slides.

Stiglitz, Joseph E. 1974. "Incentives and Risk Sharing in Sharecropping." *Review of Economic Studies* 41 (2): 219 – 255.

Stiglitz, Joseph E. 2012. *The Price of Inequality: How Today's Divided Society Endangers Our Future.* New York: W. W. Norton.

U. S. Congress, Joint Committee on Taxation. 2005. "Macroeconomic Analysis of Various Proposals to Provide $ 500 Billion in Tax Relief." Report JCX-4-05. http://www. jct. gov/x-4-05. pdf.

U. S. Congress, Joint Committee on Taxation. 2014. "Macroeconomic Analysis of the 'Tax Reform Act of 2014. ' " Report JCX-22-14. https://www. jct. gov/publications. html? func=startdown&-id=4564.

U. S. Department of the Treasury, Office of Tax Analysis. 2006a. "A Dynamic Analysis of Permanent Extension of the President's Tax Relief." July 25. https://www. treasury. gov/resource-center/tax-policy/Documents/Report-Dynamic-Analysis-2006. pdf.

U. S. Department of the Treasury，Office of Tax Analysis. 2006b. "A Summary of the Dynamic Analysis of the Tax Reform Options Prepared for the President's Advisory Panel on Federal Tax Reform."

Wittenberg，Martin. 2015. "Problems with SWIID: The Case of South Africa." *Journal of Economic Inequality* 13 (4): 673 - 677.

Zidar，Owen M. 2017. "Tax Cuts for Whom? Heterogeneous Effects of Income Tax Changes on Growth and Employment." NBER Working Paper 21035. Cambridge，MA: National Bureau of Economic Research.

第十七章　政策、不平等与增长 *

　　贾森·弗曼的第十六章是一篇重要而深刻的文章，所有政策制定者和应用经济学家都应该读一读。它是一个很好的例子，说明如何将经济理论和证据与政策判断相结合，从而对公共政策产生有意义的输入。我把我对他那一章的回应归纳在我认为是他论点中心的三个主张的标题下。

　　第一个主张是，跨国不平等-增长回归对政策没有太大帮助。我同意，作为早期的作者之一，我为那篇文献做出了贡献。这里有几个关键问题。一个是，在这些回归中，影响不平等的实际政策并不总是明确的。弗曼用我与阿莱西纳合著的旧论文很好地阐述了这一点，在那篇文章中我们发现不平等与增长负相关，但其论点是，减少不平等的政策（对资本征税）实际上不利于增长。一个更深层次

---

* 本章作者为达尼·罗德里克（Dani Rodrik）。

的、相关的观点是，人们在这里使用的计量经济学方法往往不受政策影响。社会科学家希望解释和寻找明确的身份认同，这通常是通过历史或地理的外生变异来实现的。矛盾的是，他们越成功（在解释能力上），政策制定者的行动空间就越小。

当然，我们可以将不平等的结果直接与政策选择联系起来。但这遇到了弗曼没有讨论的另一个问题。政策选择不是随机的，而是对各种目标做出反应——经济目标或政治目标，可取的目标或不可取的目标。在这种情况下，政策与结果之间的部分相关性并不能揭示真正的潜在关系。考虑一个最简单的例子，决策者选择政策来最大化其对增长的影响。数据间的偏相关性将为零（因为这是决策者优化问题的一阶条件所要求的）。但这并不意味着相关政策对经济增长没有影响。如果将这一点一般化，则指向不同的政策设置和政策目标，包括政治目标，参见 Rodrik（2012）。

然而，我想说，跨国实证文献并非完全无用。它反驳了人们普遍持有的一种观点，即不平等是经济增长所需要的，或者增长所必然伴随的。我们现在知道情况并非如此。权衡并不是必然的。

弗曼在第十六章中提出的第二个主张是，实际政策（如税收变化）的"增长"效应远远小于再分配效应。我之所以把"增长"用引号引起来，是因为弗曼所讨论的影响（至少在最初的版本中是这样）不是对长期增长而是对稳态水平的影响。对我们通常讨论的那种税率来说，这是一个合理的观点，但人们并不总是能够注意到它。富有启发性的是，它遵循这样一个事实，即分配效应是矩形（$\approx qX\Delta p$）而效率增益是三角形（$\approx 1/2\ \Delta qX\Delta p$）。

在讨论为什么贸易政策在政治上如此有争议时，我经常在关税问题上提出类似的观点——关税毕竟是对进口商品征收的另一种税。

具体来说，让我们将政策变化的再分配与效率/产出收益的比率定义为变化的"政治成本-效益比"（political cost-benefit ratio，PCBR）。在Rodrik（1994，2018）中，我讨论了如何在程式化的经济环境下计算这一比率。得出了两个结论。

第一个结论是：正如弗曼所建议的，产生 1 美元效率收益所需的再分配金额通常非常大，大约为 5 美元或更多。同样重要的第二个结论是：随着被取消或减少的税收变得更少，再分配相对于效率收益也在增加。换句话说，政治成本-效益比正落在被消除了的税收楔子里。这一结论是普遍性的，它来自公共财政的一个核心洞见：税收带来的效率损失不是线性上升的，而是与税收的平方成正比的。与此同时，再分配效应是线性的。把这两个放在一起，你就得到了刚才所说的政治成本-效益比的结果。

这些只是理论观点，缺乏经验意义吗？不一定。尽管彼得森国际经济研究所声称，与《北美自由贸易协定》有关的关税削减产生了明显的分配后果，但整个美国经济的实际产出收益非常小。关于这一点，可以参见 Hakobyan 和 McLaren（2016）。他们估计受《北美自由贸易协定》影响最严重的行业的工资增长（相对于其他行业）减少了 17 个百分点。关于产出与收益的详细论述，可以参见 Caliendo 和 Parro（2015）。

面对这些结论，一个典型的反应是，这些模型低估了贸易自由化的真实、动态影响。同样，也可以批评说弗曼得出的数字是水平效应。这里的问题是，标准经济理论几乎没有空间来考虑这些所谓的动态效应。从 t_0 到 t_1 的减税会使实际 GDP（在长期稳定状态下）增加 $x\%$，而不是使经济增长率增加 y 个百分点。另外，由于长期增长率的增长可能会抵消任何分配效应，批评人士或许有一定的道理。

评估这一反诉的正确方法是在内生增长模型下展开讨论——内生增长模型确实具有政策变化产生永久性增长效应的特征。这里的问题是模型的细节非常重要。内生增长模型通常会产生规模经济和/或技术外部性，这两者都很难与竞争性市场相协调。因此，它们不可避免地生活在次优经济学的世界里。减税可以产生扩大的经济效益和长期的经济增长。但与基准模型相比，它产生的经济效益可能会更少，并会降低经济增长。内生增长效应不一定会放大减税带来的好处；它们扩展了基准测试结果两边的可能结果的范围。

此外，重要的是不要将增长效应与福利（在有限的效率意义上）混为一谈。永久性的更高投资率带来更高的产出增长，并不一定会带来更多的"福利提升"，因为更高的投资是以当前更高的储蓄和更低的消费为代价的。只有当社会和私人资本的边际产出之间存在一个缺口时，社会福利才会得到更大的提升。

换句话说，我们很难对这些长期增长效应进行一般性的概括。当人们做出类似"长期动态影响要大得多"的强有力的无条件断言时，他们通常是以一个提倡者而不是分析人士的姿态。

第十六章的第三个主张是，发展中经济体应该相对更重视增长，因为那里的增长率差异要大得多。确实，现在发展中经济体的增长率变化更大，从人均7%～8%到偶尔出现的负增长。但就弗曼的论点来说，重要的是可供政策利用的变化部分。仅是增长率变化很大并不意味着我们有一个可以预测的方法来改变增长率。我们对实际政策与长期增长之间的关系知之甚少，即使在发展中经济体也是如此。对于极端糟糕的政策，我们无疑有更强的理由：我们可以相当肯定的是，恶性通胀或持续的征用威胁相当具有破坏性。但我们很难断定，对绝大多数发展中经济体而言，税率或关税与经济增长之间存在确定的关系。

在这里，我和弗曼的观点略有不同。回想一下前面关于政治成本-效益比的论述。因为发展中经济体的税收和关税高于发达经济体，有一种基于等级的观点认为，在发展中经济体应该不那么重视分配结果。

总之，我大体上同意弗曼的观点，并赞同他在第十六章中分析的目的。税收和贸易政策的再分配效应往往很大，或许更重要的是，这种效应在事前很容易预测。在税收或贸易扭曲程度"很小"的情况下，这一点尤为重要。认识到这一点，应该会让我们这些经济学家比通常更关注政策改革的分配后果。但我要补充的是，我们需要区分水平效应和稳定状态效应，以及长期增长效应。后者在数量上可能更为重要，尽管我们对它们的了解要少得多，而且它们也很容易走向错误的方向。最后，我要明确指出的是，这一切都不意味着我们应该放弃试图掌握政策如何影响长期增长的努力。

参考文献

Caliendo, Lorenzo, and Fernando Parro. 2015. "Estimates of the Trade and Welfare Effects of NAFTA." *Review of Economic Studies* 82: 1-44.

Hakobyan, Shushanik, and John McLaren. 2016. "Looking for Local Labor Market Effects of NAFTA." *Review of Economics and Statistics* 98 (4): 728-741.

Rodrik, Dani. 1994. "The Rush to Free Trade in the Developing World: Why So Late? Why Now? Will It Last?" In *Voting for Reform: Democracy, Political Liberalization, and Economic Adjustment*, ed. S. Haggard and S. Webb. New York: Oxford University Press.

Rodrik, Dani. 2012. "Why We Learn Nothing from Regressing Economic Growth on Policies." *Seoul Journal of Economics* 25 (2): 137-151.

Rodrik, Dani. 2018. "Populism and the Economics of Globalization." *Journal of International Business Policy* 1: 12-33.

第十八章　降低不平等以实现包容性增长[*]

　　贾森·弗曼在第十六章的讨论澄清了一个新闻标题的出现远远早于证据的领域。他解释了为什么最近关于不平等是有助于还是有害于增长的实证文献只有有限的政策含义。在这里，我将简要地评论他提出的一些观点，然后再谈一些缺乏简单政策解决方案的问题，但如果我们要实现更具包容性的增长模式，这些问题就应该得到更多关注。我们正在从世界各地学习一些经验。

　　我同意弗曼的主要观点：跨国实证文献不允许我们宣称不平等与增长之间存在强有力的因果关系，而且无论如何，这些文献都没有指向政策制定者应该关注的问题。

　　我对跨国文献的看法是，它们太过脆弱，不足以支持最近一个突出的观点，即不平等不利于增长。它们也不支持不平等在某些发

* 本章作者为萨曼·尚达曼（Tharman Shanmugaratnam）。

319

展阶段有利于增长的传统观点。但是，与弗曼一样，我认为政策的重要问题不在于不平等与增长之间的平均关系。在这种平均水平较低的关系背后，是一幅更能说明这种关系在不同国家之间如何变化的画面。对任何给定的不平等水平，我们都看到了增长结果的巨大差异。另外，一些大体相似的增长故事也伴随着非常不同的不平等轨迹。

我们只要看看东亚各国的发展经历就大致可以看出这些差异。自 20 世纪 60 年代起的 30 年间第一批东亚新兴工业化经济体在几乎没有增加不平等的条件下实现快速增长的故事——用世界银行的说法，即所谓的"东亚奇迹"。与 20 世纪 90 年代相比，印度尼西亚在 21 世纪头十年经济增长提速的同时，不平等程度也大幅上升。

这些差异也表明，有必要从简单的基尼系数背后寻找不平等的根源。正如弗曼等人所强调的那样，不同的不平等根源必然对增长产生不同的影响。创新的繁荣应该会增加经济活力，尽管这通常意味着上层人群收入的增长速度快于其他人。我想补充一点，在一些发展中经济体中，中产阶级的成功增多拉开了与穷人的距离，也增大了以一些简单的衡量标准所评估的不平等程度。但是，还有其他许多造成不平等的根源对经济增长没有帮助，比如我们在发达国家和发展中国家看到的经济租金的上涨，或者高速的金融市场交易。政策权衡和政治经济学含义显然会因不平等的原因而异。例如，旨在解决精英俘获问题的法规无须在增长方面做出取舍。

弗曼还提出了一个有用的观点，即在实证文献中，方程的左边是错误的。政策制定者没有——如果有，也不应该——以简单的平均收入或人均 GDP 的增长为目标。与经济增长相关的规范衡量指标，总是旨在反映经济增长的普遍程度。例如，新加坡经常把中等收入和底层五分位数收入的增长作为经济政策的主要目标。但我并不羡慕那些利用跨国数据进行估计的人。关于收入中位数的数据并不是连续公布的，就连经济合作与发展组织国家中也很少有按十分位数或五分位数公布收入的。我们呼吁公布更多数据。

请允许我把跨国回归面临的挑战先放在一边，就正常情况下什么才是重要的问题提出一些更广泛的观点。首先，人们看重的是收入的绝对流动性，而不仅是他们相对于同龄人的表现。作为政策制定者，我们也应该这样做，而且我们这样做的原因不仅与经济有关。

大多数人都知道他们的生活是否会随着时间的推移而改善，他们的儿女是否比父母过得更好。他们知道自己是否有机会生活得更好，或者在改善生活的过程中被阻碍了。但是，当收入的绝对增长减少或收入长期停滞不前时，人们之间以及不同社会阶层之间的相对关系就变得重要起来。我认为这是一个程式化的社会学事实。

在这方面，重要的不仅是通常所说的相对关系。这不仅是中产阶级想要缩小他们与上层阶级之间的差距。或许有人很喜欢看有人从梯子顶端摔倒的场面，但大多数中产阶级不喜欢看到那些曾经在他们之下的人向上移动并取代他们。这是第二个相关的程式化社会学事实。

在正常时期，相对下降已经够让人不舒服的了，但当绝对收入增长也下降时，情况就更糟了。这就是政策带来的挑战之一，我们想要在我们的社会中有尽可能多的社会流动性，但是当每个人或大多数人的境况都有绝对的改善时，这种流动性才能最大限度地受到人们青睐。

因此，当我们考虑弗曼所提出的"所有好事一起来"这一象限时，首先也是最重要的是实现基础广泛的、绝对的收入增长。在这方面，我们在许多发达国家或新兴市场和发展中国家的表现并不好。

我们看到近几十年来，在很多发达社会中，中等家庭的收入增长是如何停滞不前的。更令人不安的是长期的、纵向的关于孩子相对于他们父母的表现的数据。拉杰·切蒂（Raj Chetty）和他的同事的工作表明，从一代到下一代的流动已经停滞。如果你看看今天30多岁的那一代，也就是20世纪80年代初出生的那一代，你会发现他们中只有一半人的收入与他们父亲在同样年龄时的收入相当甚至更多（按实际价值计算）。在"锈带"（Rust Belt），这一比例远低于50％——换句话说，如今那里不到一半的儿子挣得和他们父亲当年一样多。这是一个显著的变化。它不断被感知、被察觉，成为一个新故事。这些数据是针对美国的，但其结果与我们在其他一些国家看到的印象更为深刻的情况并不矛盾。

这一点结合第三个程式化的社会学事实，或者我应该说程式化的社会心理学事实，即大多数人倾向于根据过去推断形成关于自己生活的预期——因此如果你的父母进入中产阶级，看到他们的生活不断改善，你将期望并且当然希望自己的收入也按照相同路径不断改善你的生活。因此，如果这些期望没有实现，就会导致极大的失望。与此同时，如果那些在你之下的人逐渐向上或赶上你，事情会变得更加复杂——我们已经开始看到它的政治经济学含义。

第二个令人担忧的问题是，很多发展中国家的收入水平始终未能达到发达国家或更发达的新兴国家的水平。经济发展趋同的简单逻辑是，如果一国从远离生产率前沿的地方起步，它就可以借鉴他国的技术和最佳实践，并比前沿国家更快地发展。在一些国家，特别是在东亚国家，这一点已经得到了验证，但在非洲和拉丁美洲的大部分地区以及南亚的部分地区，几十年了，这一逻辑还没有兑现。

我刚刚看了国际货币基金组织 2017 年 10 月的《世界经济展望》（*World Economic Outlook*），其中有一章介绍了最近的趋同趋势。报告的作者预测，未来五年将会延续过去的趋势——趋同的国家将会继续趋同，而不趋同的国家也将继续保持这种趋势。

由于市场上的技术和最佳实践是相同的，一些国家正在趋同，而另一些国家则没有。事实上，它们的整体经济增长轨迹和广泛的收入增长都是如此。这种部分差异无疑反映了一些旧的产业结构遗产，这些遗产导致各国以不同的方式融入全球经济。但这种增长差异持续了几十年，表明国内政策和制度在很大程度上解释了生活中发生的事情。

我想简要地提一下我们实现包容性增长所涉及的三个当代政策问题。它们都是国内政策的挑战，适用于所有国家，不管是发达国家还是发展中国家。

第一个政策挑战是我们如何加快企业间的学习。我们知道，在生产率增长方面，那些靠近前沿的企业与那些根本不靠近前沿的企业之间存在令人困惑的差异。同样，那些一开始时生产率就较低的公司并没有迎头赶上。由于我们不完全了解的原因，技术扩散的速度在一个又一个行业、在创新前沿的公司和其他公司之间出现了放缓。无论是通过供应链上下的传导，还是通过并购或其他市场机制，技术扩散的速度都已经放缓。

不管是从生产率提高的角度看，还是从平均收入增长或者工资不平等的角度看，工资不平等都很值得关注。弗曼等人的研究发现，美国、德国和其他一些地方的工资不平等在很大程度上是不同公司中从事相同工作的工人之间的不平等，而不是不同工作之间的不平等。

我们能做些什么来加快每个行业和整个经济体的学习？这必须成为旨在实现包容性增长的公共政策的一个关键着力点。我们有来自世界各地的经验。一些国家在这方面做得比其他国家更好。它不仅关乎历史和文化，也关乎机制和制度。例如，德国就有帮助小公司采用最新技术的机构，而且它们采取的是可以帮助公司根据自己的需要定制技术的方式。弗劳恩霍夫（Fraunhofer）研究所的作用是众所周知的：它将大学和研究机构的研发转化为中小企业生产车间的解决方案。还有鲜为人知的史太白基金会（Steinbeis Foundation），这是一个迷人的机构，拥有数千名专家和高手，他们被派往企业协助它们推动技术升级。这是一个市场驱动的系统，实际上是一个相当混乱、非常不像德国的系统，它在专家与小企业之间实现匹配，以换取专家的佣金和报酬。这方面的一个经验教训是，我们需要中介机构来帮助市场更快地学习，帮助市场更快地传播新技术和现有技术。

第二个值得更多关注的政策挑战与经济得失的地理位置有关。不应该由选举结果来告诉我们它有多重要，但这是一幅引人注目的画面——无论是英国脱欧还是最新的美国大选或最近法国、土耳其的选举——投票模式在城市、郊区、小城镇和农村地区之间表现出明显的差异。这些模式也与一些地方落后而另一些地方进步的方式相匹配。

我认为，新兴的"补偿输家"的说法既不恰当，也不合时宜。这是一种失败主义的方法。它以市场结果为前提，以再分配为解决方案。我不是说我们不需要再分配。我们需要。但是从根本和深远的意义上讲，它次于帮助人们和各个地区实现自我再生这一理念。在我们考虑新的再分配策略之前，真正的挑战在于再生（regeneration）。

市场的自然运行并不能向我们保证这一点。我们需要政府有一颗新的雄心，一颗能够使全球化、新技术和集聚经济在更多地方发挥良好作用的新雄心。

我们知道这是可以做到的，因为有些地方已经做到了，而且做得更好。丹麦和瑞典比其他很多发达国家做得更好。新加坡也在努力这样做。即使在美国，实际上也有两个关于"锈带"的故事。一些城镇重新呈现出螺旋式上升——密尔沃基、明尼阿波利斯或匹兹堡——而另一些则陷入了螺旋式下降。在很多国家都是这样。在德国，离斯图加特不远的巴登-符腾堡州充满活力的城镇与鲁尔河谷萧条的城镇形成了鲜明的对比，在法国、意大利和英国也能看到同样的景象。有些地方回到了螺旋式上升，有些地方则处于消极循环中，并发展出一种似乎是滞后的社会形式。

为什么同一个国家的不同城市和地区之间的差异会持续几十年？我们知道，经济损失和收益总是地理上集中的。这是经济专业化的本质。集聚经济强化了全球化和技术变革的影响。虽然有些地方可以在核心产业和工作岗位因新技术或全球竞争而流失后恢复元气，但并非所有地方都能做到这一点。不是每个城镇都能发展出新的集聚经济。

但这些分歧不仅是市场运行的问题。城镇的再生往往归功于当地的领导阶层、伙伴关系和积极行动，特别是旨在创建学习型社区的努力。我用社区（communities）这个词，是因为在一个地方的社会契约中有某种东西，它创造了一种相互的义务感，把商业领袖、大学校长和教师、地方领导人和官员、工会和普通民众联系在一起，最终激励了人们。我们可以在一个小镇或一个像新加坡这样的城市型国家建立社区，但要在一个更大的典型国家范围内建立这种社区意识并不那么容易。为此，人们必须互相认识并形成社会关系，而不仅是对彼此负有经济义务。

因此，公共政策的一个中心主题必须是帮助人民适应全球化和技术的变迁，并使自己获得再生。这不仅需要提供必要的财政资源，而且关系到发展学习型社区所需的行动主义和伙伴关系。这还牵扯到能够带给人们自信和乐观的那些因素。

这就引出了我的第三个政策挑战。我们必须重新思考高等教育。许多国家在经济方面已经变得非常低效，在很多社会方面也很不公平。在美国，数据本身就说明了一切。在美国，每两个大学生中就有一个五年内不能毕业。公立大学的这一比例更高，但即使是在私立大学，也有40％的学生在五年内无法毕业。顺便说一句，大学教育的典型成本不是四年的费用，而是更多。大学教育是昂贵的，只能带来微弱的就业产出。在那些确实毕业的人中，40％没有从事需要大学学位的工作。与高中毕业生相比，大学毕业生中收入占底层四分位数的人在工资方面几乎没有溢价——这是以平均水平来衡量的工资溢价存在的一个令人费解的事实。

在印度、中国和韩国，情况也大致相同，这些地方的大学毕业生就业严重不足。在一些欧洲国家，很多人在上大学后辍学。这反映出在经济方面以及在能够最大限度地发展人民和刺激社会流动方面的巨大效率低下。

我并不是反对人们接受高等教育。现在，高质量的高等教育是在一个技术发达的世界里取得成功的先决条件。但这要求我们重新思考大学教育的形式和内容。我们的高等教育过度学术化了，不教授现实世界所需的知识和应用能力，不考虑不同群体多样化的学习风格，不能使很大一部分年轻人为未来就业和发展做好准备。在任何一个面向未来的高等教育体系中，我们都需要更好地融合高等教育的学术模式和应用模式。

对普通四年制大学教育的通常辩护——不管认为它提供了通识教育还是其他学术导向的教育——是，大学教育在培养年轻人掌握未来生活中所需的一般性技能方面做得很好，这包括软能力、学习能力、创造性和批判性思考的能力。我认为这个观点带有某种精英主义。我们不应该认为应用型教育模式，即既包括实践又包括思考的教育模式，缺乏发展一般技能的手段。生活所需的一般技能是多种多样的，并没有证据表明应用型或者双重教育体制在培养学习能力、团队协作能力和跨文化能力以及创造能力方面不如那些常规的学术型项目。除此之外，这类机构还帮助学生做好了就业的准备——这仍然是人们说他们想上大学的主要原因。

现在改变还不晚。在早些时候，英国把所有理工学院都改成了大学，现在在英国有一种关于重新看待应用型或双重教育体制的讨论。北欧有很好的例子可以学习。在新加坡，和在其他国家一样，教育体制也朝着同样的方向前进。在美国也有一些这种教育形式的极好例子。例如，距离华盛顿特区的全球性机构不远的北弗吉尼亚社区学院，就是一个很好的例子——大学与地方政府、企业合作，找出并培养能够让人们在未来充满信心的技能，不管他们是刚刚准备参加工作还是已经参加工作。

一个相关的转变是在人生的每个阶段都对学习进行再投资。一个人在生命的头 20 或 22 年里接受的旧模式的前置教育正在贬值。新的游戏是终生学习，在一生中不断地接受教育。同样，这既是一种经济战略——在这个世界上，面对颠覆性技术，需要不断地再培训和适应——也是一种社会战略，一种不断寻找平衡生活机会的方法。这恰好是我们在新加坡最重要的战略。我们称之为未来技能。

　　我想就此结束我的演讲。弗曼的演讲激发了我们的思考。特别是，我们需要考虑对人和城市进行再投资的战略，以及加快产业学习以提高生产率和缩小工资差距的战略。从事情进展顺利的地方——包括美国的一些地方——借鉴经验，对我们所有人来说都是有帮助的。

5

| 第五部分 |

国际经济问题

第十九章　反思国际宏观经济政策[*]

全球金融危机及其余波激发了许多有关国际宏观经济政策的新想法，尽管要全面研究这些想法几乎是不可能的。其中一些观点，比如支持资本管制的观点，多年来已经被详细地讨论过，我在此只简单地提一下。相反，我关注的是一些子问题，对这些问题我认为"反思"不管从经验还是从理论看都是相对新颖的，且没有被很好地消化吸收。我自己在工作中更关注它们也许并没有什么好奇怪的。

本章围绕十条关于汇率政策、资本流动管理、保护主义和全球合作的评论进行。

（1）汇率灵活性带来的收益比你想象的要糟糕。

（2）三元悖论依然存在。

* 本章作者为吉塔·戈皮纳特（Gita Gopinath）。本章是为彼得森国际经济研究所组织的"反思宏观经济政策"会议准备的。本章内容基于美国国家科学基金会（美国国家科学基金会批准号 1628874）所支持的工作。本材料中表述的任何观点、结论或建议均为作者个人观点，并不代表美国国家科学基金会的观点。所有错误均由作者本人负责。

（3）美元汇率驱动着国际贸易价格和数量。

（4）总资本流动和净资本流动同样重要，全球银行已经使美国货币政策国际化。

（5）新兴市场从外币债务向本币债务的倾斜，降低了它们的全球风险敞口。

（6）低利率环境会导致资源错配和生产率下降。

（7）全球失衡、外汇储备积累和汇率操纵之间的关系尚未得到很好的确认。

（8）统一边境税不是中性的。

（9）贸易不是收入不平等的主要驱动力，但与此同时，政策未能解决其再分配后果。

（10）全球金融监管协调以及国家层面的宏观审慎政策至关重要。外汇储备和货币互换额度不能取代国际货币基金组织作为最后贷款人的角色。

第一节讨论汇率政策，我强调了对新兴市场汇率灵活性的优缺点和三元悖论的新思考，并讨论了关于美元与国际贸易关系的新发现。关于资本流动管理的话题，我在第二节给出了三条评论。首先，与传统关注经常账户不同，我将重点放在总资本流动及其组成部分，以及将发达经济体的常规和非常规货币政策传导至世界其他地区的大幅增加的全球银行业资本流动上。其次，我描述了新兴市场"原罪"的减少，以及新兴市场主权外债的货币构成从外国货币转向本国货币，以及这如何降低了主权借贷成本对全球冲击的敏感性。最后，我要强调的是，在金融市场不发达的情况下，低利率带来的反常成本与资源错配有关。

发达国家对全球化的幻想破灭引发了一场自世界大战以来从未

有过的保护主义热潮。全球化尚未出现真正的逆转，但存在很大威胁。在这方面，我将在第三节中探讨汇率操纵、统一的边境税、全球化面临的挑战以及关于贸易保护主义和增长关系的证据等。

最后，第四节讨论政策的全球协调、安全网和多边主义等问题，这可能是国际宏观经济政策的最后边界。

一、汇率政策

事实上，世界上绝大多数国家都选择了"有限浮动的"汇率政策。据 Ilzetzki、Reinhart 和 Rogoff（2017）估计，选择有限浮动汇率的国家现在占所有国家的 80%，占世界 GDP 的一半。布雷顿森林体系崩溃后，各国确实已从明确的固定汇率制转向有管理的浮动汇率制，而不是自由浮动汇率制。我们完全有理由相信，对大多数国家而言，特别是对发展中国家而言，这将继续是一种约束条件下的最优政策。这就引出了我的第一条评论。

评论 1：汇率灵活性带来的收益比你想象的要糟糕。

可追溯至米尔顿·弗里德曼（Milton Friedman）时代的有关浮动汇率最优的经典论点大致如下：当价格具有黏性时，对经济的冲击会导致产出偏离其潜在水平，从而导致低效的衰退和繁荣。例如，国内出现的对生产力的积极冲击应该通过灵活的价格降低国内商品相对于国外商品的价格。然而，当生产者货币的价格具有黏性时，这种相对价格调整不会自动发生。在这种情况下，汇率贬值可以带来应有的相对价格调整。贬值会提高进口商品相对于出口商品的价格，从而导致贸易条件恶化，进而导致需求从国外商品转向国内商品。这种汇率灵活性缩小了产出缺口，使经济处于最佳水平。另外，如果汇率是固定的，经济就会出现负的产出缺口（产出低于其潜在水平）。

这一主张支持浮动汇率的一个核心论点是，名义汇率与贸易条件之间存在强烈的相互影响：名义汇率的贬值应与贸易条件（具有黏性价格的商品）几乎一对一的贬值相关联。也就是说，双边汇率每贬值1%，贸易条件就恶化近1%。

Boz、Gopinath 和 Plagborg-Møller（2017）在数据中找不到这方面的证据。使用一套新建立的1989—2015年涵盖国际贸易91%的55个国家双边进出口统一（非商品）年度单位价值和数量指数数据，他们估计双边汇率贬值1%只会导致双边贸易条件（在贬值年份）恶化0.1%，如表19-1所示，这是一个与零没有显著差异的系数。

表 19-1 汇率与贸易条件的分离

变量	(1) $\Delta tot_{ij,t}$
$\Delta e_{ij,t}$	0.012 1 (0.012 7)
$\Delta e_{ij,t-1}$	−0.012 6 (0.016 9)
$\Delta e_{ij,t-2}$	−0.008 07 (0.010 5)
是否控制 PPI	是

资料来源：Boz, Gopinath, and Plagborg-Møller（2017）.

这一发现，尽管极大违背了浮动汇率背后的蒙代尔-弗莱明（Mundell-Fleming）生产国货币定价假设，却与国际贸易中的价格并不是生产国货币黏性的而是主导货币（绝大多数是美元）黏性的这一事实相一致。值得注意的是，美元在贸易计价中所占的比例与美国作为贸易商品出口国或进口国的角色极不相称。Gopinath（2015）利用 43 个国家组成的样本发现，美元作为一种计价货币的比例大约是美国商品在世界进口总量中所占份额的 4.7 倍，是其在世界出口总量中所占份额的 3.1 倍。相比之下，欧元计价比例与其在国际贸易中的份额更为接近，对应的倍数仅为 1.2（见图 19-1）。对绝大多数国家来说，在其与世界其他国家的贸易中使用本币的份额接近零。

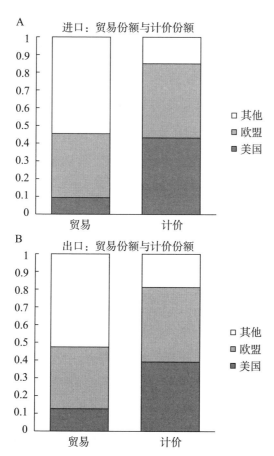

图 19-1　美元在国际贸易中的主导地位

资料来源：Gopinath（2015）.

Casas 及其合作者（2017）将美元主导的事实纳入凯恩斯主义框架，并发展出一种主导货币范式，在这种范式中，以美元计算的贸易价格是黏性的，并证明了这样做可以预测稳定的贸易条件，即使以年度为频率计算也是如此。很简单，当进出口商品都以美元标价并具有黏性时，短期内贸易条件（两者的比率）应该对汇率不敏感。但是计价本身并不能保证以计价货币表示的价格也是黏性的，Casas 及其合作者（2017）以及 Boz、Gopinath 和 Plagborg-Møller（2017）给出的证据强烈支持黏性价格假设。

主导货币范式的一个重要含义是，即使在最好的情况下，也不存在"天赐的巧合"；也就是说，根据蒙代尔-弗莱明假设得出的结果，通胀目标制不足以缩小产出缺口。正如 Casas 及其合作者（2017）所推导的，从小型开放经济体的角度看，通胀目标（国内生产者价格通胀）仍然是最优的货币政策，只是现在产出缺口随冲击而波动，而且经济越开放，这个缺口越大。

产出缺口没有缩小的原因可以理解为：根据蒙代尔-弗莱明假设，汇率贬值有两个作用。首先，它提高了进口商品相对于国内生产商品的价格；其次，它使贸易条件恶化，也就是说，相对于以国际货币表示的国际价格，它降低了出口商品的价格。在主导货币范式下，汇率贬值实现了前者而非后者，因此产出缺口无法弥合。

主导货币范式对汇率政策的其他影响如下。

（1）虽然汇率灵活性对宏观经济稳定仍然很有价值，但它并不像最初认为的那样强大，对国际贸易的最恰当描述是它由主导货币定价控制。

（2）非主导货币国家（非美国、非欧元区成员国）的出口对汇率不会非常敏感。这与下述事实相一致：出口对汇率波动反应疲软，包括新兴市场货币大规模贬值时期，这已被如下文献做了论证：Alessandria、Pratap 和 Yue（2013），Casas 及其合作者（2017），Boz、Gopinath 和 Plagborg-Møller（2017）。

（3）这并不意味着非主导货币国家的出口商不会从汇率贬值中受益。它们的确会受益。但这主要是通过提高加成和利润来实现的，即使出口数量没有明显变化。当然，在一个存在金融摩擦的世界里，更高的利润可能带来巨大的好处，从长远来看，还能提高生产和出口能力。

（4）旅游业是对汇率变化最敏感的出口行业，因为它的价格对生产者的货币具有黏性。冰岛汇率大幅贬值后旅游业的迅猛增长就是明证（Benediktsdottir，Eggertsson，and Prarinsson，2017）。

（5）一旦把其他所有有关新兴市场汇率灵活性的破坏性影响的论点都考虑进来，"担心浮动"的理由就更加充分了。这些破坏性影响之一涉及"资产负债表渠道"，根据这一渠道，汇率贬值恶化了企业的资产负债表，这些企业主要以本币盈利，但以美元借款。这反过来会产生实实在在的后果，如投资减少。对发展中国家来说，货币政策的不完全可信仍是一个挑战，汇率的大幅波动可能导致规避风险的国际贷款机构大幅退出，进而放大汇率波动。

（6）与此相反的另一极是，反对固定汇率制（即丧失货币政策独立性和增加投机性货币攻击的风险）的一方支持转变固定汇率制。2014 年大宗商品价格暴跌，也凸显了拥有一定汇率灵活性的好处，因为拥有汇率灵活性的大宗商品出口国似乎对冲击有更大的弹性。

最后一个影响的前提是，灵活的汇率允许货币政策有更大的独立性。然而，这一假设在最近几年受到了 Rey（2013）引发的一系列质疑。在接下来的评论 2 中，我总结了我们对这个至关重要的问题——汇率灵活性是否允许更大程度的货币政策独立性——的了解情况。

评论 2：三元悖论依然存在。

极具影响力的 Rey（2013）提出，只要资本流动不受限制，仅靠灵活的汇率不足以维持货币政策独立性。这与三元悖论背道而驰，即国家可以在以下三个目标中选择任意两个，但无法同时实现三个：稳定的汇率、货币政策独立性和资本自由流动。根据"进退两难，而非三元悖论"的说法，一旦你允许资本流动，就放弃了货币政策独立性，无论你的汇率机制如何。这种进退两难源于 Rey（2013）敏锐地观察到，资本流动、资产价格和信贷增长存在一个全球金融周期，而且这个周期受美国货币政策的影响。美国货币政策通过全球银行对世界其他地区的长期利率产生溢出效应的证据有力地支持了这一观点。

然而，为了保证不会走向另一个极端，即灵活的汇率不会提供更大的货币政策独立性和更强的控制信贷增长的能力〔我怀疑雷伊（Rey）不会赞成这一点〕，认识到以下发现是很重要的。第一，Shambaugh（2004）发现，与采用浮动汇率制的国家相比，采用钉住汇率制的国家的短期利率更密切地跟随其货币所锚定的国家的短期利率，甚至以资本流动为条件，这直接支持了三元悖论。第二，Obstfeld、Ostry 和 Qureshi（2017）认为，虽然 VIX 等全球风险指标上升会负向影响新兴市场的资本流入、其国内信贷增长和资产价格，但是和采用纯粹的浮动汇率制或有管理的浮动汇率制的国家相比，采用固定汇率制的新兴市场国家所受到的负面冲击更大（见图 19－2）。他们得出的结论是，与三元悖论相一致，固定汇率制对全球风险冲击更敏感，所以因货币政策独立性的丧失更大而更容易出现经济繁荣-

萧条周期。因此，这项研究得出的结论是，虽然三元悖论因 Rey（2013）的强调而有所弱化，但它仍然存在。

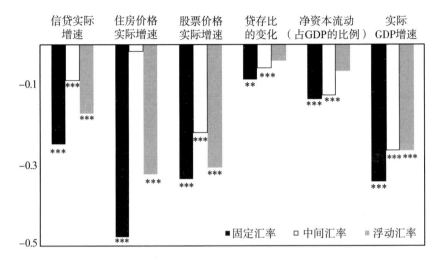

图 19 - 2　三元悖论

注：该图描绘了新兴市场经济体的金融和宏观经济变量与全球投资者风险厌恶的相关性。

资料来源：Obstfeld，Ostry，and Qureshi（2017）.

　　评论 1 和评论 2 都与美元在国际贸易和资产市场上的主导地位有关。虽然人们早就知道美元在国际市场上有着特殊的地位，但直到最近才充分了解了其背后的含义。我在评论 3 中强调了美元主导地位带来的一个尚未得到充分认识的后果。

**　　评论 3：美元汇率驱动着国际贸易价格和数量。**

　　各国（以及一般研究人员）通过估计双边或贸易加权汇率向进出口价格和数量的传递效应来评估汇率波动对其经济的影响。这种做法很自然地遵循经典的蒙代尔-弗莱明黏性价格和生产者货币定价模式，即出口企业很少改变以本国货币计算的价格。Casas 及其合作者（2017）以及 Boz、Gopinath 和 Plagborg-Møller（2017）的研究则表明，事实上，不是双边汇率而是美元汇率驱动着国家之间的贸易。也就是说，在价格传递和贸易弹性回归中，美元汇率从数值看超过了双边汇率（美国不是交易双方的任何一方）。

根据 Boz、Gopinath 和 Plagborg-Møller（2017）的估计，即便是在控制该国与其贸易伙伴的双边汇率的条件下，进口国的货币相对于美元每贬值 1%，也会导致以本国货币计算的进口商品价格提高 0.78%。另外，当进口国货币与美元之间的汇率受到控制时，相对于其贸易伙伴的货币每贬值 1%，进口价格只会上涨 0.16%。因此，美元的强势被证明是世界其他地区总贸易额和消费者/生产者价格通胀的一个关键预测指标。具体来说，他们得出的结论是，在全球商业周期的各种指标保持不变的条件下，如果美元对其他所有货币持续升值 1%，那么世界其他国家之间的贸易总额将在一年内下降 0.6%~0.8%。美元作为计价货币的角色也很特殊，因为它在预测贸易价格和数量方面轻而易举地击败了欧元的解释力。

总而言之，由于美元在国际贸易中占主导地位，汇率变化的后果和汇率政策的决定应该从主导货币范式的角度来看待。灵活的汇率提供了更大的货币政策独立性，但在开放的经济环境中，它所带来的好处可能没有你想象的那么大。

二、资本流动管理

在本节中，我将讨论与资本流动及其管理有关的问题。很久以前，甚至在金融危机之前，人们就在这个领域对政策进行了重大反思。现在有一个新的共识，即资本账户自由化是喜忧参半的：它与资本流动突然激增和逆转带来的过度波动有关，因此可以对资本账户自由化施加审慎限制。

最近的金融危机及其余波使得与资本流动有关的权衡取舍更加鲜明，金融危机爆发后资本流动立刻崩溃，在发达经济体实施异常宽松的货币政策和量化宽松政策后流入新兴市场的资本剧增。在我的评论4中，我将谈到过去20年与资本流动有关的两个重要教训。

评论4：总资本流动和净资本流动同样重要，全球银行已经使美国货币政策国际化。

正如 Obstfeld（2012）以及 Gourinchas 和 Rey（2014）所指出的那样，这次危机为我们提供了一个令人信服的理由，证明了如下做法的重要性：将监控范围扩大至传统的对经常账户——净储蓄与投资之间的差额——的关注之外，以考虑总资本流动。在危机爆发前，总资本流动（见图 19-3）出现了大幅增长，尤其是在发达经济体之间，这种增长不一定表现为巨大的净失衡，却是金融不稳定的一个主要根源。

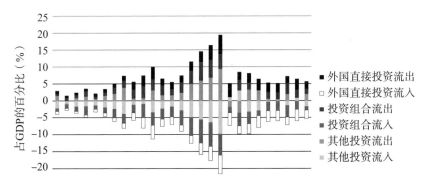

图 19-3　跨境总资本流动至关重要：全球总资本流动（1990—2016 年）

资料来源：Obstfeld（2017）．

Shin（2012）以及 Bruno 和 Shin（2015）强调了另一种同样重要的总资本流动，这种流动没有体现在跨境资本流动的衡量指标中，但在危机的扩散中发挥了重要作用。这就是欧洲银行在美国筹集美元资金并将其再投资于美国次级抵押贷款的现象（见图 19－4）。这些资本流动不会被计入经常项目或跨境流动总额中，因为这些交易发生在美国境内。Avdjiev、McCauley 和 Shin（2016）认为，此类资金流动在金融危机的扩散过程中发挥了核心作用，因此应该受到监控。

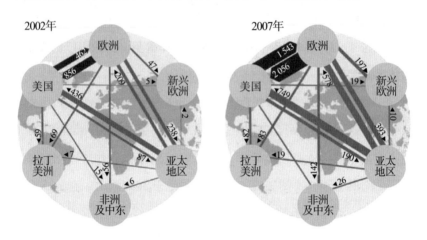

图 19－4　国内总资本流动同样至关重要

资料来源：Avdjiev，McCauley，and Shin（2016）.

后危机时代，人们重新关注所谓的全球金融周期，即主要由发达经济体的货币政策和风险偏好引发的全球资本流动的联动（Rey，2013；Blanchard et al.，2016）。就新兴市场而言，这些流动主要以全球银行和大型国内银行作为中介，正如 Bräuning 和 Ivashina（2017）所强调的，自全球金融危机爆发以来，全球银行的债权几乎翻了一番，2016 年达到约 7 万亿美元。根据 Bräuning 和 Ivashina（2017）的研究，在一个典型的美国货币宽松周期中，新兴市场经济体的信贷规模增加了 32％，对美国货币政策立场的逆转产生了同样大的影响（控制需求因素）。Baskaya 等（2017）估计，全球风险偏好

（VIX）的上升使土耳其的大型国内银行降低了信贷利率，这一机制可以解释在土耳其观察到的信贷增长的 43%。

虽然全球银行业提高了对全球因素的敏感性，但有一个现象却降低了敏感性。

评论 5：新兴市场从外币债务向本币债务的倾斜，降低了它们的全球风险敞口。

新兴市场主权外债的货币构成从外国货币向本国货币转变是近几十年的主要趋势之一，新兴市场的所谓原罪（Eichengreen and Hausmann，2005）正在减少。Du 和 Schregger（2016b）证明，在 14 个新兴市场样本中，非居民持有的本币债务在外部主权债务总额中的平均份额从 2000 年的 10%左右上升到 2013 年的近 60%。他们还指出，本币债务占离岸新兴市场债务交易总额的比例从 35%增至 2013 年的 66%，同期达到 3.5 万亿美元。这种现象在很大程度上要归因于这些国家更加独立的央行和通胀目标制，因为外国投资者不那么担心会因意外贬值而损失实际价值。IMF（2016）将新兴市场更强的弹性部分归因于金融危机后净资本流入的放缓，以及新兴市场对外币债务依赖程度的下降（见图 19-5、图 19-6 和图 19-7）。

虽然让资产负债表的资产货币和负债货币相匹配所带来的收益很容易理解，但是 Du 和 Schregger（2016a）指出了本币债务的其他一些不太为人所知的好处。特别是，他们证明了，与外币信贷利差相比，本币信贷利差在各国之间以及与全球风险因素之间的相关性要小得多。他们估计，各国间本币信贷利差的平均两两相关系数仅为 43%，而外币信贷利差的相关系数为 73%。此外，全球因素解释了不到 54%的本币信贷利差变化，但解释了超过 77%的外币信贷利差变化。

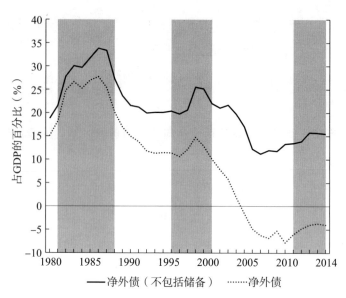

图 19 - 5　新兴市场经济体的净外债（1980—2014 年）

资料来源：IMF（2016）.

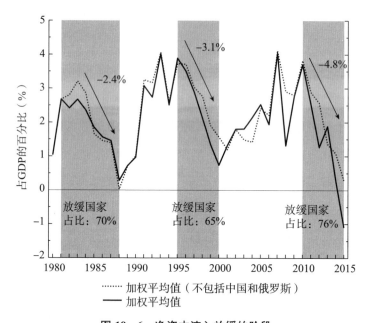

图 19 - 6　净资本流入放缓的阶段

资料来源：IMF（2016）.

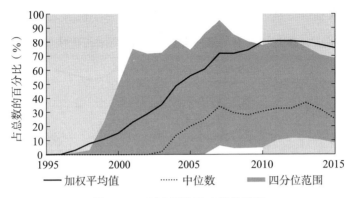

图 19-7 以本币为政府债务融资

资料来源：IMF（2016）.

这些发现凸显了本币借贷的额外好处：它既降低了新兴市场对外部冲击的敞口，又提高了它们的弹性。然而，正如 Du 和 Schregger（2016b）所说的，原罪的减少仅限于主权借款，因为新兴市场企业仍在继续以外币借款。因此，鼓励减少外币债务的政策（以及维持可持续的总体债务水平）应继续成为资本流动管理工具的一部分。

评论 6：低利率环境会导致资源错配和生产率下降。

发达经济体的利率预计将继续保持在低水平（Summers，2014；Gourinchas and Rey，2016），因此，要牢记它们可能带来的风险，尤其是在没有进行金融部门改革的情况下。除了与流向新兴市场以寻求回报的破坏性资本有关的风险以及金融产业过度风险承担导致的风险外，金融危机的另一个教训是潜在的低利率造成了资源错配，以及因此而导致的较低的总生产率。

欧债危机爆发前的一个显著特征是，德国和西班牙的经常账户存在差异，生产率也存在差异（见图 19-8）。1999—2007 年，德国拥有巨额经常账户盈余，是一个净贷款者，同时经历了强劲的生产率增长。在同一时期，西班牙的经常账户则出现巨额赤字，由大量资本流入提供资金，同时生产率下降。这是一个配置之谜，因为如果有，那么标准力量预测，资本将流入生产率增长更快的国家。

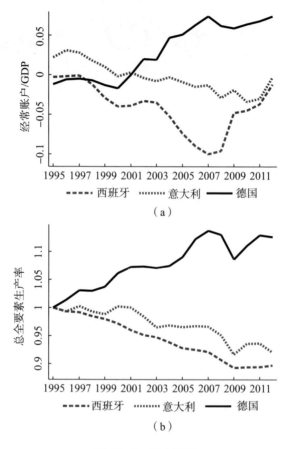

图 19-8　资本错配

资料来源：Gopinath et al. （2017）.

Gopinath 及其合作者（2017）提供了一种与因果关系方向相反的解释。他们认为，欧元趋同导致的西班牙借贷成本下降，通过更严重的资源错配导致了生产率下降。其机制如下：较低的借贷成本不成比例地有利于大（高净值）公司，因为它们在金融市场上的借贷比小公司受到的约束少。因为大公司不一定是生产率最高的公司，这就导致资源被错误地从生产率较高的公司分配到生产率较低的公司，从而导致总生产率下降。作为对这一观点的支持，他们证明了，对 1999—2007 年间的西班牙制造企业来说，资本错配越来越严重，因为不同公司的资本收益率（资本的边际产品收益）越来越分散，而劳动收益率（劳动的边际产品收益）的分散程度并没有增大，如图 19－9 所示。此外，这种离散度的上升在大公司集团内部并不明显，而是由大公司和小公司之间的资本收益率差异所引发的。他们估计，日益严重的资源错配导致了生产率的显著下降。

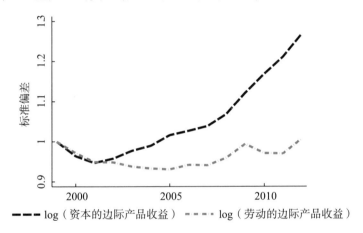

图 19－9　西班牙制造业的资本错配

资料来源：Gopinath et al.（2017）.

因此，这一时期的教训是，低利率环境与欠发达的金融市场相结合，可能对生产率产生负面影响。与西班牙的情况一样，低利率会导致资本快速积累，但会通过低效的资源配置降低生产率。

总而言之，国际金融与国内金融一样，远没有之前认为的那么好，其复杂性值得关注，包括在全球化金融世界中各国之间强大的溢出效应。有充分的理由对资本市场进行干预，包括使用资本管制和宏观审慎监管，其依据是市场失灵，如金钱外部性和总需求外部性。

与此同时，人们当然不应该把婴儿和洗澡水一起倒掉，因为并非所有的资本流动都会对流入国产生负面影响。外国直接投资在资本流动中依然占据首位，但一些投资组合流动和贷款流动对增长产生了积极影响，从而为资本流入国带来了好处（Blanchard et al., 2016; Varela, 2018）。

三、保护主义与货币战争

全球化面临严重威胁，尽管迄今为止贸易政策没有出现重大逆转，但这种情况发生的概率在过去一年中显著上升。皮尤研究中心（Pew Research Center）关于人们对国际贸易态度的调查显示，发达经济体和发展中经济体之间存在分歧，发达经济体近年来对国际贸易的看法远不如发展中经济体那么积极。发达国家有这样一种感觉，即国际贸易导致它们在实现繁荣方面输给了发展中国家。

这种看法引发了人们对拥有巨额贸易顺差的发展中国家的担忧（见图 19 - 10）（Bergsten and Gagnon, 2017）。

巨大的失衡肯定会引发对全球可持续增长的担忧，需要监控和调整；然而，值得注意的是，我们对全球失衡的起因的了解相当有限。这是因为失衡是一种均衡现象，由私人机构、政府的决策和国内外冲击所驱动，所有这些因素都以非线性的方式相互作用。此外，对全球失衡存在一些与操纵无关的解释，如各国对预防性储蓄的需求不同、生产金融资产的能力不同、人口统计特征不同等（Gourinchas and Rey, 2014）。

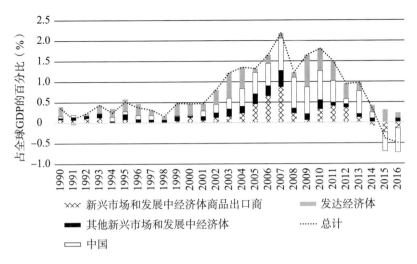

图 19 - 10　贸易失衡与外汇储备积累

注：图中给出了 1990—2016 年间不同地区的购买量。
资料来源：Obstfeld（2017）.

评论 7：全球失衡、外汇储备积累和汇率操纵之间的关系尚未得到很好的确认。

Bayoumi、Gagnon 和 Sabarowski（2015），Gagnon 及其合作者（2017）以及 Chinn（2017）探讨了外汇储备积累和经常账户余额之间的经验关系。虽然这项研究提供了有价值的见解，但估计得到的关系对所涵盖的样本时期和所控制的变量是很敏感的［参见 Obstfeld（2017）的讨论］。德国庞大的经常账户盈余显然与外汇储备积累无关。虽然还需要更多的研究，但底线是，在得出有关汇率操纵及其引致贸易顺差的能力的结论方面，需要谨慎一些。

最近成为头条新闻的政策是边境调节税（border adjustment tax，BAT），它是众议院共和党人提出的美国商业税改革计划的一部分（Auerbach et al.，2017）。边境调节税在计算应税企业利润时，不允许从企业收入中扣除进口投入成本，也不允许从税收中扣除出口收入。这引发了一场关于这是否构成保护主义以及对贸易有何影响的辩论。有人认为，美元将升值，以完全抵消税收优势，因此贸易将不受影响。更强烈的是，边境调节税本身将是中立的，也就是说，它不会对实际分配、消费、GDP、投资、储蓄等产生影响，因为灵活的汇率会进行调整，抵消边境调节税的任何实际影响。还有一些人对汇率预测和中性主张提出了质疑。

现在看来，边境调节税不太可能得到实施，但我怀疑这是各国最后一次考虑这种税收干预。此外，还有与边境调节税具有相同经济等价的其他税收干预措施，例如对增值税和工资税进行统一调整。这些都属于"统一边境税"。因此，明确当前和未来政策将产生怎样的经济后果是有益处的。在这里，我总结了关于统一边境税我们所了解的知识，以及为什么这种税收不可能是中性的。

评论 8：统一边境税不是中性的。

统一边境税是中性的预测源于国际贸易领域一个被称为 Lerner（1936）对称性的经典结论，以及 Grossman（1980）与 Feldstein 和 Krugman（1990）对该结论的应用。根据这个结论，当价格和工资完全灵活、贸易实现平衡时，统一的进口关税和同等规模的出口补贴构成的政策组合必须是中性的，对进口、出口和其他经济产出没有影响。这是因为税收导致国内工资相对于外国工资（以共同货币计算）增加，而这又使得所有国家的进口产品相对于国内生产商品的税后相对价格保持不变。也就是说，尽管进口产品的税率高于国内产品，但外国产品的相对工资较低，使得进口产品相对于国内产品的价格保持不变。同样，在出口方面，尽管有出口补贴，相对较高的国内工资使国内产品在国外市场的相对价格不变。如果税收组合是统一增加增值税和削减工资税或者边境调节税，结论依然成立。此外，如果货币政策以物价稳定为目标，则名义汇率承担所有的调整，我们的预测是名义汇率随税收金额的增加而增加，并不会产生实际影响。

当然，假定价格灵活、贸易平衡是不现实的。基于 Farhi、Gopinath 和 Itskhoki（2014）以及 Barbiero 及其合作者（2017）的工作，我总结了当我们偏离这些假设时，为保持政策中性需要满足的所有五个条件［关于更详细的讨论，请参见 Gopinath（2017）］。

（1）当价格/工资具有黏性时，如果在每个市场中，汇率和税收对价格的传递具有对称性，那么统一边境税就是中性的。当以生产者的货币或当地货币表示的价格具有黏性时，这种对称性就得到了满足。在前一种情况下，在完全预先设定的价格下，两者的传递率都是100％，因此汇率升值抵消了税收，没有实际影响。在后一种情况下，两种情况下的传递都是零，没有实际影响。

然而，在现实中，以美元计价的贸易品的价格无论在原产国还是在目的国都是黏性的，这导致了中性的崩溃。在这种情况下，一方面，在完全预设价格的情况下，汇率升值对国内家庭和企业面临的进口价格没有传递，而税收则是100％传递。另一方面，边境调节税对出口价格（以外币计算）没有任何影响，而汇率则具有100％的影响。在这种情况下，汇率升值会导致进出口下降，从而导致短期内整体贸易下降。更一般地，这些结论在交错定价或者状态依存定价的情况下也是成立的。

（2）货币政策应只对产出缺口和居民消费价格指数通胀做出反应，而不应对汇率做出反应，以保持中性。如果瞄准汇率，那么这些税收也能起到刺激经济的作用。凯恩斯在 1931 年提交给英国议会的《麦克米伦报告》（Macmillan Report）中提出的著名观点是，利用进口关税和出口补贴的组合来模拟汇率贬值的效果，同时维持黄金与英镑的平价。Farhi、Gopinath 和 Itskhoki（2014）论证了增值税-工资税互换政策的等价性，以复制固定汇率经济体中名义汇率贬值的效果。与此相关的是，如果外国货币当局试图缓和本币贬值——这是一个合理的假设，也将导致边境税中性不再成立。

（3）当贸易不平衡时，只要所有的国际资产和负债都是外币计价的，中性就依然成立。然而，如果一些国际资产以本国货币计价，中性就不复存在了。因为这个假设对有着大量美元债务的美国来说是站不住脚的，所以边境调节税将导致财富从美国转移到世界其他地方。

（4）边境调节税的实施必须采取一次性的、永久性的、未预期的政策转变的形式，以使其保持中性。否则，对未来征收边境调节税的预期将导致汇率立即升值，并对私人代理人的投资组合选择产生影响，因此将产生实际后果。同样，如果预期政策将逆转，因此是暂时的，或者预期其他国家将在未来以自己的政策进行报复，中性就不能成立。

（5）中性要求边境调节税是统一的，覆盖所有商品和服务。销售给外国人的诸如旅游服务是在一国境内进行的，因此不能像对待跨境出口一样对待它们，这反过来又影响了税收的中性。

由于上述所有条件需要同时满足，所以统一边境税不太可能是中性的，而是会对国际贸易产生重大影响。

评论 9：贸易不是收入不平等的主要驱动力，但与此同时，政策未能解决其再分配后果。

从更大的角度来看，全球化面临的主要政策挑战是确保更公平地分享收益。人们很清楚，尽管国际贸易提高了总体福利，但是创造了赢家和输家，人们的预期是，输家将得到补偿，并转移到表现更好的行业和地理位置。然而，证据表明，有限的区域间流动和贸易援助计划无法补偿输家（Pavcnik，2017）。因此，贸易对劳动力市场的不利影响在一些国家长期存在。Dix-Carneiro 和 Kovak（2016）指出，在巴西，进口自由化的负面影响持续了 20 年。Autor 及其合作者（2014）也指出，其他国家的进口竞争在某些地区对美国劳动力市场造成了长期的负面影响。

虽然学术文献得出的结论是，贸易不是国家内部收入不平等的主要驱动因素，自动化和偏重技能的技术变革等因素发挥了更大的作用（Helpman，2016），但本质上，贸易将继续成为劳动力市场困境的替罪羊。因此，必须纠正不仅由贸易而且由技术引起的再分配效应方面的失败，以避免代价高昂的全球化倒退。

由于一些发达国家的政府动辄就启动保护主义，我们有必要回顾一下关于保护主义和经济增长的经验证据。尽管这些证据存在争议，但我认为，一个公平的概括是，没有证据表明关税有利于高收入国家在世界大战后的增长。DeJong 和 Ripoll（2006）研究了从价税与经济增长之间的关系，使用的是一组涵盖 60 个国家的面板数据，时间跨度为 1975—2000 年。他们发现，虽然关税与低收入国家的增长没有显著的关系，但高关税与高收入国家的增长显著降低相关（见图 19 - 11）。具体而言，关税税率每提高 10 个百分点，该国的人均增长率就会下降 1.6 个百分点。

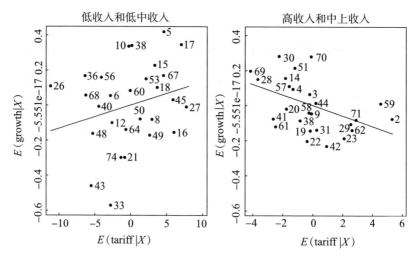

图 19-11　保护主义与经济增长

资料来源：DeJong and Ripoll（2006）.

四、全球协作

在金融监管、全球安全网甚至货币政策方面的跨境合作，将继续成为下一代国际金融和货币体系讨论的中心议题。尽管美国威胁要退出多边主义，但随着时间的推移，合作的理由越来越充分。这就引出了我的最后一个评论。

评论 10：全球金融监管协调以及国家层面的宏观审慎政策至关重要。外汇储备和货币互换额度不能取代国际货币基金组织作为最后贷款人的角色。

Cecchetti 和 Tucker（2016）清楚地阐述了支持在金融监管方面进行国际合作的理由。简单地说，当金融机构是全球性的时，使本国福利最大化的个别国家并没有将其管制政策的所有成本和利益内在化，因此这些政策是次优的。各国可以通过宽松的监管来参与一场逐底竞争，以赢得金融服务业的青睐，同时将巨额成本强加给世界其他地区。如果这次金融危机的教训有什么不同，那就是应该凸显出金融监管薄弱的代价，以及监管标准的国际协调的好处。

下面我来聊聊安全网。20 世纪八九十年代，新兴市场经历了多次金融危机，导致它们积累了大量国际储备，作为应对未来危机的应急基金。最近金融危机期间的经验证明，这些国际储备肯定有助于一国渡过危机，因此应该继续成为宏观审慎政策的一部分。尽管如此，正如 Aizenman 和 Sun（2009）所述，各国似乎表现出"对失去国际储备的恐惧"，大多数新兴市场国家不愿意消耗超过 25％ 的储备。这表明，对在危机发生时如何使用外汇储备存在难以解释的局限，而在危机发生后，应将这些局限与积累外汇储备的成本进行权衡。

在金融危机期间出现的一个非常成功的全球协作行动是创建了央行互换额度，这是为了应对雷曼兄弟破产后金融市场上的美元短缺。自那以后，双边和区域货币互换额度激增，有可能缓解恐慌引发的货币短缺（Denbee，Jung，and Paternó，2016）。这些互换额度的好处在于，它们似乎是无限的，因此对自我实现的恐慌而言，它们是一种有用的威慑工具。不好之处在于，只有在与提供流动性的国家的指令相一致的情况下，才能使用这些互换贷款，而且这些贷款的期限往往很短——最长 3 个月，这可能会降低它们的威慑潜力。

由于外汇储备和互换额度存在诸多局限，它们显然不能取代国际货币基金组织作为最后贷款人的角色。正如 Denbee、Jung 和

Paternó（2016）所强调的，国际货币基金组织融资具有以下优点。首先，它在最大的集团（全部成员）中分担风险。其次，它的作用更为广泛，不止是针对国际收支危机的所有表现形式来解决货币短缺问题。最后，贷款期限更长，一般为 3～5 年。对国际货币基金组织作用的主要批评是，从国际货币基金组织借款是一种耻辱，这导致各成员不愿使用它提供的贷款。在过去几年中，这种情况有所改变，国际货币基金组织建立了一些不附加任何条件的融资机制，例如为基本面良好的成员提供灵活的信贷额度。

美元在国际贸易、金融和央行储备中占主导地位的国际货币体系格局，本身就存在挑战。其中一个挑战是新时代的特里芬难题，它产生于对美国安全资产的需求与美国提供这些安全资产的财政能力之间的潜在冲突。此外，如前所述，美国货币政策会对国际贸易产生溢出效应。另外，美元在国际市场上扮演的融资货币角色提高了非美国资产负债表对美元汇率波动的敏感性（Avdjiev，McCauler，and Shin，2016）。尽管这些溢出效应要求各国在货币政策方面加强合作，但如何实现这一目标可能仍难以找到答案。因此，各国更有必要在金融监管方面展开合作，加强全球安全网，减少国际货币基金组织作为最后贷款人所背负的污名。

创建地区货币基金，如 2012 年成立的欧洲稳定机制（European Stability Mechanism，ESM）、2012 年建立的清迈倡议多边化（Chiang Mai Initiative Multilateralization，CMIM）、2014 年建立的金砖国家应急储备安排（Contingent Reserve Arrangement，CRA）以及其他较小的区域安排，总共承诺了 1.3 万亿美元的资源，与国际货币基金组织承诺的数额相当（Denbee，Jung，and Paternó，2016），是一种很受欢迎的做法。这些基金是对国际货币基金组织的补充，以支持一个运作良好的国际货币和金融体系。

参考文献

Aizenman, J., and Y. Sun. 2009. "The Financial Crisis and Sizable International Reserves Depletion: From 'Fear of Floating' to the 'Fear of Losing International Reserves'?" NBER Working Paper 15308. Cambridge, MA: National Bureau of Economic Research.

Alessandria, G., S. Pratap, and V. Z. Yue. 2013. "Export Dynamics in Large Devaluations." International Finance Discussion Paper 1087. New York: Board of Governors of the Federal Reserve System.

Auerbach, A. J., Devereux, M. P., Keen, M., and Vella, J. 2017. "Destination-Based Cash Flow Taxation." Oxford University Centre for Business Taxation Working Paper WP 17/01. Oxford, January 27.

Autor, D. H., D. Dorn, G. H. Hanson, and J. Song. 2014. "Trade Adjustment: Worker-Level Evidence." *Quarterly Journal of Economics* 129 (4): 1799 – 1860.

Avdjiev, S., R. N. McCauley, and H. S. Shin. 2016. "Breaking Free of the Triple Coincidence in International Finance." *Economic Policy* 31 (87): 409 – 451.

Barbiero, O., E. Farhi, G. Gopinath, and O. Itskhoki. 2017. "The Economics of Border Adjustment Tax." Working paper, Harvard University.

Baskaya, Y. S., J. di Giovanni, S. Kalemli-Ozcan, and M. F. Ulu. 2017. "International Spillovers and Local Credit Cycles." Working paper.

Bayoumi, T., J. Gagnon, and C. Saborowski. 2015. "Official Financial Flows, Capital Mobility, and Global Imbalances." *Journal of International Money and Finance* 52: 146 – 174.

Benediktsdottir, S., G. Eggertsson, and E. Prarinsson. 2017. "The Rise, the Fall, and the Resurrection of Iceland." Working paper.

Bergsten, C. F., and J. E. Gagnon. 2017. *Currency Conflict and Trade Policy: A New Strategy for the United States*. Washington, DC: Peterson Institute for International Economics.

Blanchard, O., J. D. Ostry, A. R. Ghosh, and M. Chamon. 2016. "Capital Flows: Expansionary or Contractionary?" *American Economic Review* 106 (5): 565 – 569.

Boz, E., G. Gopinath, and M. Plagborg-Møller. 2017. "Global Trade and the Dollar." IMF Working Paper 17/239. Washington, DC: International Monetary Fund, November 13.

Bräuning, F. , and V. Ivashina. 2017. "Monetary Policy and Global Banking. " NBER Working Paper 23316. Cambridge, MA: National Bureau of Economic Research.

Bruno, V. , and H. Shin. 2015. "Cross-Border Banking and Global Liquidity. " *Review of Economic Studies* 82 (2): 1 – 30.

Casas, C. , F. J. Díez, G. Gopinath, and P. -O. Gourinchas. 2017. "Dominant Currency Paradigm: A New Model for Small Open Economies. " IMF Working Paper 17/264. Washington, DC: International Monetary Fund.

Cecchetti, S. G. , and P. M. W. Tucker. 2016. "Is There Macroprudential Policy without International Cooperation?" CEPR Discussion Paper 11042. Washington, DC: Center for Economic and Policy Research.

Chinn, M. D. 2017. "The Once and Future Global Imbalances? Interpreting the Post-Crisis Record. " Paper presented at the 2017 Federal Reserve Bank of Kansas City Economic Policy Symposium at Jackson Hole, WY.

DeJong, D. N. , and M. Ripoll. 2006. "Tariffs and Growth: An Empirical Exploration of Contingent Relationships. " *Review of Economics and Statistics* 88 (4): 625 – 640.

Denbee, E. , Jung, C. , and Paternó, F. 2016. "Stitching Together the Global Financial Safety Net. " Bank of England Financial Stability Paper 36. London: Bank of England.

Dix-Carneiro, R. , and B. K. Kovak. 2016. " Trade Reform and Regional Dynamics: Evidence from 25 Years of Brazilian Matched Employer-Employee Data. *American Economic Review* 107 (10): 2908 – 2946.

Du, W. , and J. Schregger. 2016a. "Local Currency Sovereign Risk. " *Journal of Finance* 71 (3): 1027 – 1070.

Du, W. , and J. Schregger. 2016b. "Sovereign Risk, Currency Risk, and Corporate Balance Sheets. " Working paper, Harvard Business School.

Eichengreen, B. , and R. Hausmann. 2005. *Other People's Money: Debt Denomination and Financial Instability in Emerging Market Economies*. Chicago: University of Chicago Press.

Farhi, E. , G. Gopinath, and O. Itskhoki. 2014. "Fiscal Devaluations. " *Review of Economic Studies* 81 (2): 725 – 760.

Feldstein, M. S. , and P. R. Krugman. 1990. "International Trade Effects of Value-Added Taxation. " In *Taxation in the Global Economy*, ed. Assaf Rezin and Joel Slemrod, 263 – 282. Cambridge,

MA: National Bureau of Economic Research.

Gagnon, J. E., T. Bayoumi, J. M. Londono, C. Saborowski, and H. Sapriza. 2017. "Direct and Spillover Effects of Unconventional Monetary and Exchange Rate Policies." IMF Working Paper WP/17/56. Washington, DC: International Monetary Fund.

Gopinath, G. 2015. "The International Price System." In *Inflation Dynamics and Monetary Policy: Proceedings of the 2015 Federal Reserve Bank of Kansas City Economic Policy Symposium at Jackson Hole*, 71 – 150.

Gopinath, G. 2017. "A Macroeconomic Perspective on Border Taxes." *Brookings Papers on Economic Activity*, BPEA Conference drafts, September 7 – 8.

Gopinath, G., S. Kalemli-Ozcan, L. Karabarbounis, and C. Villegas-Sanchez. 2017. "Capital Allocation and Productivity in South Europe." *Quarterly Journal of Economics* 132 (4): 1915 – 1967.

Gourinchas, P.-O., and H. Rey. 2014. "External Adjustment, Global Imbalances, Valuation Effects." In *Handbook of International Economics*, vol. 4, ed. Gita Gopinath, Elhanan Helpman, and Kenneth Rogoff, 585 – 645. New York: Elsevier.

Gourinchas, P.-O., and H. Rey. 2016. "Real Interest Rates, Imbalances and the Curse of Regional Safe Asset Providers at the Zero Lower Bound." Presented at the ECB Forum on Central Banking, "The Future of the International Financial and Monetary Architecture," Sintra, Portugal, June 27 – 29.

Grossman, G. M. 1980. "Border Tax Adjustments: Do They Distort Trade?" *Journal of International Economics* 10 (1): 117 – 128.

Helpman, E. 2016. "Globalization and Wage Inequality." NBER Working Paper 22944. Cambridge, MA: National Bureau of Economic Research.

Ilzetzki, E., C. M. Reinhart, and K. S. Rogoff. 2017. "Exchange Arrangements Entering the 21st Century: Which Anchor Will Hold?" NBER Working Paper 23134. Cambridge, MA: National Bureau of Economic Research, February.

IMF. 2016. "Understanding the Slowdown in Capital Flows to Emerging Markets." In *World Economic Outlook*, chap. 2. Washington, DC: International Monetary Fund.

Lerner, A. P. 1936. "The Symmetry between Import and Export Taxes." *Economica* 3: 306 – 313.

Obstfeld, M. 2012. "Does the Current Account Still Matter?" *American Economic Review* 102 (3): 1 – 23.

Obstfeld，M. 2017. "Comments on 'The Once and Future Global Imbalances? Interpreting the Post-crisis Record，' by Menzie D. Chinn. " https：//azdoc. site/comments-on-the-once-and-future-global-imba-lances-interpreti. html.

Obstfeld，M. ，J. D. Ostry，and M. S. Qureshi. 2017. "A Tie That Binds：Revisiting the Trilem-ma in Emerging Market Economies. " IMF Working Paper 17/130. Washington，DC：International Mo-netary Fund，August.

Pavcnik，N. 2017. "The Impact of Trade on Inequality in Developing Countries. " NBER Working Paper 23878. Cambridge，MA：National Bureau of Economic Research，September.

Rey，H. 2013. "Dilemma Not Trilemma：The Global Financial Cycle and Monetary Policy Inde-pendence. " In *Proceedings of the 2013 Federal Reserve Bank of Kansas City Economic Policy Symposi-um at Jackson Hole*，285 - 333.

Shambaugh，J. C. 2004. "The Effect of Fixed Exchange Rates on Monetary Policy. " *Quarterly Journal of Economics* 119（1）：301 - 352.

Shin，H. S. 2012. "Global Banking Glut and Loan Risk Premium. " *IMF Economic Review* 60：155 - 192.

Summers，L. H. 2014. "U. S. Economic Prospects：Secular Stagnation，Hysteresis，and the Zero Lower Bound. " *Business Economics* 49（2）：65 - 73.

Varela，L. 2018. "Reallocation，Competition and Productivity：Evidence from a Financial Libera-lization Episode. " *Review of Economic Studies* 85（2）：1279 - 1313.

第二十章　分离的难点[*]

我将从一位（前）新兴市场央行行长的视角，继续吉塔·戈皮纳特的工作。她正确地认识到，世界是混乱的，没有明确的政策答案。

危机前的共识建立在政策领域完全分离的假设之上。货币政策是关于利率的，金融稳定是关于资本要求的，每个国家都可以根据其环境优化政策，因为其灵活的汇率使其获得了政策独立性。危机后的共识是，一切都是相互关联的。银行部门与非银行金融部门相联系，宏观经济与金融部门相联系，世界各国相互联系。当然，这并不意味着政策无关紧要，但它确实意味着政策会在各个行业和国家产生巨大的溢出效应。

它们之间的联系比我们先前认为的要多得多。这种联系的一个

＊ 本章作者为拉古拉姆·拉詹（Raghuram Rajan）。

来源是流动性,我指的是非常宽松的金融条件,包括低利率、低利差、高融资可得性,以及这种状况将持续下去的预期。对央行实施宽松货币政策的预期,导致流动性充裕,随后企业和金融体系的杠杆率上升,这导致随着央行逐渐理解突然收紧流动性的后果,流动性进一步增加。[①] 我接下来会重新论述这一点。

我们都收到过这样的建议:当面临资本流入或流出时,我们应该让汇率进行调整。戈皮纳特说的没错,这说起来容易做起来难。考虑这并不容易的四个原因。

第一,存在正反馈交易:当把钱投入你们国家的投资者看到汇率升值带来的更高回报时,资金会涌向他们,进而他们把更多的钱投入你们国家。此外,国内企业的杠杆率似乎较低,尤其是如果它们借入了外币。所以汇率升值不仅不会减少资金流动,反而会增加资金流动,对此申铉松(Hyun Shin)在很多论文中非常详细地指出了这一点。此外,由于我们的市场相对缺乏流动性,流入的资本会对汇率产生很大影响,从而对外国投资者的回报产生很大影响,进一步增强了反馈效应。

第二,借贷因道德风险而被放大了。破产对新兴市场的大公司来说,即便真的存在,也是很久之后的事情,而且对债权人很不友好。因此,企业借款人相信,如果他们以低利率借入美元,而本币大幅贬值,他们将会走向一个对所有者非常友好的破产法庭。然而,如果货币没有贬值,借款人就会从低美元利率中获得巨大的利益。

---

① Douglas Diamond, Yunzhi Hu, and Raghuram Rajan, "Pledgeability, Industry Liquidity, and Financing Cycles," Working Paper, University of Chicago Booth School of Business, 2017; and Douglas W. Diamond and Raghuram G. Rajan, "Illiquid Banks, Financial Stability, and Interest Rate Policy," *Journal of Political Economy* 120, no. 3 (2012): 552－591.

本质上，正面我赢，反面债权人输。显然，接下来的问题是，债权人为什么要孤注一掷。这里也存在道德风险的可能性。许多外国贷款合同都是在伦敦或纽约签订的，在那里债权人可以强制执行其债权。因此，如果借款人看上去将违约，外国债权人就威胁要把借款人告上伦敦法庭，剥夺其外国资产。国内银行担心借款人的业务会受到严重损害，借款人的大额未偿贷款将无法使用，因此向借款人发放贷款以偿还外国债权人。从本质上讲，外国债权人拥有超级优先级，无论他们在什么时候放贷，也不管他们的实际优先级是什么，因为国内银行的执行权很弱。从根本上说，道德风险的根源在于管理不善的国内银行，它们没有充分注意到借款人在合同条款中写了什么或没有写什么以阻止借款人获得这些贷款。然而，如果我们有强有力的治理，我们就不再是一个新兴市场了！

第三，财政预算对汇率并不是不敏感的，预算空间被不对称地使用。在印度，石油得到了大量补贴。因此，当卢比兑美元升值时，突然间就有了更多的财政空间，因为以卢比计算的补贴减少了。很明显，政府利用了这种情况，把钱花了。然而，当相反的情况发生、财政空间缩小时，赤字就会激增。因此，通过允许汇率随资本流入而升值，我们也可以在未来不出现相应的财政收缩的情况下诱发财政扩张。这显然是宏观经济不稳定的根源。

第四，新兴市场央行的独立性和货币政策可信度有限。因此，如果汇率升值降低了通胀，我们就会面临巨大的公众要求降息的压力。如果我们认为，随着资金流入压力的缓解，汇率将出现逆转，那么降息可能是没有道理的。与此同时，如果汇率开始随资本外流而贬值，而通胀开始抬头，新兴市场国家的央行就更难阻止通胀螺旋上升，因为它们的可信度较低。

总体而言，这些不对称意味着，新兴市场央行更难利用汇率作为缓冲。新兴市场生活在雷伊所强调的两难境地与更传统的三元悖论之间。汇率政策是一种糊里糊涂的政策，因此，新兴市场央行从来不允许汇率完全浮动，也不会让汇率完全固定。

让我来谈谈外国资本。我们喜欢外国资本，我们希望外国资本进来，但我们希望它是长期的，我们希望它是吸收风险的资本，为我们需要融资的主要基础设施项目和其他长期活动提供资金。相反，我们得到的很多是短期资本，基本上是持有隔夜头寸，等一接到通知就离开。我们不介意资金"做客"，但如果事实上无法预测，我们希望它们的离开是基于当地的情况。遗憾的是，当来自其他地方的电话打来时，这些客人就会离开我们的国家。如果你是旅馆老板，你永远不知道你的客人什么时候离开，而且他们不是一次离开一个人，而是会一起离开，你就不能使用他们的预付款，因为他们可能会要求退还。相反，你把他们的钱放在一个安全的地方，也就是说，建立外汇缓冲作为宏观审慎政策的一种形式。有点矛盾的是，虽然你不能使用他们的钱，但你最终要支付给他们高利息，并为他们提供流动性（为此，作为央行的你必须以低回报维持外汇储备）。遗憾的是，我们很少有资本流动管制措施能够明确地将这些投资者拒之门外。

关于外汇储备的最后一件事：新兴市场的央行行长能否建立足够的外汇储备，以使该国经济免受外界担忧的影响，从而实现某种程度的隔离？很遗憾，没有。当你从央行行长的角度看待外汇储备时，你就会知道，外汇储备规模及其变化都很重要。在标准的克鲁格曼式（Krugman-style）的运作方式中，规模是很重要的——它向投机者传递了一个信息：你有足够的"弹药"来偿还他们。变化也很重要，因为它包含了关于你的潜在问题的信息以及投机兴趣的大小。因此，你必须小心不要过快地动用外汇储备，以免引发挤兑。如果你有 4 万亿美元的储备，而大多数人认为 1.5 万亿美元就足够了，那么当你降至 3 万亿美元时，你仍会感到不安。你可能会说，你现在的规模是人们认为你需要的 2 倍，但投机者也会因你迅速损失了 1 万亿美元这个事实而感到欣慰。更广泛的观点是，任何规模的外汇储备都很难让人感觉舒服，所以最好确保你的宏观经济基本面是合理的，你不必依赖外汇储备来获得保护。然而，你必须积累一些。

更宽泛地说，我们必须认识到存在着政策溢出效应，这种溢出效应在各个部门和各个国家都是显著的，而且没有任何政策干预会轻易导致分离。作为政策制定者的你要做的就是蒙混过关。

请允许我以一点牢骚结束这个话题。一种尖锐形式的分离是认为货币政策与危机无关，认为危机的发生是因为银行家有奇怪的动机。另一种不那么尖锐但被更广泛接受的观点是，即使宽松的货币政策对危机前的杠杆化和放贷标准的恶化负有一定的责任，也可以通过宏观审慎监管来消除这些影响，从而再次实现分离。我认为，这种观点的问题在于，它忽视了宽松流动性对杠杆的影响。正如杰里米·斯坦经常指出的那样，宏观审慎政策可能对银行体系有效，但货币政策对整个金融体系有效。因此，在经济繁荣时期，货币政策过于宽松，一旦杠杆上升到监管机构宏观审慎范围之外，央行就不得不担心收紧的后果。在不可避免的破产中，央行向市场注入大量流动性，以推动经济复苏，即便私人部门在去杠杆化。总体而言，如果忽视流动性对杠杆的溢出效应，并假设可以通过宏观审慎政策控制杠杆，那么货币政策注定会过于宽松。

最后，如果央行专注于实现其通胀目标，那么在危机期间，保持宽松政策的诱惑就会增强。遗憾的是，正如我们在 20 世纪 90 年代的日本以及金融危机以来的世界其他地区所看到的那样，在经历了严重的萧条之后，要让通胀高于通胀目标的下限并不容易。接下来的问题是，央行尝试了越来越激进的非常规政策，假设这些政策在最坏的情况下是良性的，因为宏观审慎政策将消除金融体系的风险。如果如我所言，宏观审慎政策对某些类型的杠杆累积是无效的，实现通胀目标的压力就会造成未来的脆弱性。我们陷入了一个由货币政策引发的金融过度（financial excess）循环。这就是为什么我支持货币政策正常化，因为经济活动正在恢复，即使我们对达到通胀目标仍有疑虑。如果各国央行行长有时间进行反思，鉴于不可能分离，他们或许有必要重新审视自己的通胀使命。

在本章的最后，我想提出戈皮纳特关于美元计价的观点中让我感到困惑的地方。令我感到惊讶的是，即使以美元计价，企业也不会随时间推移而进行调整。那么，你认为在多长时间内以美元计价的价格是固定的？企业最终会根据双边汇率对美元的变动进行调整吗？

第二十一章　塑造国际金融未来图景的
几个因素[*]

在第十九章中，戈皮纳特对国际宏观经济学中一些重要的研究和政策问题进行了精辟的概述。毫不奇怪，我非常同意她的评论。

在此，我并不是要回顾她提出的问题，而是挑选并扩展几个主题，同时提供略微不同的观点。我围绕三个主题组织了我的演讲：进退两难与三元悖论之争，美元的作用及其与现代特里芬悖论的联系，以及安全资产稀缺假说。

一、进退两难与三元悖论

我将从 Hélène Rey（2013）颇具影响力的议题"进退两难与三

---

　　* 本章作者为皮埃尔-奥利维耶·古兰沙（Pierre-Olivier Gourinchas）。

元悖论"之争（dilemma vs. trilemma debate）开始我的讨论。尽管争论的焦点是汇率灵活性带来的好处，但有一个更根本的问题：货币政策是如何从中心传导到外围并在外围内部传导的。

从中心到外围的传导很重要，因为我们需要了解美国收紧货币政策会通过什么渠道波及全球经济。外围国家内部的传导也很重要，因为它有助于货币当局制定适当的地方应对措施，以应对美国的紧缩政策。只有把这两个问题的答案放在一起，我们才能对汇率灵活性的整体好处有所了解。

在戈皮纳特的评论1中，她强调，"汇率灵活性带来的收益比你想象的要糟糕"，因为国际贸易的商品通常以美元等共同货币计价。这种以主导货币定价的方法削弱了汇率对贸易条件的影响，从而削弱了进口商品相对于出口商品的相对需求。但故事并未就此结束：由于目的地（美元）价格不变，（美元）生产成本随汇率变化，出口商必须从利润率中消化汇率波动。关键的一点是，通常情况下，出口商利润率的这些变化不会像以生产者货币计价的价格具有黏性时的浮动汇率那样，恢复生产效率。这就是为什么浮动汇率带来的收益没有之前想的那么大的原因。

从前面的讨论中并不能得出汇率灵活性变得不受欢迎的结论。只是它不再包治百病了！实际上，使用 Casas 及其合作者（2017）构建的模型，戈皮纳特和她的合作者（包括我）发现，尽管无法再完全稳定产出缺口，但在一种以主导货币定价的模型中，国内通胀目标对小型开放经济体来说仍然是最优的。因此，灵活的汇率——允许以国内通胀为目标——比固定汇率更可取，而固定汇率则不行。

除了具有黏性价格的主导货币定价外，其他的扭曲会导致我们重新思考汇率的稳定作用。例如，Rey（2013）认为，由于金融溢出效应，美国货币政策可能对外围经济体产生不成比例的影响，无论后者的汇率机制如何。例如，资产和负债之间的货币错配可能放大本币贬值的收缩效应，从而增加外币债务的实际价值。同样，本币兑美元升值可能会增加本地资产的美元价值，放松借贷限制，刺激本地经济。更广泛地说，央行的货币政策可能会影响全球风险偏好，放大流入或流出新兴市场经济体的资本，推动全球金融周期。

美元计价使得汇率对贸易条件的影响趋缓，再加上足够强的金融溢出效应，美国收紧货币政策更有可能给其他国家带来紧缩性印象，尽管（或者由于）本币兑美元贬值。然而，即使在这样的环境下，Gourinchas（2017）认为，灵活的汇率可能会变得更可取，而不是更不可取。

要想知道为什么会出现这种情况，假设美国的货币政策收紧确实是局部紧缩的（即在外围）。当地货币当局应如何应对取决于当地货币政策如何传导至本国经济。如果一个地方的货币政策宽松是扩张性的（通常假定是扩张性的），那么对源自中央的收缩性冲动的最佳反应仍然是保持地方货币宽松，这是一个简单的逻辑问题。因此，必须允许本币兑美元贬值。换句话说，金融摩擦很可能使灵活的汇率更受欢迎，而不是更不受欢迎。

如果地方货币政策收紧是"反常的"扩张性的，而非收缩性的，那么固定汇率将是可取的。在这种情况下，来自央行的收缩冲动将被紧缩的国内货币环境所抵消，使汇率或多或少保持不变。如果金融溢出效应足够强大，就会出现这种反常的情况。在这种情况下，升值的直接扩张性影响变得如此之大，以至于压倒了其他更为常见的货币政策传导渠道。如果这就是我们所生活的世界，那么从汇率灵活性中确实获益甚少：产出稳定将与实际汇率稳定齐头并进。

那么，归根结底，这是一个经验性的问题：我们对货币政策从中心到外围以及在外围内部的传导了解多少？虽然这是一个根本性的问题，而且可能是全世界决策者最关心的问题之一，但是我们可以在一定程度上自信地说，这是一个我们了解得并不多的问题！

原因有很多，但可归结为一个简单的事实，即以目前的经验技术，没有足够的数据或强大的工具，能梳理出美国和当地货币政策的单独影响。现有实证文献给出的结果——基于结构向量自回归，通常对样本国家、时间段、变量和滞后期的选择，或 VAR 的识别假设是不稳健的。Ramey（2016）对美国货币政策对美国产出和价格的估计效应进行了类似的观察。尽管这个问题已经引起了许多非常有才华的学者的极大关注，但结果仍是明显不稳健的。[①]

在我看来，在国际宏观经济学中，很少有什么问题像这个问题一样重要但是又悬而未决。如果我们确实希望设计和实施适当的货币（和汇率）政策，我们需要不断努力，正确识别货币政策是如何从中心传导到外围以及在外围内部传导的。只有这样，我们才能在这些问题上取得进展。

二、我们要在美元世界里生活多久？

从戈皮纳特的第一组评论中得出的第二个关键观察是美元在全

---

① 我这里的意思并不是说美国的货币政策也是"反常的"，而是简单地说，自从西姆斯（Sims）引入向量自回归以来，关于这一主题的近 40 年的实证文献，都未能对这个问题给出一个响亮的答案。有人可能还会说，美国货币政策冲击对世界其他地区的影响更容易识别。毕竟，美国的货币政策很少会根据其他国家的经济状况进行调整，所以内生性问题就不那么严重了。遗憾的是，这并不能解决所有问题，因为当美联储调整货币政策立场时，各国央行很少保持被动。最终估计的是当地经济对美国货币刺激的反应和当地央行的反应之和。

球的重要性。无论是在美元计价占主导的实体经济层面，还是在美元融资对全球银行和非金融企业至关重要、美元储备是官方储备的主要形式的金融层面，都是如此。例如，Ilzetzki、Reinhart 和 Rogoff（2017）仔细记录了自从固定但可调整利率的布雷顿森林体系消亡以来，美元的作用是如何显著提高的。简而言之，我们生活在一个美元的世界，甚至比美元正式成为国际货币体系中心的时候更甚。正如戈皮纳特在她的结语中所指出的那样，这带来了一个挑战，因为新兴市场经济体的持续快速增长必然意味着，未来几十年美国经济在全球经济中所占的份额预计将大幅下降。图 21-1 通过报告 CEPII（前瞻研究与国际信息中心）国际经济地图数据库（Centre d'Études Prospectives et d'Informations Internationales Econ-Map database）中公认的对未来产出份额的英雄式预测，阐明了这一点。根据这些估计，美国产出占全球产出的比例预计将从 2015 年的约 25％下降到 2100 年的不到 12％。同期，印度和中国的相应产出份额将分别从 10％上升到 30％，以及从 2.5％上升到 9％。虽然任何人都可以对这些预测提出异议，但趋势是明显的，而且正在进行的相关经济转型与我们在 20 世纪初看到的美国崛起为全球经济强国以来的任何时候都不同。经济有可能出现巨大的错位是非常值得关注的。

　　这类错位中的一个已经在我们身上发生了。新兴市场的崛起，加上发达经济体的人口老龄化，大大提高了全球预期储蓄相对于全球预期投资的比例，并使前者日益向"安全"资产倾斜。结果，全球无风险利率下降（见图 21-2），新兴市场经济体的外部资产负债表转向安全资产（见图 21-3）。

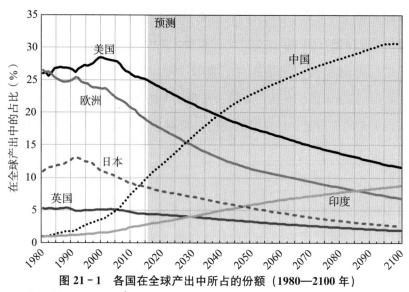

图 21 - 1　各国在全球产出中所占的份额（1980—2100 年）

资料来源：Centre d'Études Prospectives et d'Informations Internationales EconMap. Fouré et al.（2012）.

图 21 - 2　实际无风险利率（1980—2016 年）

注：图中使用的美国国债的事前实际收益率是根据密歇根大学消费者调查得出的预期价格变动中值构建的。

资料来源：Federal Reserve Economic Data（https://fred.stlouisfed.org）.

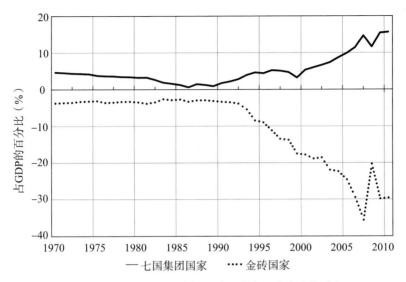

图 21-3 七国集团国家与金砖国家净风险头寸的对比

注：金砖国家从长期看是安全的，从短期看面临风险。

资料来源：Lane and Milesi-Ferretti（2007），updated to 2011.

在这种背景下，Farhi、Gourinchas 和 Rey（2011）以及 Obstfeld（2013）首次讨论并由 Farhi 和 Maggiori（2018）正式做了分析的一种危险性是，安全资产的提供方可能会遭遇现代版本的特里芬难题。具体来说，在全球对美国安全资产的财政支持（与全球产出相比）不断萎缩的情况下，对美国安全资产的需求不断增长，最终可能会使美国容易遭遇挤兑。

正如 Caballero、Farhi 和 Gourinchas（2017）所讨论的，特里芬难题的解决方案既可以从供给方着手（通过以下几种途径：发行国货币升值，转向一个多极世界，或找到私人替代品），也可以从需求方着手（通过当地金融的发展，改善全球安全网，或调整监管框架）。上述任何一个方面都将对未来的国际金融格局产生深远的影响。

三、缺少安全资产与停滞

虽然戈皮纳特讨论了低利率环境下配置效率低下的可能性（评论6），但我在这里想强调的是，全球低无风险利率与传统货币政策约束之间的相互作用所产生的另一个互补方面。只要通过货币政策，自然实际利率可以安全地保持在实际利率的有效下限以上，可通过实际无风险利率下降和相应的经常账户盈余和赤字（例如，"全球失衡"）自然消化的对储蓄（特别是安全资产种类）日益增长的需求就大多是良性的，反映了期望储蓄超过期望投资的地域来源。正如Caballero、Farhi 和 Gourinchas（2016）所指出的，有效的下限构成了全球经济的一个临界点，超过这个临界点，产出就会被推到潜在水平以下，经济之间的相互依存度也会越来越高。在这种"安全陷阱"中，经常账户盈余会导致衰退扩散，而汇率就会成为一个强大的以邻为壑的、将需求重新分配给国内经济的工具。

安全资产供应（相对于全球产出和对这些资产的预期需求）的下降趋势，以及伴随而来的实际无风险利率的下降，表明我们现在可能陷入了一个反复出现的安全陷阱循环。

安全陷阱与流动性陷阱类似，即实际利率无法充分下降，从而导致经济衰退。然而，由于它们源于对安全资产（相对于其他类型的资产）的过度需求，它们也与风险溢价的增加有关。图 21-4 表明，至少自 2001 年以来，情况确实如此。该图报告了实际无风险利率（在本例中为 3 个月期国债的实际事前收益率）与美国企业资本的实际税后收益率——以 Gomme、Ravikumar 和 Rupert（2011）对

1980—2013 年的估计为依据——之间的对比。该图证明了一个根本性的宏观经济事实：尽管无风险利率大幅下降，但随着时间的推移，资本预期收益率已经上升，两者之间的利差现在超过了 10%。两大因素可以解释这种利差的增加：经济风险溢价的增加，产品价格加成的增加（或要素价格的下降）。Caballero、Farhi 和 Gourinchas（2017）提出了一个简单的宏观经济分解，它考虑了风险溢价、租金和机器人（即自动化程度提高或资本增广型技术进步）。宏观证据是试验性的，却表明了风险溢价可能确实已经大幅上升。

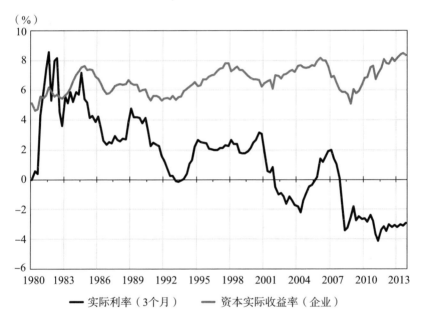

图 21-4　无风险利率与资本收益率对比（1980—2013 年）

注：经无形资产调整后，美国 3 个月期实际（事前）收益率和美国资本实际税后收益率。

资料来源：Gomme, Ravikumar, and Rupert（2011）.

上述模式对接下来国际经济学研究议程的影响是深远的。最后，我提出三个需要进一步研究的领域：

（1）一个实际利率长期处于低位的世界会给金融和宏观经济稳定带来怎样的影响，在这样一个世界里各国会在安全陷阱中不停地进进出出。

（2）一个高风险溢价、租金不断上涨和不断自动化的世界会产生怎样的分配和再分配效应。

（3）总资本和净资本流动、汇率和外汇储备在使当地经济不受全球发展影响方面起着怎样的作用。

参考文献

Caballero, R. , E. Farhi, and P. -O. Gourinchas. 2016. "Global Imbalances and Currency Wars at the ZLB. " NBER Working Paper 21670. Cambridge, MA: National Bureau of Economic Research.

Caballero R. , E. Farhi, and P. -O. Gourinchas. 2017. "The Safe Assets Shortage Conundrum. " *Journal of Economic Perspectives* 31 (3): 29 - 46.

Casas, C. , F. J. Diez, G. Gopinath, and P. -O. Gourinchas. 2017. "Dominant Currency Paradigm: A New Model for Small Open Economies. " IMF Working Paper 17/264. Washington, DC: International Monetary Fund.

Farhi, E. , P. -O. Gourinchas, and H. Rey. 2011. *Reforming the International Monetary System.* London: Centre for Economic Policy Research.

Farhi, E. , and M. Maggiori. 2018. "A Model of the International Monetary System. " *Quarterly Journal of Economics* 131 (1): 295 - 355.

Fouré, J. , A. Bénassy-Quéré, and L. Fontagné. 2012. "The Great Shift: Macroeconomic Projections for the World Economy at the 2050 Horizon. " CEPII Working Paper 2012 - 03. Paris: Centre d'Études Prospectives et d'Informations Internationales.

Gomme, P. , B. Ravikumar, and P. Rupert. 2011. "The Return to Capital and the Business Cycle. " *Review of Economic Dynamics* 14 (2): 262 - 278.

Gourinchas, P. -O. 2017. "Monetary Policy Transmission in Emerging Markets: An Application to Chile. " Prepared for the 20th Annual Research Conference of the Banco Central de Chile.

Ilzetzki, E. , C. M. Reinhart, and K. S. Rogoff. 2017. "Exchange Arrangements Entering the

21st Century: Which Anchor Will Hold?" Working paper.

Lane, P. R., and G. M. Milesi-Ferretti. 2007. "The External Wealth of Nations Mark Ⅱ: Revised and Extended Estimates of Foreign Assets and Liabilities, 1970 – 2004. " *Journal of International Economics* 73 (2): 223 – 250.

Obstfeld, M. 2013. "The International Monetary System: Living with Asymmetry. " In *Globalization in an Age of Crisis: Multilateral Economic Cooperation in the Twenty First Century*, ed. Robert C. Feenstra and Alan M. Taylor. Chicago: University of Chicago Press.

Ramey, V. A. 2016. "Macroeconomic Shocks and Their Propagation. " In *Handbook of Macroeconomics*, ed. John B. Taylor and Harald Uhlig, vol. 2, 71 – 162. New York: Elsevier.

Rey, H. 2013. "Dilemma Not Trilemma: The Global Financial Cycle and Monetary Policy Independence. " In *Jackson Hole Symposium*. Federal Reserve Bank at Kansas City.

第二十二章　国际贸易与金融中的美元计价[*]

戈皮纳特在第十九章中做出了有益和重要的贡献。她提醒我们，在国际经济学的关键课题上有大量的新研究：汇率与国际调整、资本流动及其管理、贸易流动与全球失衡、国际流动性与储备。就像传统的法国厨师一样，戈皮纳特也是在经典的指导下工作。

戈皮纳特提出的前两点或许可以重述为："汇率变化对外界干扰的影响不够彻底，而且可能无法完全抵消对贸易平衡的冲击。"再次重申，这些都是我们熟悉的观察结果。我们早就知道，在一个资本流动的世界里，汇率提供的不是完全绝缘，贸易平衡对贬值的反应存在较长的、可变的滞后。戈皮纳特不得不追溯到 1953 年的米尔顿·弗里德曼，因为他毫无保留地断言，灵活汇率能够完全隔绝国际收支调整，且这种调整是快速的。

＊　本章作者为巴里·艾肯格林（Barry Eichengreen）。

戈皮纳特引用的研究——她本人对此也做出了重大贡献——表明，一旦我们认识到美元计价的普遍性，就更容易理解这些反常现象及其影响。美元计价和黏性美元价格可以解释为什么贸易条件的变动小于汇率的变动。它们有助于解释为什么其他国家的出口对汇率没有更大的反应。这有助于解释为什么新兴市场对浮动汇率不那么热衷。

但戈皮纳特的发现也提出了问题。很明显，对美国出口的一方不愿根据美元汇率的变化改变它们的美元价格，但是，不管汇率变化的规模和持久性如何，它们从不改变这些价格，这种说法合理吗？这些都是菜单成本。此外，我认为，与其他因素相比，美元计价的重要性没有得到评估，这同样可以很好地解释戈皮纳特的观察。对于浮动恐惧（fear-of-floating）现象，人们提供了一长串的其他解释，例如，与国际贸易中美元计价的盛行无关的一些解释。

我也没有看到对美元计价本身的解释。一种传统的解释是网络效应：将你的出口产品与其他生产商的产品以相同的货币单位定价是有好处的，因为这使得消费者更容易比较价格，也让有抱负的出口商更容易打入国际市场。但是，尽管这种说法在过去——当你不得不打电话给你的经纪人以获得一个汇率报价时——可能是有道理的，在一个每个人的口袋里都有一个电子货币转换器的高科技金融世界里，它几乎没有意义。另一种观点认为，由于新兴市场的生产商借入美元，它们倾向于用美元来为出口产品定价，作为一种自然对冲。但戈皮纳特表示，美元借贷也在减少。在其他方面，她认为全球价值链使得外币定价更具吸引力（如果一家公司的进口投入品是以美元计价的，那么这家公司以美元为其最终产品出口定价是合理的）。但这一观察结果很难与期限和生产周期相同的金融对冲工具的存在相吻合。

此外，我们看到各国在外币计价的程度上存在相当大的差异。Ito 和 Chinn（2014）以及 Goldberg 和 Tille（2008）的研究表明，使用美元计价的倾向与贸易开放程度、出口商品构成、货币和财政政策的稳定性以及金融发展等因素有关。如果有人告诉我美元计价与出口对汇率的弹性之间存在相关性，我会怀疑这种相关性是否反映了其他变量的影响。

不可避免地，我认为有必要说几句话来捍卫"原罪"的概念。我认为 Du 和 Schregger（2016）可能夸大了转为发行本币债券的程度，因为他们关注的是少数几个大型新兴市场，它们比典型的发展中国家有更大的空间来发行本币债券。戈皮纳特本可以更强硬地强调，Du 和 Schregger 所提到的减少外币债务做法影响的是主权债务，而不是公司债务，这是一个再次引发了问题的事实。为什么主权国家在将本币债务投放到本国市场方面取得了进展，而新兴市场企业却没有，以及新兴市场企业为何继续以外币为自己融资，这些我们都没有完全搞清楚。Charles Engel 和 JungJae Park（2017）猜想，改善货币纪律（相对不那么危险，政府将选择让国内债务贬值）增强了政府以本币借款的能力，但为什么企业无法从这种转变中受益，还远没有弄清楚。Galina Hale、Peter Jones 和 Mark Spiegel（2016）认为，金融市场的技术进步已经降低了发行本币债券所需的最小有效规模，但为什么即使是大型新兴市场的企业在这方面的行动也很缓慢，仍然是一个谜。这些国家继续以美元为出口产品定价的同时转向以本币借款，这两种现象之间也存在着一种特殊的张力。换句话说，藩篱在哪里？

最后，在国际储备和全球安全网方面，戈皮纳特提醒我们还有很多工作要做。央行互换、区域金融安排和国际货币基金组织便利相对于本国储备而言规模仍然较小，依靠外汇储备为国际收支提供保险的成本也很高。我想补充两点：

首先，外汇储备提供的保障可能比看上去的还要少。尽管各国积累了外汇储备，但它们不愿动用，因为这样做可能会传递负面信号。围绕为什么会这样以及对此可以做些什么展开更多研究，将是有意义的。

其次，通过国际货币基金组织提供或有保险的替代方案是有问题的，因为国际货币基金组织的恶名一直挥之不去。虽然墨西哥、哥伦比亚和波兰申请了灵活的信贷额度，但没有一个亚洲国家这样做。每当我去亚洲，我都会问我的同行，什么才足以消除国际货币基金组织的恶名，并让你们国家——印度尼西亚、马来西亚、韩国——申请灵活的信贷额度？我很少得到令人鼓舞的答复。显然，人们需要更多地研究国际货币基金组织恶名的本质，以及如何应对。

参考文献

Du，Wenxin，and Jesse Schregger. 2016. "Local Currency Sovereign Risk." *Journal of Finance* 71：1027 - 1070.

Engel，Charles，and JungJae Park. 2017. "Debauchery and Original Sin：Currency Composition of Foreign Debt." Working paper，University of Wisconsin，Madison，February.

Goldberg，Linda，and Cedric Tille. 2008. "Vehicle Currency Use in International Trade." *Journal of International Economics* 76：177 - 192.

Hale，Galina，Peter Jones，and Mark Spiegel. 2016. "The Rise in Home Currency Issuance." Working paper，Federal Reserve Bank of San Francisco，May.

Ito，Hiro，and Menzie Chinn. 2014. "The Rise of the 'Redback' and China's Capital Account Liberalization：An Empirical Analysis of the Determinants of Invoicing Currencies." Paper presented at the ADBI Conference on Currency Internationalization，August.

第二十三章　特里芬难题、不透明与资本流动：关于国际宏观经济政策的总结

在本书最后一章中，首先，我将试着提供一些重要的细微差别以及一些不同之处，这些与本书早期所做的许多有趣的贡献有关。我的一些评论是关于有待进一步研究的领域的。其次，我还对前面所说的一些观点提出了质疑。最后，我将在戈皮纳特提出的 10 条评论的基础上再增加一条——部分是根据古兰沙在第二十一章中的观察得出的。

戈皮纳特进行了非常有力的论述，激起了我们对国际宏观经济政策重大问题的思考。关于汇率的灵活性，她提到在我最近与罗戈夫等（Ethan Ilzetzki and Ken Rogoff）共同完成的一些研究中，我们指出有限浮动汇率是占主导地位的汇率安排（见图 23－1）。由于过去十年来发生的一些变化，相对于教科书上的浮动汇率来说，现

　　＊　本章作者为卡门·莱因哈特（Carmen Reinhart）。

行汇率的灵活性比较小。

但法律上的灵活性要大得多，这意味着各国不会预先通知。这反映了各国变得更加审慎。也就是说，一些浮动是在存在未知参数的情况下进行管理的，比如央行究竟什么时候会干预，什么时候会弃权。

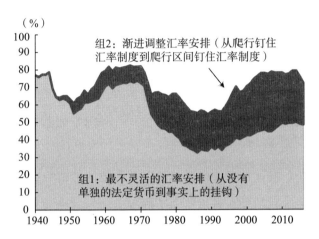

图 23 - 1 粗略分类的实际汇率安排（1946—2016 年）：各组（独立）国家的占比

注：较不灵活的安排主要指名义汇率锚定。

资料来源：Ilzetzki，Reinhart，and Rogoff（2017）.

很多实行爬行钉住汇率的国家都不会预先通知。这样做的优点是可以设置爬行速度和允许偏差。换句话说，我将它描述为"是的，有许多非常有限浮动汇率的案例，但是很多教科书上给出的那些固定/固定或浮动/浮动的案例并不存在"。我认为这是有原因的。

我还要强调的是，世界转向较不灵活的汇率制度背后并不仅是新兴市场的原因，与欧洲也有一定关系。国际货币基金组织根据一些我无法理解的理由，将所有欧元区国家都归为浮动汇率制。

现在，我们并不是在讨论欧元汇率的浮动，而是在讨论葡萄牙实行的并不是浮动汇率。很少有人认为葡萄牙拥有独立的货币政策。在 1999 年欧元诞生之初，国际货币基金组织就将欧元区国家归为没有独立货币政策的国家了。

在这个过程中，分类发生了变化，现在它们都神奇地变成浮动汇率了。在我们自己的分类中，我们不会给欧元区国家的货币贴上浮动标签。因此，这些国家的计入导致我们得出有限浮动是占主导地位的汇率安排的结论。

接下来我继续谈一下我对在第十九章中提出、在后续章节中继续进行了讨论的进退两难与三元悖论的看法。想想这个三角形：你拥有独立的货币政策、完美的资本流动性和固定的汇率。这些是三角形的三个顶点。

我认为，或许是时候将完美的资本流动性重塑为更具普遍性的某种目标了。我是什么意思？关于资本流动的讨论大多局限于是否存在资本管制。我认为，许多新兴市场经济体实施独立或部分独立货币政策的空间，不仅来自资本管制的存在，还来自资产并非完全可以相互替代的这一事实，以及许多外汇和主权债券市场缺乏流动性。

实际上，对一个外汇市场流动性非常有限的新兴市场来说，这就像是一种资本控制，因为进入者一开始就不进入。哪些市场有天然的藩篱？新兴市场中有流动性的市场包括巴西、墨西哥和以色列等。我想重塑一下戈皮纳特提出的一些问题。或许我们应该重新思考三元悖论，不再仅是从资本流动性方面，而且从资本流动性/资产可替代性/市场流动性方面。

我确实非常倾向于拉詹对两难选择与三元悖论（见第二十章）的解释。我认为，在一段时间内，这仍然是一个三元悖论。并不是每个央行行长都可以错误地相信冲销式干预会奏效，至少在一定时间是这样。这一观察结果再次表明，在短期内，货币政策具有一定的独立性。最近有关冲销式干预在新兴市场有效性的文献，基本上支持这种说法。

请允许我转到另一个话题。这是我对戈皮纳特所做评论的最大质疑，那就是我听到了一些胜利的论调，说新兴市场已经战胜了它们的"原罪"。

艾肯格林在第二十二章中已经列出了一些原因，说明为什么这种说法可能夸大了事实。在过去，国内债务是国内债务，外国债务是外国债务。国内债券是根据国内法发行的，以本币计价，由居民持有。相反，外国债券是根据外国法律发行的，与外国货币挂钩，由非居民持有。

这些界限正变得模糊。外国投资者大量进入国内债券市场。实际上，很多（尤其是）公司发行的国内债券都与某种外币挂钩。但这些都没有体现在官方数据中。

因此，划分公共部门债务、外债和国内债务的官方数字并没有反映下面这样一个事实，即正在发行的大部分国内债务，甚至公共部门的一些国内债务，都与某种外币挂钩。还记得墨西哥 tesobonos 债券吗？它在 1994 年和 1995 年很有名，但在技术上被世界银行归类为国内债务，因为它们是根据国内法发行的。实际上，它们显然是由非居民持有的外币债务。

所以我同意艾肯格林的观点，即现在说战胜原罪还为时过早。

关于低利率环境，自 2011 年以来，我一直在发表论文说，利率可能会在很长一段时间内保持在低水平。2011 年我的论点是什么？除了长期经济停滞和储蓄过剩，我们还有低利率，因为主要央行的政策制定者和全球最大经济体的监管机构已经决定，我们需要低利率。

庞大的官方部门——中央银行持有的投资组合再加上监管者更严格的监管，对此我已经一并归入金融抑制的大类里——是如下事实的必然结果：发达经济体无论是公共部门还是私人部门都是高杠杆、高负债的。

当公共部门和私人部门都处于高杠杆水平时，还有什么比利率飙升对金融体系的威胁更大呢？

我对戈皮纳特所做工作的最后一点看法有关全球失衡，具体来说是指全球失衡与经常账户和外汇储备之间的相互关系。

首先，作为一个温和的提议，让我们在承认美国存在巨额经常账户赤字的前提下重新讨论全球失衡问题。多年来，美国一直与多个贸易伙伴存在巨额贸易赤字，但这是全球失衡的底线，古兰沙在第二十一章中阐述了这背后的原因。

对于全球失衡与外汇储备之间的联系，我们可能知道的不多，但我们知道的比戈皮纳特的反思所揭示的要多。没错，中国和韩国积累了巨额外汇储备，但德国在没有外汇储备的情况下实现了巨额贸易顺差。

事实并非如此。国际货币基金组织的国际金融统计数据库没有将 Target 2 余额报告为国际储备，而 Target 2 余额反映的是欧洲内部的资本流动。表 23-1 显示了这些结余对欧元区外围国家的重要性。对德国来说，这一点很重要。它们是来自欧洲其他地区的资金流入，而不是来自欧洲以外地区的资金流入，应被视为外汇储备。

最后，我想在戈皮纳特的 10 条评论的基础上增加一条，它源于古兰沙在第二十一章对现代特里芬难题的讨论。中国在全球经济中的作用已经扩大。按占全球 GDP 的比例计算，中国目前排名第二，并且正快速朝着第一的位置发展。

表 23-1　Target 2 余额占 GDP 的百分比（部分国家，截至 2017 年 6 月）

国家	余额占 GDP 的百分比（％）
德国	23
希腊	—40
意大利	—21
葡萄牙	—38
西班牙	—28

资料来源：European Central Bank.

然而，我们对中国与贸易伙伴的全球金融联系知之甚少。它们之间的联系大量增加，而相关记载却相当落后。这和特里芬难题有什么关系呢？

回溯到 19 世纪末 20 世纪初，当时美元开始取代英镑成为参考货币。人们可以监督美国在全球经济中取得的进展。债券数据在当时是透明的，债券发行越来越多地以美元而不是英镑计价。这是可衡量的，也是可见的。总的来说，这表明纽约正在超越伦敦。

我们今天也看到了类似的转变，但我们并不能真正衡量它。具体来说，中国向发展中国家提供的大量贷款并不是国际清算银行的银行贷款，也没有体现在国际清算银行的数据中。这也不是说这些国家在发行债券。它不是债券债务。它不是商业银行债务。它通常是由官方或半官方发展机构向一系列国家提供的贷款。这些流动性是不透明的。

关于不透明，考虑中央银行的信用额度。阿根廷和巴西已经获得了大部分信贷额度，但具体数额不详。这些贷款中有多少是拖欠或违约的？我们不知道。因此，中国在全球金融中留下的巨大印记鲜有记载。这对任何研究来说都是一个很好的议题。

参考文献

Ilzetzki, Ethan, Carmen M. Reinhart, and Kenneth S. Rogoff. 2017. "Exchange Arrangements Entering the 21st Century: Which Anchor Will Hold?" NBER Working Paper 23134. Cambridge, MA: National Bureau of Economic Research, February.

图书在版编目（CIP）数据

演化还是革命?/（美）奥利维尔·布兰查德，（美）劳伦斯·萨默斯编著；陈静，高淑兰译 . -- 北京：中国人民大学出版社，2024.11. -- ISBN 978-7-300-33217-8

Ⅰ.F015

中国国家版本馆 CIP 数据核字第 2024SR8779 号

当代世界学术名著·经济学系列

演化还是革命？

奥利维尔·布兰查德　劳伦斯·萨默斯　编著

陈　静　高淑兰　译

Yanhua Haishi Geming?

出版发行	中国人民大学出版社	
社　　址	北京中关村大街 31 号	**邮政编码**　100080
电　　话	010—62511242（总编室）	010—62511770（质管部）
	010—82501766（邮购部）	010—62514148（门市部）
	010—62515195（发行公司）	010—62515275（盗版举报）
网　　址	http://www.crup.com.cn	
经　　销	新华书店	
印　　刷	涿州市星河印刷有限公司	
开　　本	720 mm×1000 mm　1/16	**版　次**　2024 年 11 月第 1 版
印　　张	25.25 插页 1	**印　次**　2024 年 11 月第 1 次印刷
字　　数	281 000	**定　价**　96.00 元